Gedichte des Barock

Gedichte des Barock

HERAUSGEGEBEN VON
ULRICH MACHÉ UND VOLKER MEID

PHILIPP RECLAM JUN. STUTTGART

Universal-Bibliothek Nr. 9975
Alle Rechte vorbehalten
© 1980 Philipp Reclam jun. GmbH & Co., Stuttgart
Satz: C. H. Beck, Nördlingen
Druck und Bindung: Reclam, Ditzingen
Printed in Germany 1992
RECLAM und UNIVERSAL-BIBLIOTHEK sind eingetragene
Warenzeichen der Philipp Reclam jun. GmbH & Co., Stuttgart
ISBN 3-15-009975-7

Sie mit ihrem kräftigen pracht
Die fünsternus dem tag gleich macht:

Also Nymf / aller Nymfen blum /
O fürstliche zier aller frawen /
O ihr aller Princessin ruhm /
Muß man euch mit wunder anschawen /
  Als deren schönheit süsse macht
  Des himmels und der erden pracht.

Der doppelt-leuchtende planet /
Damit ewere stirn sich ehret /
Mit stehts-wehrender mayestet
Die lieb und ehr zumahl uns lehret:
  Und ihr lieblich-leuchtender pracht
  Die fünsternus dem tag gleich macht.

Der muter-losen götin witz
Muß ewerer weißheit nachgehen:
Die / so in Paphos ihren sitz /
Kan an zier vor euch nicht bestehen /
  Ewerer zier und weißheit macht
  Ist der göter und menschen pracht.

Dan der himel hat seine kunst /
So er (gerecht) so lang gespahret /
Mit mehr reicher dan spahter gunst
Durch euch bey uns geoffenbahret /
  Und durch ewerer tugent pracht
  Die menschen wie göter gemacht.

Und die Natur all ihre macht
Vor der welt augen zubeweisen /
Hat euch als ihr kunst-stuck erdacht /
Damit man sie durch euch solt preisen /
  Also die erd durch ihre macht
  Empfieng des himels wahren pracht.

Darumb dan unser grosse Printz
Sein hertz euch gern under-gegeben /
Auf das mit ihm seine provintz
Kőnte durch euch glűckseelig leben /
    Und durch ewerer jugent pracht
    Die nacht dem tag wurd gleich gemacht.

O das euch beed der gőter hand
Fűhre spaht zu des himels fraiden!
Das sie nicht mőg ihn von dem land /
Euch von ihm / uns von euch abschaiden!
    O das ewerer schőnheit macht
    Bleibe stehts der welt wahrer pracht!

Uber den frűhen tod etc.
Frâwleins Anna Augusta Marggrâfin zu Baden etc.

DEin leben / dessen end uns plaget /
War wie ein tag schőn und nit lang /
Ein stern vor des morgens aufgang /
Die Rőhtin wehrend weil es taget /
Ein seufz auß einer edlen brust /
Ein klag auß lieb nicht auß unlust /
Ein nebel den die sonn verjaget.

Ein staub der mit dem wind entstehet /
Ein Daw in des Sommers anbruch /
Ein luft mit lieblichem geruch /
Ein schnee der frűlingszeit abgehet /
Ein blum die frisch und welck zugleich /
Ein regenbog von farben reich /
Ein zweig welchen der wind umbwehet.

Ein schaur in Sommers-zeit vergossen /
Ein eiß an haissem Sonnenschein /

Ein glaß also brüchig als rein /
Ein wasser über nacht verflossen /
Ein plitz zumahl geschwind und hell /
Ein strahl schiessend herab gar schnell /
Ein gelächter mit laid beschlossen.

Ein stim die lieblich dahin fähret /
Ein widerhall der stim in eyl /
Ein zeit vertriben mit kurtzweil /
Ein traum der mit dem schlaf aufhöret /
Ein flug des vogels mit begihr /
Ein schat wan die Sonn sticht herfür /
Ein rauch welchen der wind zustöret.

Also dein leben (schnell verflogen)
Hat sich nicht anderst dan ein Tag /
Stern / morgenröht / seufz / nebel / klag /
Staub / daw / luft / schnee / blum / regenbogen /
Zweig / schaur / eiß /glaß / plitz / wasserfall /
Strahl / gelächter / stim / widerhall /
Zeit / traum / flug / schat und rauch verzogen.

Hertzog Christian von Braunschweigs Reim.
Gottes freind / der Pfaffen feind.

1.

REichtumb / Gailheit / Stoltz und Pracht
Hat die Pfaffen so verbaitzet /
Und gelehrter Laster macht
Hat sie so weit auß-geraitzet /
  Daß verkehret sie jetz seind
  Gottes feind / des Teufels freind.

2.

Ihr ehrgeitz des Teufels kunst
(Die sich stehts bey ihnen findet)

11

Hat numehr ein solche brunst
Allenthalben angezůndet /
  Daß wir all verloren seind /
  Es helf dan ein guter freind.

3.

Gut und khůn der freind muß sein /
Daß Er uns nicht laß verzagen /
Daß Er mŏg die wilde Schwein /
Die man Pfaffen heist / verjagen;
  Er muß sein der Pfaffen feind /
  ·Gottes freind und Got sein freind.

4.

Doller Bischoff du bist Er /
Nim doch unsre noht zu hertzen!
Junger Held / umb Gottes Ehr
Laß die Pfaffen nicht mehr schertzen!
  Wilt du daß Got bleib dein freind /
  So bleib du der Pfaffen feind.

5.

Laß dich ihre heuchlerey /
Schwåtzen / schwŏren / betten / liegen /
Laß dich ihre gaucklerey
Und verdammen nicht betrůegen!
  Bleib du nur der Pfaffen feind
  Auff daß Got auch bleib dein freind!

6.

Hast du schon vil můh und noht /
Solt du schon dein Blut vergiessen /
Můssen endlich doch mit spot
Ihren fuchsbalg sie einbůessen:
  Niemand ist der Pfaffen feind
  Der nicht Got zu seinem freind.

7.

Dise Teufels freind mit schand
Nach verdienst bald zu belohnen /
So laß deine Rechte hand
Keines Pfaffen freinds verschonen;
   Dan du Got zu deinem freind
   Wan du aller Pfaffen feind.

8.

Kom / den Pfaffen / doller Held
Nach gebühr zu widerstehen /
In des dapfersten Mans Feld /
Das die gantze welt mög sehen:
   Daß Er dein / und du sein freind /
   Gottes freind / der Pfaffen feind.

Grabschrifft
Des Unvergleichlichen Fürstens und Heldens /
H. Bernharden / Hertzogen zu Sachsen / etc.

STeh / Leser / seufz und wein. Der welcher keine müh
Gespahret / des Reichs Recht und Freyheit hand zu haben /
Bernhard / des Teutschlands Held / und mit ihm ist alhie
Die Teutsche Redlichkeit und Dapferkeit begraben.

An das Teutschland.
Sonnet.

ZErbrich das schwere Joch / darunter du gebunden /
O Teutschland / wach doch auff / faß wider einen muht /
Gebrauch dein altes hertz / und widersteh der wuht /
Die dich / und die freyheit durch dich selbs überwunden.

13

Straf nu die Tyranney / die dich schier gar geschunden /
Und lösch doch endlich auß die (dich verzöhrend) glut /
Nicht mit dein eignem schwaiß / sondern dem bösen blut
Fliessend auß deiner feind und falschen brüdern wunden.

Verlassend dich auf Got / folg denen Fürsten nach /
Die sein gerechte hand will / (so du wilt) bewahren /
Zu der Getrewen trost / zu der trewlosen raach:

So laß nu alle forcht / und nicht die zeit hinfahren /
Und Got wirt aller welt / daß nichts dan schand und schmach
Des feinds meynayd und stoltz gezeuget / offenbahren.

An den Unüberwindlichen
König von Schweden / etc. 1631.

O König / dessen haupt den Weltkraiß zu regieren /
Und dessen faust die welt zu sigen / allein gut;
O Herrscher / dessen hertz / Herr / dessen grossen muht
Gotsfurcht / Gerechtigkeit / Stärck / Maaß und Weißheit zieren:

O Held / für dessen Schwert die Verfolger die wuht /
Ihr klagen / forcht / gefahr die verfolgte verlieren;
Mars / Götlichen geschlechts / von der Errötter blut /
Wehrt über Tyranney und stoltz zu triumfieren.

Des feinds zorn / hochmuth / haß / durch macht / betrug /
                                                untrew /
Hat schier in Dienstbarkeit / Unrecht / Abgötterey /
Des Teutschlands freyheit / Recht und Gottes dienst verkehret;

Als ewer haupt / hertz / hand / gantz weiß / gerecht / bewehret /
Die feind bald ihren wohn und pracht in hohn und Rew /
Die freind ihr leid in frewd zu verkehren / gelehret.

14

An H. Martin Opitzen
Teutschen Poeten / etc.

INdem mein ohr / hand / mund schier müd / die schwere
plagen /
Die diser Grosse Krieg mit Schwert / Pest / Hunger /
Brand /
Und unerhörter wuht auff unser Vaterland
Außgiesset / ohn ablaß zu hören / schreiben / klagen /

Da ward mit wunder mir und mit wohn fürgetragen /
Mein Opitz / deiner Lieb und Freindschafft wehrtes pfand /
Pfand / welches mir alßbald die feder auß der hand /
Und auß dem mund und geist die klag und leyd geschlagen.

Dan ja dein Orgelstraich / und deiner Harpfen klang
So lieblich das gehör und hertz zugleich berühren /
Daß wer (sinn-reich) mit mir erforschet ihren zwang /

Der kan nichts dan dein werck und wehrt zu hertzen
führen /
Und sein mund muß dich bald mit einem Lobgesang /
Und seine hand dein haupt mit Lorbör-zweigen zieren.

Sie ist gantz Lieblich und Löblich.

DAs Gold des Morenlands / wie pur es auch kan sein /
Muß ihres krausen haars köstlichem schimmern weichen:
Der rohteste Coral / des schönsten Rubins schein
Ist ihres Rosen-munds reichtumb nicht zuvergleichen.

Und keine perlein seind so weiß / so gleich / so rein /
Als die / die ihres munds red und geschmöll bereichen:
So kan auch die Natur und Kunst kein helfenbein /
Das so zart / glat und weiß / wie ihr Leib / herauß streichen.

15

Kurtz / meine Nymf Myrt ist ein Kunst-stuck der Natur /
Der hertzen brunst und wunsch / die herrscherin der seelen /
Der holdseeligkeit quell / der lieblichkeit figur /

Der augen süsse wayd / die todte zu besehlen /
Der Schönheit gantze Sum / der Tugenten Richtschnur;
Wie kan ich immer dan / sie liebend / lobend / fehlen?

Venedig gegen seiner Liebsten verglichen.

WItzloß war die Fürwitz / aufsätzig der fürsatz /
Kreutz-geitzig der ehrgeitz / die mich so sehr bethöret /
Daß eines Fürstens will (der Schön und Lieb gesatz
Zuwider) mich jetz ihm gehorsamen gelehret.

Dan was seind doch die Brent / Galleen / Marxenplatz /
Die statliche Pallâst / der Schatz so weit vermehret /
Gegen der haaren strom von purem gold bewehret /
Und gegen der Schönheit und Tugend grösserm schatz?

Was ist des Hertzogs / Rahts / der Curtisanen prangen
In purpur / scharlach / gold / in bestem saal und mahl /
Verglichen mit dem schmuck der lippen und der wangen?

Was seind die Müntz / Zeughauß / Geschütz und Arsenal /
Gegen dem schönen aug / das billich (mein verlangen
Zustrafen) so weit ab mich tödtet wie ein strahl?

Die Lieb ist Leben und Tod.

DAs Leben so ich führ ist wie der wahre Tod /
Ja über den Tod selbs ist mein trostloses Leben:
Es endet ja der Tod des menschen pein und Leben /
Mein Leben aber kan nicht enden dieser Tod.

Bald kan ein anblick mich verlötzen auf den Tod /
Ein andrer anblick bald kan mich widrumb beleben /
Daß ich von blicken muß dan sterben und dan leben /
Und bin in einer stund bald lebendig bald tod.

Ach Lieb! verleyh mir doch numehr ein anders leben /
Wan ich ja leben soll / oder den andern tod /
Dan weder disen tod lieb ich / noch dises leben.

Verzeih mir / Lieb / ich bin dein lebendig und tod /
Und ist der tod mit dir ein köstlich-süsses leben /
Und leben von dir fern ist ein gantz bittrer tod.

Ihrer Schönheit übernatürliche Würckung.

ICh sah / als ihr gesicht / der Morgen-röhtin gleich /
Als ihre zwilling-brust / so weiß als schnee zu sehen /
Und ihren glatten halß vil taussent ringlein reich
Von ihrem krausen gold umbgaben / sie auffstehen.

Auffstehen sah ich sie / so kunstloß als Lieb-reich /
Mit solcher Schönheit schatz ohn müh / ohn sorg versehen /
Daß sie so Schön / so früh in der lieb Königreich
Kont andren umb mittag gezieret weit vorgehen.

Alßbald ich sie ersah / O wunder / schry ich bald /
Was kan von diser brunst und disem band mich freyhen /
Wan götlich sie an macht / und götlich an gestalt;

Und wan / als sie mir wolt ihr angesicht verleyhen /
Je bloser ihre brust / je stärcker ihr gewalt /
Je freyher ihre haar / je mehr sie mich entfreyhen!

EIn kleine weyl / als ohn gefåhr
Ich euch in einem Sahl gefunden /
Sah ich euch an / bald mehr und mehr
Hat ewer haar mein hertz verbunden:
   Ihr auch lieb-aůgleten mir sehr /
Da durch ich weiß nicht was empfunden /
Das meinem Geist / dan leicht dan schwer /
Auß lieb und layd alßbald geschwunden
   Ein kleine weyl.
Biß ich von ewrer augen lehr /
Und ihr von meiner seufzen måhr
Die schuldigkeit der lieb verstunden;
Darauf wir heimlich ohn unehr
Einander frólich überwunden
   Ein kleine weyl.

MARTIN OPITZ

Auff Danielis Heinsii Niederlåndische Poëmata.

IHr Nymphen auff der Maas'/ ihr Meer-Einwohnerinnen /
Hebt ewre Håupter auff / erhóhet ewre Sinnen /
   Biß froh / du schóner Rein / und du gelehrte Stadt /
   Die Hungersnoth und Krieg zugleich ertragen hat:
Der gantze Helicon ist bey dir eingezogen /
Nach dem der hohe Geist von Gent hieher geflogen:
   Die Tauben so zuvor dir Zeitung zugebracht /
   Hat Venus jetzt auch hier zu Bůrgerinn gemacht.
Der edle von der Does hat erstlich sie gelocket /
Sein' Ida gleichsfals offt' an ihren Mund gedrucket /

Sein' Ida die den Mars so inniglich verletzt /
Daß er sein grimmes Schwerdt mehr als zuvor genetzt.
Die Threnen so vor Lieb' aus seinen Augen flossen /
Sind in der Feinde Heer und Låger auch geschossen;
    Da ward es gar zu naß. Sie liessen Leiden stehn /
    Und fürchteten die Flut möcht' an die Hålse gehn.
So bald das Gegentheil nun Urlaub hat genommen /
Des Wassers ungewohnt; ist Pallas zu euch kommen /
    Und Phebus hat mit ihm die Musen hergebracht /
    Die dann aus Niederland' Athen und Rom gemacht.
Es war noch nicht genung / der Held von Brennus Stamme /
Der grosse Scaliger / stackt' auff die helle flamme /
    Die Franckreich war entführt: Ein Mann / ein einig Mann /
    Der Adler in der Lufft / redt' alle Völcker an.
Biß ihr auch / Heinsius / ihr Phenix unser Zeiten /
Ihr Sohn der Ewigkeit / beguntet auszubreiten
    Die Flügel der Vernunfft. Das kleine Vaterland
    Trotzt jetzt die grosse Welt durch eweren Verstand.
Was Aristoteles / was Socrates gelehret /
Was Orpheus sang / was Rom von Mantua gehöret /
    Was Tullius gesagt / was irgend jemand kan /
    Das sieht man jetzt von euch / von euch / ihr Gentscher
                                  Schwan.
Die Deutsche Poesie war gantz und gar verlohren /
Wir wusten selber kaum von wannen wir gebohren;
    Die Sprache vor der vor viel Feind' erschrocken sind
    Vergassen wir mit Fleiß' und schlugen sie in Wind.
Biß ewer grosses Hertz ist endlich ausgerissen /
Und hat uns klar gemacht / wie schendlich wir verliessen
    Was allen doch gebührt: wir redten gut Latein /
    Und wolte keiner nicht für Deutsch gescholten seyn.
Der war weit über Meer in Griechenland geflogen /
Der hatt' Italien / der Gallien durchzogen /
    Der prallte Spanisch her. Ihr habt sie recht verlacht /
    Und unsre Muttersprach' in ihren werth gebracht.
Hierumb wird ewer Lob ohn alles Ende blühen /
Das ewige Geschrey von euch wird ferne ziehen /

Von dar die schöne Sonn' aus ihrem Bett' auffsteht /
Und wiederumb hinab mit ihren Pferden geht.
Ich auch / weil ihr mir seyd im Schreiben vorgegangen /
Was ich für Ehr' und Rhum durch Hochdeutsch werd'
erlangen /
Wil meinem Vaterland' eröffnen rund und frey /
Daß ewre Poesie der meinen Mutter sey.

Echo oder Wiederschall.

ECho Göttin die man niergendt kan finden /
Und bist doch nicht wenn man dich rufft dahinden /
Antworte mir auff meine Frage.   Frage.
Was thue ich in des Tages Hitze?   Sitze.
Ob ich mich mit dir unterrede?   Rede.
Was ists das mich so thut außsaugen?   Augen.
So hat mein Lieb an sich die Stücke?   Tücke.
Und krieg' ich das für meine Trewe?   Rewe.
Thut sich doch nichts so hart erweisen!   Eysen.
Wie mach' ich's denn das ich's erleyde?   Leyde.
Wie thue ich das ich sie erbitte?   Bitte.
So sol ich mich ihr untergeben?   Geben.
Was machet mich recht lieben?   üben.
Muß ich die Lieb' andern verschweigen?   Schweigen.
Und die Begier heimlich verbergen?   Bergen.
Und so wirdt sich das Blat noch wenden?   Enden.
Wie mach' ich das ich's end' erwarte?   Warte.
Was werd' ich denn zu letzt erhalten?   Halten.
Es ist genung hab' ich die Gnade.   Ade.

*Ein Gebet / daß Gott die Spanier widerumb
vom Rheinstrom wolle treiben.
1620.*

SChlag doch / du starcker Heldt / die Scheußlichen Maranen /
So leyder ihre Zelt und Blutgefärbten Fahnen
   Auch jetzt in Teutschlandt bracht / an unsern schönen Rhein /
   Der Waffen tragen muß / vor seinen guten Wein /
Es ist genug gespielt mit eisernen Ballonen /
Du grosser Capitain / hör auff / fang' an zu schonen /
   Es ist genug / genug / die Götter sein verheert
   Durch die / so sie gemacht / Statt / Dorff / und Feld verkehrt /
Laß die / durch deren grimm die Ströme kaum geflossen
Von Leichen zugestopfft / nit außgehn ungenossen /
   Und mache kundt / daß der / der dir zugegen strebt /
   Stürtzt / oder bleibt er ja / ihm selbst zur straffe lebt.

Elegie.

IN dem die Sonne sich hat in das Meer begeben /
   Und das gestirnte Haupt der Nacht herausser bricht /
Sind Menschen / vieh und Wild wie gleichsam ohne Leben /
   Der Monde scheinet auch gar kaum mit halbem Liecht'.
Ich / ob schon alles schläfft / muß ohn Auffhören wachen /
   Von vielen Tagen her / und wallen ohne Rhu:
Ist schon die gantze Welt befreyt von ihren Sachen /
   So bring' ich doch vor Lieb' und Angst kein Auge zu.
Auch dich / Asterie / hat gantz der Schlaff umbringet /
   Der Tagesarbeit furth / des Todes Ebenbild;
Da mir der Zehren Bach aus beyden Augen dringet /
   Bist du mit sanffter Rhu auff deinem Bett' erfüllt.
Wie wann sich Delia hat in den Wald verborgen /
   Wird durch den Schlaff erwuscht / und fellt in's grüne Graß /
Und wie die Nymphen auch sich legen gegen Morgen /
   Nach dem der Nachttantz sie gemacht hat müd' und laß.

21

Sie ruhen sicherlich bey einem frischen Bronnen /
  Die Bäume halten auff der Morgenröthe Liecht;
Daß sie nicht alsobald erwachen von der Sonnen
  Deckt sie der dicke Wald: Pan aber schläffet nicht.
Er geht / er rufft / er schreyt mit sehnlichem Verlangen /
  Daß seine Stimm' erklingt durch Püsche / Berg und Thal /
Und sie sind sänfftiglich mit süssem Traum' umbfangen;
  Dem Pan antwortet nur der blosse Wiederschall.
Du auch / mein Leben / schläffst / ich muß in Nöthen wallen;
  Du bist in guter Rhu / ich wache für und für /
Biß mich der letzte Tod wird endlich uberfallen /
  Auff den ich sehnlich wart' allhier bey deiner Thür.

              Jetzund kömpt die Nacht herbey /
              Vieh und Menschen werden frey /
              Die gewüntschte Ruh geht an;
              Meine Sorge kömpt heran.
                Schöne glänzt der Mondenschein;
              Und die güldnen Sternelein;
              Froh ist alles weit und breit /
              Ich nur bin in Trawrigkeit.
                Zweene mangeln uberall
              An der schönen Sternen Zahl;
              Diese Sternen die ich meyn'
              Ist der Liebsten Augenschein.
                Nach dem Monden frag' ich nicht /
              Tunckel ist der Sternen Liecht;
              Weil sich von mir weggewendt
              Asteris / mein Firmament.
                Wann sich aber neigt zu mir
              Dieser meiner Sonnen Ziehr /
              Acht' ich es das beste seyn /
              Das kein Stern noch Monde schein.

1 Ach Liebste / laß uns eilen /
    Wir haben Zeit:
Es schadet das verweilen
    Uns beyderseit.
Der edlen Schönheit Gaben
    Fliehn fuß für fuß:
Das alles was wir haben
    Verschwinden muß.
2 Der Wangen Ziehr verbleichet /
    Das Haar wird greiß /
Der Augen Fewer weichet /
    Die Brunst wird Eiß.
Das Mündlein von Corallen
    Wird ungestalt /
Die Händ' als Schnee verfallen /
    Und du wirst alt.
3 Drumb laß uns jetzt geniessen
    Der Jugend Frucht /
Eh' als wir folgen müssen
    Der Jahre Flucht.
Wo du dich selber liebest /
    So liebe mich /
Gieb mir / das / wann du giebest /
    Verlier auch ich.

Ihr schwartzen Augen / ihr / unnd du / auch schwartzes Haar /
Der frischen Flavien / die vor mein Hertze war /
    Auff die ich pflag zu richten /
    Mehr als ein weiser soll /
    Mein Schreiben / Thun und Tichten /
    Gehabt euch jetzund wol.
Nicht gerne sprech' ich so / ruff' auch zu Zeugen an
Dich / Venus / und dein Kind / daß ich gewiß hieran
    Die minste Schuld nicht trage /
    Ja alles Kummers voll

23

Mich stündlich kränck' und plage /
Daß ich sie lassen soll.
Ihr Parcen / die ihr uns das Thun des Lebéns spinnt
Gebt mir und ihr das was ich ihr / und sie mir gönnt /
Weil ich's ja soll erfüllen /
Soll zähmen meinen Fuß /
Und wieder Lust und Willen
Auch nachmals sagen muß:
Ihr schwartzen Augen / ihr / unnd du auch schwartzes
Haar /
Der frischen Flavien / die vor mein Hertze war /
Auff die ich pflag zu richten /
Mehr als ein weiser soll /
Mein Schreiben / Thun und Tichten /
Gehabt euch jetzund wol.

Ich empfinde fast ein Grawen
Daß ich / Plato / für und für
Bin gesessen uber dir;
Es ist Zeit hinaus zu schawen /
Und sich bey den frischen Quellen
In dem grünen zu ergehn /
Wo die schönen Blumen stehn /
Und die Fischer Netze stellen.
Worzu dienet das studieren
Als zu lauter Ungemach?
Unter dessen laufft die Bach /
Unsers Lebens das wir führen /
Ehe wir es inne werden /
Auff ihr letztes Ende hin /
Dann kömpt ohne Geist und Sinn
Dieses alles in die Erden.
Hola / Junger / geh' und frage
Wo der beste Trunck mag seyn /
Nimb den Krug / und fülle Wein.

Alles Trawren / Leid unnd Klage
Wie wir Menschen tåglich haben
Eh' uns Clotho fort gerafft
Wil ich in den sůssen Safft
Den die Traube giebt vergraben.
   Kauffe gleichfals auch Melonen /
Und vergieß des Zuckers nicht;
Schawe nur daß nichts gebricht.
Jener mag der Heller schonen /
Der bey seinem Gold' und Schåtzen
Tolle sich zu krencken pflegt /
Und nicht satt zu Bette legt;
Ich wil weil ich kan mich letzen.
   Bitte meine gute Brůder
Auff die Music und ein Glaß:
Nichts schickt / důnckt mich / nicht sich baß
Als gut Tranck unnd gute Lieder.
Laß' ich gleich nicht viel zu erben /
Ey so hab' ich edlen Wein;
Wil mit andern lustig seyn.
Muß ich gleich alleine sterben.

Vom Wolffesbrunnen bey Heidelberg.

DU edler Brunnen du / mit Rhu und Lust umbgeben
Mit Bergen hier und da als einer Burg umbringt /
Printz aller schönen Quell' / aus welchen Wasser dringt
Anmutiger dann Milch / unnd kóstlicher dann Reben /
   Da unsres Landes Kron' und Håupt mit seinem Leben /
Der werthen Nymph' / offt selbst die lange Zeit verbringt /
Da das Geflůgel ihr zu Ehren lieblich singt /
Da nur Ergetzligkeit und keusche Wollust schweben
   Vergeblich bist du nicht in dieses grůne Thal
Beschlossen von Gebirg' und Klippen uberall:
Die kůnstliche Natur hat darumb dich umbfangen

25

Mit Felsen und Gepüsch' / auff daß man wissen soll
Daß alle Fröligkeit sey Müh' und Arbeit voll /
Und daß auch nichts so schön / es sey schwer zu erlangen.

Francisci Petrarchae.

ISt Liebe lauter nichts / wie daß sie mich entzündet?
Ist sie dann gleichwol was / wem ist ihr Thun bewust?
Ist sie auch gut und recht / wie bringt sie böse Lust?
Ist sie nicht gut / wie daß man Frewd' aus ihr empfindet?
    Lieb' ich ohn allen Zwang / wie kan ich Schmertzen
                                            tragen?
Muß ich es thun / was hilfft's daß ich solch Trawren führ'?
Heb' ich es ungern an / wer dann befihlt es mir?
Thue ich es aber gern' / umb was hab' ich zu klagen?
    Ich wancke wie das Graß so von den kühlen Winden
Umb Vesperzeit bald hin geneiget wird / bald her:
Ich walle wie ein Schiff das durch das wilde Meer
    Von Wellen umbgejagt nicht kan zu Rande finden.
Ich weis nicht was ich wil / ich wil nicht was ich weis:
Im Sommer ist mir kalt / im Winter ist mir heiß.

Aus dem Italienischen der edelen Poetin Veronica Gambara.
Sie redet die Augen ihres Buhlen an / den sie umbfangen.

SO offt' ich ewren Glantz / ihr hellen Augen / schawe /
Bin ich in grosser Lust vertäufft so hoch und weit /
Daß ich mich frewen muß auch in Trübseligkeit
Und eussertster Fortun / in dem ich auff euch bawe.
    Hergegen Schätz' ich mich für die betrübtste Frawe /
Wann ihr nicht wie zuvor geneigt und freundlich seyd:
Ich bin mir selber gram / mein Leben ist mir leidt /
Dieweil ich euch nicht hab' auff die ich einig trawe.

26

Ihr irrdisches Gestirn' / ihr sterblichen Planeten /
Ihr meine Sonn' unnd Mond' / ihr / die ihr mich kónnt tódten /
Ohn euch ist alle Lust nichts als ein blosses Bild.
  Was wundert ihr euch dann / daß ich zu euch muß eilen /
Mein bester Trost? es fleucht ein jeder für den Pfeilen
Des Todes / wider welch' ihr seyd mein starcker Schild.

Sonnet
über die augen der Astree.

  Diß sindt die augen: was? die gótter; sie gewinnen
Der helden krafft undt muth mitt ihrer schónheit macht:
Nicht gótter; himmel mehr; dann ihre farbe pracht
Ist himmelblaw / ihr lauff ist über menschen sinnen:
  Nicht himmel; sonnen selbst / die also blenden kónnen
Daß wir umb mittagszeit nur sehen lauter nacht:
Nicht sonnen; sondern plitz / der schnell undt unbedacht
Herab schlegt wann es ie zue donnern wil beginnen.
  Doch keines: gótter nicht / die bóses nie begehen;
Nicht himmel / dann der lauff des himmels wancket nicht;
Nicht sonnen / dann es ist nur einer Sonne liecht;
  Plitz auch nicht / weil kein plitz so lange kan bestehen:
Iedennoch siehet sie des volckes blinder wahn
Für himmel / sonnen / plitz undt gótter selber an.

Ihr / Himmel / Lufft und Wind / ihr Hügel voll von
                                                Schatten /
Ihr Hainen / ihr Gepüsch' / und du / du edler Wein /
Ihr frischen Brunnen ihr so reich am Wasser seyn /
Ihr Wüsten die ihr stets müßt an der Sonnen braten /
  Ihr durch den weissen Thaw bereifften schónen
                                                Saaten /
Ihr Hólen voller Moß / ihr auffgeritzten Stein' /

27

Ihr Felder welche ziert der zarten Blumen Schein /
Ihr Felsen wo die Reim' am besten mir gerathen /
    Weil ich ja Flavien / das ich noch nie thun können /
    Muß geben gute Nacht / und gleichwol Muth und Sinnen
Sich förchten allezeit / und weichen hinter sich /
    So bitt' ich Himmel / Lüfft / Wind / Hügel / Hainen /
                                                Wälder /
Wein / Brunnen / Wüsteney / Saat / Hölen / Steine / Felder
Und Felsen sagt es ihr / sagt / sagt es ihr vor mich.

An eine Jungfraw.

UMb alles Gut und Geld in diesem gantzen Lande /
Erzehl' ich weder euch noch andern was zu Schande /
    Und weis gewißlich auch / daß niemand sprechen kan /
    Ich hab' aus Feindschafft ihm was Leides angethan.
Ihr möget aber doch darneben kühnlich gleuben /
Daß ich / ohn euch / Gott lob / wol werd' im Leben
                                                bleiben /
    Wil derenthalben auch mich nimmer unterstehn
    Von wegen ewrer Gunst mit Lügen umb zu gehn.
Diß alles laß' ich euch die Hofeleut' erzeigen /
Die sonsten ziemlich hoch mit Reden können steigen /
    Und jedes Wort auffziehn nicht ohne grossen Schein /
    Auff daß sie so bey euch in Gnaden mögen seyn.
Sie thun wol einen Eyd / nicht dennoch ohne lachen /
Daß ewer' Augen auch die Sternen finster machen /
    Und daß sie heller seyn denn alles Firmament /
    Ja daß die Sonne selbst auch nicht so hefftig brennt.
Sie schweren hoch und sehr / daß Gott euch auserlesen
Vor aller Zierligkeit und allem schönen Wesen /
    Und sagen / selig sey das Jahr unnd denn die Zeit /
    In der ihr grosse Ziehr der Welt gebohren seydt.
Sie sprechen wol darbey / daß ihr mit ewren Blicken
Ein härter Hertz als Stein vermöget zu entzücken /

Daß aus America die beste Specerey
   Mit ewrem Athem weit nicht zu vergleichen sey;
Daß solche Hånde nicht gemahlet werden kóndten /
Daß gegen ihnen Schnee zu gleichen sey der Tinten /
   Daß jedes Zåhnlein sey ein kóstlicher Demant /
   An welches die Natur all' ihre Kunst gewandt:
Und daß die Lippen auch / so mehr als Rosen blůhen
Weit seyn den edelsten Corallen vorzuziehen:
   Daß Haar (ich glaube nicht daß es von Hertzen kómpt)
   Ein jeglicher vor Gold und beste Perlen nimpt.
Sie setzen wol hinzu / wenn sie euch reden hóren /
Daß auch ein jedes Wort starck sey sie zu versehren /
   Unnd daß der starcke Mars durch ewrer Zungen Schein
   Die Waffen abzuthun bereitet wůrde seyn.
Geliebet euch hernach von Venus was zu singen /
Die Winde kónnet ihr mit ewrer Stimme zwingen /
   Und wenn ihr weiter auch euch zu der Lauten findt /
   Ist Orpheus ungelehrt / und gegen euch ein Kindt.
Wann ihr zu Felde kompt / wohin man euch sieht gehen
Da sieht man alsobald die schónsten Blumen stehen;
   In summa / die Natur hat diß an euch gethan /
   Daß ewre Trefflichkeit kein Mensch beschreiben kan.
Wie mócht' ich aber wol so falscherdachte sagen /
Und groß' Auffschneyderey mit Langmut nur ertragen?
   Ich glaube wer das Thun nur halb beschreiben wolt' /
   Er Feder und Pappier auch schamroth machen solt'.
Und was dann mich belangt / bin ich gar nicht der Sinnen
Daß ich also die Gunst verhoffe zu gewinnen /
   So hat mein Hertz auch jetzt noch einen solchen Wahn /
   Daß ich ihm wann ich wil gar leichte wehren kan.
Ich sage freylich wol / und weis es war zu machen /
Daß ihr gar rein' und steiff bewahret ewre Sachen /
   Und daß auch sehr viel seyn voll Hoffart / stoltz und Pracht
   Die ihr gar weißlich doch nicht sonders habt in acht.
Daß ich euch aber auch für góttlich solt' erkennen /
Man mócht' es / fůrcht' ich nur / wol Tråum' und Lůgen
                                                    nennen:

29

In ewrem Leichnam ist zwar alle Zierligkeit /
Doch auch nicht wenig steht vom Himmel trefflich weit.

Sechstine.

Wo ist mein auffenthalt / mein trost undt schónes
                                                    liecht?
Der trübe winter kómpt / die nacht verkûrtzt den tag:
Ich irre gantz betrûbt umb diesen óden waldt:
Doch were gleich ietzt lentz / undt tag ohn alle nacht /
Undt hett' ich fûr den waldt die lust der gantzen welt /
Was ist welt tag undt lentz / wo nicht ist meine ziehr?

Ein schónes frisches quell giebt blumen ihre ziehr /
Dem starcken adler ist nichts liebers als das liecht /
Die súße nachtigal singt frólich auff den tag /
Die lerche suchet korn / die ringeltaube waldt /
Der reiger einen teich / die eule trûbe nacht;
Mein Lieb / ich suche dich fûr allem auff der welt.

So lange bist du mir das liebste von der welt /
So lange Pales hegt der grûnen weide ziehr /
So lange Lucifer entdeckt das klare liecht /
So lange Titans glantz bescheint den hellen tag /
So lange Bacchus liebt den wein / undt Pan den waldt /
So lange Cynthia wu leuchtet bey der nacht.

Die schnelle hindinn sucht den hirschen in der nacht /
Was schwimmt / undt geht / undt kreucht liebt durch die
                                                    gantze welt /
Die grimme wólffinn schätzt den wolff fûr ihre ziehr /
Die sternen leihen uns zum lieben selbst ihr liecht;
Ich aber gehe nun allhier schon manchen tag /
O Schwester / ohne dich durch berge / wildt undt waldt.

Was ist wo du nicht bist? so viel der kûhle waldt
Ein sandtfeldt übertrifft / der morgen fûr der nacht
Uns angenemer ist / der mahler dieser welt
Der lentz fûr winterlufft / so viel ist deine ziehr /

Die schönheit / diese lust mir lieber / o mein liecht /
Als das so weit undt breit bestralt wirdt durch den tag.
    Der trost erquickt mich doch es komme fast der tag /
Da ich nicht werde mehr bewohnen berg undt waldt /
Da deine gegenwart / undt die gewündtschte nacht
DEr trew noch lohnen soll: in deßen wirdt die welt
Vergeßen ihrer selbst / eh' als ich deiner ziehr /
Mein höchster auffenthalt / mein trost undt schönes liecht.
    Laß wachsen / edler waldt / mitt dir mein trewes liecht /
Die liebste von der welt; es schade deiner ziehr /
O bawm / kein heißer tag / undt keine kalte nacht.

Auff des Petrarchen Katze.

DEr Tichter von Florentz hat zweyerley geliebet /
Mich vor / die Laura dann der er viel ehre giebet.
    Was lachst du? ihre ziehr war würdig solcher brunst /
    Und meine grosse trew verdiente gleichfals gunst.
Sie machte daß er lust und muth gewann zum schreiben /
Ich machte daß die schrifft vor mäusen kundte bleiben.

[Grabschrift]
Eines geilen Weibes.

Hier liegt ein höffliches doch geiles Weib begraben /
Wüntscht ihr nicht daß sie Rhu mög' in der Erden haben:
    Sie hat dem Himmel selbst zu gleichen sich geübt /
    Und nichts als stetige Bewegung mehr geliebt.

31

[Über die Eroberung der Stadt Magdeburg]

Die stets alleine schlief / die alte keusche Magd /
Von tausenden gehofft / und tausenden versagt /
Die Carl zuvor / und itzt der Marg-Graf hat begehret /
Und jenem nie / und dem nicht lange ward gewåhret /
Weil jener ehrlich war / und dieser Bischoff ist /
Und keine Jungfrau nicht ein frembdes Bett erkiest /
Kriegt Tylli. Also kómmt itzt keusch und keusche Flammen /
Und Jungfrau und Gesell / und alt und alt zusammen.

Der CXXX. Psalm.

AUß diesem tieffen grunde
Der ångsten ruff ich dir
Mit hertzen und mit munde /
O Gott / mein trost und ziehr:
Du wollest / HErr / mir leihen
Dein våterliches ohr:
Erhóre ja mein schreyen /
Laß diese seufftzen vor.

Dann wo du auff wilst mercken
Was sůnden wir begehn /
Wer wird mit seinen wercken
Fůr dir / o HERR / bestehn:
Doch / HERR / du kanst vergeben /
Und bist genaden-voll /
Darmit man besser leben
Und dich mehr fůrchten soll.

Ich wart' auff Gottes gůte
Dem ich mein leid geklagt;
Es harret mein gemůte
Auff diß was er gesagt:

Es harrt mit trewen sorgen /
Ist wie die wåchter sind /
Wie wåchter eh es morgen
Und tag zu seyn beginnt.

Israel sol mit wachen
Und hoffen embsig seyn;
GOTT weiß es wol zu machen /
Und stellt die straffen ein:
Er wird von allem bósen /
Von schuld und missethat
Israel selbst erlósen
Das ihn zum HERREN hat.

Salomons hohes Lied.
Das Siebende Liedt.

WIe schóne Fúß' und auch wie schóne Schue
Sind deine doch / du Fúrstentochter du!
Wie Spangen stehn beysammen deine Lenden /
Sehr wol gemacht von guten Meisterhånden.
Dein Nabel wie ein runter Becher steht /
Dem niemals Tranck und sússer Wein abgeht;
Der Bauch gleicht sich dem Weitzenhauffen eben /
Der rings umbher mit Rosen ist umbgeben.
Gleich wie man sicht zwey junge Rehe sich
Mit geilem Spiel' ergetzen lustiglich /
Und frólich sein an einer grúnen Wúste /
So stehn dir auch die rundterhabnen Brúste.
Dein weisser Hals giebt von sich solchen schein
Als wie ein Thurn gemacht auß Helffenbein.
Die Wangen sind wie Hesbons schóne Teiche
Am Bathrabs Thor' in Armons seinem Reiche.
Die Nas' ist dir wie Libans Thurn erhóht
Hier wo der Weg hin nach Damascus geht:

33

Das Haupt sieht auß wie Karmel an dem Strande
Der Mittelsee im Palestiner Lande.
Das edle Haar mit dem du / Liebste / blühst /
Hat einen Glantz wie Königs purpur ist.
Du hast doch nichts als lauter solche Gaben
Die manch' ihr wündscht / und du kanst einig haben.
Was ist es nun das dir an lenge gleicht?
Ein Palmenbawm der keiner last nicht weicht.
Die Brüste stehn wie Trauben die noch reiffen /
Und harte sind zum ersten anzugreiffen.
Was geb' ich doch dem säumen weiter raum /
Und steige nicht auff meinen Palmenbawm?
Laß deine Brüst' als junge Trauben stehen /
Der Nasen ruch für schmeckend' Oepffel gehen.
Dein zarter Schlund sey wie ein süsser Wein
Der uns erquickt und schläfft die Sinnen ein /
Und machet das dein Buhle sachen saget /
Wie einer der im Traume nach was fraget.

Die Sulamithinn.

Ich bleib' und bin deß Liebsten für und für /
Dann seine lust beruhet gantz auff mir.
Komm / Hertze / komm; laß uns zu Felde bleiben
In feister Rhue / und da die Zeit vertreiben.
Wir lassen nur der Statt nicht-rechten-schein /
Ihr eitels thun und falsche Frewde sein;
Wir wolln mit dir / O Morgenröth' / auffstehen /
Und frölich hin in unsern Weinberg gehen.
Wir wollen sehn ob nicht der Stock schier blüht /
Und ob er nicht mit newen Augen sieht;
Ob dieses Jahr wird Granatöpffel tragen /
Ob ihre Haut beginnet außzuschlagen.
Alsdann will ich dir reichen meine Brust /
Und einen Kuß; will alle Feldeslust
Dich lassen sehn / dir alle Früchte geben
So ich für dich pfleg' heilig auffzuheben.

An Herrn Heinrich Schützen /
auff seiner liebsten Frawen
Abschied.

O Du Orpheus unsrer Zeiten /
Den Thalia hat gelehrt /
Dessen Lied und güldne Seiten
Phebus selbst mit Frewden hört /
Worzu dienet dann das klagen?
Kan die Angst den Tod verjagen?

Stimme deine Lauten wider /
Laß die Orgel besser gehn /
Laß erschallen deine Lieder
Soll dein Lieb noch bey dir stehn /
Soll sie auff das newe leben /
Und sich selbst dir widergeben.

Gib ihr durch dein lieblichs singen
Was der Tod hat hingebracht;
Laß den süßen Thon erklingen
Den Eägers Sohn gemacht /
Und so künstlich hat gesungen
Daß er Nacht und Tod bezwungen.

Die berümbten Lieder bleiben
Wann wir lengst gestorben sind:
Was durch sie nicht kan bekleiben
Fehrt dahin wie Rauch und Wind.
Wer so stirbet muß nur sterben /
Und sein Lob mit ihm verderben.

Preise deiner Liebsten Tugend /
Sage von der Freundligkeit /
Von der Anmuth ihrer Jugend /
Von der angenehmen Zeit
Welcher du mit ihr genossen
Ehe sie die Zeit beschlossen.

Wir auch wollen mit dir stimmen /
Wollen Eyfrig neben dir
An die blawen Wolcken klimmen /

Daß sie lebe für und für
Durch die Kunst gelehrter Seiten /
O du Orpheus unser Zeiten.

HORATII: EXEGI monumentum.

ICh hab' ein Werck vollbracht dem Ertz nicht zu vergleichen /
Dem die Pyramides an Höhe müssen weichen /
Daß keines Regens Macht / kein starcker Nordwind nicht /
Noch folge vieler Jahr' und Flucht der Zeit zerbricht.
Ich kan nicht gar vergehn. man wird mich rühmen hören
So lange man zu Rom den Jupiter wird ehren.
Mein Lob soll Aufides der starck mit rauschen fleußt /
Und Daunus wissen auch der selten sich ergeußt.
Dann ich bin der durch den Griechen schöne Wesen /
Was Tichterkunst betrifft / jetzt Römisch wird gelesen.
Setz' O Melpomene / mir auff als meinen Ruhm
Den grünen Lorberkrantz / mein rechtes Eygenthumb.

ISAAC HABRECHT

Uberreime / an die Teutsche Musa.

NUn / Teutsche Musa / tritt herfür /
    Laß kecklich deine stimm erklingen /
Warumb woltestu förchten dir /
    In deiner Mutter sprach zusingen?
Meint man / Teutschlandt sey ohne sinnen?
    Soll dann der Grichen pracht /
    Oder die Römisch macht
Der Poetrei Kleinodt allein gewinnen?

36

JULIUS WILHELM ZINCGREF

An die Teutschen.

IHr klagt / ihr habt vor euch noch einen schweren Berge
Zusteigen / biß ihr kompt zu deß Lufftpferdts Herberge /
   Und zu der Ewigen gedechtnus güldnem Thron /
   Uff dem bewaret ligt die Edle Lohrberkron;
Wohlan / wie daß ihr dann so still hienieden sitzet /
Und vor Teutschlandes Ehr nit auch ein wenig schwitzet.
   Je weiter ist der weg / je reicher ist der Lohn:
   Ist dan der Weg gering / je grösser ist eur hon.

Epigramma
Vom Thurn zu Straßburg / warumb der andere
darneben nit auffgebawet worden.

IHr seyt unrecht daran / Zuseher / die ihr schawet
   Diesen herrlichen Thurn / das achte Wunderwerck
   Deß Irrdischen bezircks / und uber alle Berg
Denselben hoch erhebt / weil er köstlich erbawet
Biß an die Wolcken reicht / daß ihr darbey wolt klagen /
   Es mangelt ihm noch eins / diß nemlich / daß der grundt
   Seins Bruders neben ihm leer / der uff diese stundt
Nur halb geführet auff. Nicht lasset euch mißhagen
Dieses geheimnus groß. Natur hats eingestelt
   Daß neben diesem Thurn noch einer solt gefallen /
   Dann so ist er allein der schönst und höchst vor allen /
Und hat seins gleichen nicht in dieser weiten Welt.

HENRICH HUDEMANN

Teutschland.
Emblema.

TEutschlandt ist durch den Wind deß Krieges umbgetrieben
Nicht anders / alß ein Schiff / welchs fast ist auffgerieben
  Durch grossen Meeres Sturm / durch Unglück mannigfalt;
  Und solches ist geschehn durch Aeoli gewalt:
Derselbe ist dahin / sein Krafft hat Er verlohren;
Castor und Pollux seynd nu wieder new geboren /
  Die werden scheinen hell / und unser Schiff geschwind
  Wird finden seinen Port durch stillen guten Wind.
                Anno 1625.

Von der Zeit.

GLeich wie des Neptuns Frewd / daß blawe Wasser fliesset
Mit schnellem stillen Lauff / welchs jederman geniesset /
  Daß wirs vermercken kaum; Also die edle Zeit /
  Darin wir leben all / auch mit Geschwindigkeit
Hinläuffet / wann wir nicht ihr köstligkeit recht achten /
Und unsers Leben End gebürlich thun betrachten;
  Die ungewisse Stund deß Todts verborgen ist /
  Welch doch zu ihrer Zeit uns treffen wird gewiß /
Auff daß mit frechem Muth wir uns nicht hoch erheben /
  Sondern zu aller frist im anvertrawten Stand
  Verüben / waß gereicht zum eigenem Wolstand /
»Und auch gemeinen Nutz: dann die wohl / und recht leben /
  »Die immerdar mit des Gewissen Sauberkeit
  »Zu leben lenger / und zu sterben seyn bereit.

38

JOHANN HERMANN SCHEIN

MEin Schifflein lieff im wilden Meer /
Geschlagen von sturmwinden:
Das Segel war zu rissen sehr /
Kein Ruder kont ich finden:
Kein Schiffmann da vorhanden war /
Auff allen Seiten war Gefahr /
Kein Sternlein ließ sich blicken:
Wie bett / wie gab ich gute wort /
Biß endlich durch gewündschten port
Mich Amor thet erquicken.
Drumb ich dem Göttlein blind zu Danck /
Mein hertz vovir mein Lebelang.

AMor das liebe Räuberlein
In Filli Eugelein /
Ein guter Bogenschütz /
Mit seiner List und Witz /
Hat sich logiret ein:
Daraus es unverdrossen
Viel tausend Pfeil verschossen /
Die manch Hertz ungehewer
Gebrennt wie lauter Fewer.
Und schöß es mehr der Pfeile noch /
So mangelt ihme keiner doch /
Das kömmet daher eben /
Weil Filli Augenöpffelein
Mit ihren Liebesblickelein
Gnug Fewr und Pfeile geben.

GLeich wie ein armes Hirschelein /
Das man gejaget hat /
In einem grünen Wåldelein /
Bin ich so müd und matt /
Nicht lengr ich mich salviren kan /
Amor mir fort nachstellt /
Er will auch nicht ehe abelahn /
Er hab mich denn gefellt.

O Filli schön dein LiebesStral /
Auß deinen Eugelein /
Braucht er zum schiessen allzumal /
An stat der Pfeile sein /
Sein Jåger-hund dein Tugend viel /
Mein Hertz ergriffen han /
Das ich gefellt / muß ligen still /
Und nicht entspringen kan.

Abr Filli from / sieh an mein Noth /
Bitt Amor noch für mich /
Das er nicht gar mich schieß zu todt /
Auß zorn so grimmiglich /
Ich will dafür in deinem Wald /
Mich allzeit stellen ein /
(Ach eil / Ach eil / mein Lebn erhalt /)
Dein trewes Hirschlein sein.

JOHANN MATTHÄUS MEYFART

1.

JErusalem du hochgebawte Stadt /
   Wolt Gott / wer Ich in dir!
Mein sehnlich Hertz so groß Verlangen hat /
   Und ist nicht mehr bey mir!
     Weit über Berg und Thale /
      Weit über blache Feld /
     Schwingt es sich überale
      Und eylt aus dieser Welt.

Jubelgesang / und dieses Orts eingeführet worden.

Also erseufftzen betrübte Christen / wenn sie den heutigen Zustandt / Elend und Jammer wo nicht ansehen doch erfahren. Sie wündschen:

2.

O schöner Tag / und noch viel schönste Stund
   Wenn wirstu kommen schier!
Da ich mit Lust / mit Freudenfreyen Mund
   Die Seele geb von mir:
     In Gottes trewe Hände
      Zum Außerwehlten Pfand /
     Daß Sie mit Heyl anlende
      Bey jenem Vaterland.

Nun wolan / es wird zwar unserer Seelen lang zu wohnen bey denen die den Frieden hassen: Jedoch wird der schöne Tag / und noch viel schönste Stundt dermahl eins anbrechen / und alsdann

3.

Im Augenblick wird Sie erheben sich
   Biß an das Firmament /
Wann Sie verlest so sanfft / so wunderlich
   Die Stett der Element:
     Fährt auff Eliae Wagen
      Mit Engelischer Schaar /
     (Die Sie in Händen tragen)
      Umbgeben gantz und gar.

Mit was frölichem Gesicht / mit was heiligen Gedancken / muß doch die abgeholte Seel die Himmelstadt ansehen / wenn sie derselbigen sich nahet? Sie kan fürwar nicht schweigen / das Hertz schüttet sie aus / der Mund gehet über / Sie spricht:

4.

O Ehrenburgk / nun sey gegrüsset Mir /
Thue auff der Gnaden Port:
Wie grosse Zeit hat mich verlangt nach dir /
Ehe Ich bin kommen fort!
Aus jenem bösen Leben /
Aus jener Nichtigkeit /
Und Mir Gott hat gegeben
Das Erb der Ewigkeit.

Wird aber auch bey demselbigen nicht verbleiben / sondern

5.

Ein edles Volck / und ein sehr werthe Schaar
Kömpt dann gezogen schon?
Was in der Welt / von Außerwehlten war
Sicht Sie die beste Kron:
Die JEsus Ihr der HERRE
Entgegen hat gesandt /
Da sie noch war so ferre
In ihrem Threnen-Land.

(Sicht sie) im Gesang: Seh ich. (Ihr) im Gesang Mir. (Sie) im Ges. Ich. (Ihrem) im Gesang Meinem.

6.

Propheten groß und Patriarchen hoch
Auch Christen in Gemein /
Die weyland dort trugen des Creutzes Joch
Und der Tyrannen Pein
Schawt Sie in Ehren schweben
In Freyheit überall
Mit Klarheit hell umbgeben
Mit Sonnenliechten Strahl.

(Schawt sie) im Ges. Sch. Ich.

7.

Wenn dann zuletzt Sie ist gelanget hin   (Sie ist) im Ge-
    Ins schöne Paradeiß /   sang / ich ein-
Von höchster Frewd erfüllet wird der Sinn /   gelanget bin.
    Der Mund von Lob und Preiß:
      Das Halleluja reine
       Man spielt in Heiligkeit /
      Das Hosianna feine
       Ohn End in Ewigkeit.

8.

    Mit JubelKlang! mit Instrumenten schon!
      Auff Choren ohne Zahl!
Das von dem Schall / und von dem süssen Thon
    Sich regt der Frewden Saal!
      Mit hundert tausend Zungen /
       Mit Stimmen noch viel mehr!
      Wie von Anfang gesungen
       Das Himmelische Heer!

Wer dahin begehret / und dermahl eins nur eine Noten mitsingen / oder doch der Thür hütten will in dem Hause unsers Gottes / der sage im Hertzen Amen. Hilff aber HErr Jesu Christe / daß viel diese ewige Frewde wol fassen / an ihren Todtbett ihrer eingedenck werden / und durch diese liebliche Betrachtung allhier ritterlich ringen / durch Todt und Leben zu dir tringen / Amen / O Jesu / Amen.

JOSUA STEGMANN

Kurtze Reimen /
Von Eitelkeit des menschlichen Lebens.

WAs ist doch unser Lebenszeit /
Alß lauter Müh und Eytelkeit /
Ein Staub der mit dem Wind entsteht /
Ein Schnee der im Früling weggeht /
Ein Wasserblaß so bald zerrinnt /
Ein Regenbog so bald verschwindt /
Ein Nebel den die Sonne verjagt /
Ein Himmelröth so lang es Tagt /
Ein Thaw von der Hitze verzehrt /
Ein Blat vom Winde umbgekehrt /
Ein schönes Glaß so bald zubricht /
Ein Blume so bald wird zu nicht /
Ein Eyß am heissen Sonnenschein /
Ein Schatten der da bricht herein /
Ein Plitz der daher fehret hell /
Ein Stral so scheust herab gar schnell /
Ein Wiederschall der Stimm in Eyl /
Ein Zeit vertreiben mit kurtzweil /
Ein Traum der mit dem schlaff aufhört /
Ein Rauch welchen der Wind zerstört /
Hilff Herr daß nach der kurtzen Zeit /
Wir erben die frölich Ewigkeit.

ACh bleib mit deiner Gnade
   Bey uns / Herr Jesu Christ /
   Daß uns hinfort nicht schade /
   Des bösen Feindes List.

Ach bleib mit deinem Worte
   Bey uns / Erlöser werth /

Daß uns beyd hie und dorte /
Sey Gůt und Heyl beschert.

Ach bleib mit deinem Glantze
    Bey uns du wahres Liecht /
    Dein Warheit uns umbschantze /
    Daß wir abfallen nicht.

Ach bleib mit deinem Segen
    Bey uns du reicher Herr /
    Dein Gnad und aſls Vermógen /
    In uns reichlich vermehr.

Ach bleib mitt deinem Schutze
    Bey uns du starcker Heldt /
    Daß uns der Feind nicht trutze /
    Und felle die bóse Welt.

Ach bleib mit deiner Trewe
    Bey uns mein Herr und Gott /
    Bestándigkeit verleihe /
    Hilff uns auß aller Noth / Amen.

JOHANNES HEERMANN

Am H. Christ-Tage /
Luc. 2.

1.
DEr grosse Kriegs- und Sieges-Held
    Augustus ließ verfassen
Ein scharff Mandat / daß alle Welt
    Sich solte schátzen lassen.

Als solches ward geschlagen an:
Da muste bald ein jederman
  In seine Stadt hinreisen:
Seinem Herrn gehorsam seyn /
Sich da lassen schreiben ein:
  Und seine Pflicht erweisen.

2.

Zur selbten Zeit hat Syrer Land
  Kyrenius regieret:
Der Schwerdt und Scepter in der Hand
  Mit Preiß und Ruhm geführet.
Da gieng auch Joseph auff den Pfad
Gen Bethlehem zu Davids Stadt:
  Nahm mit auff schweren Füssen
Die Mariam seine Braut /
Die ihm Ehlich war vertrawt:
  Daß sie sich schätzen liessen.

3.

Bald kam die Zeit / daß sie den Held
  Ihr Kind gebären solte.
Durch welches GOtt der gantzen Welt
  Von Sünden helffen wolte.
Es ward geborn ihr erster Sohn /
Ihr höchster Schatz / der Gnadenthron /
  Diß schöne liebe Kindlin
Legte sie fein säuberlich
In die Krippen neben sich /
  Verhüllt in grobe Windlin.

4.

Hier ist der / so aus nichts gemacht
  Den grossen Baw der Erden.
Jetzt wird er so gar schlecht geacht /
  Daß ihm kein Raum mag werden.
Der Wirth wil ihm kein Kämmerlein

In seinem Hause räumen ein:
   Darinn er möchte ligen.
Für den Königlichen Saal
Wird ihm nur ein finster Stall:
   Die Kripp ist seine Wiegen.

5.

Es waren Hirten nicht sehr weit
   Des Nachts bey ihren Heerden.
Die sahen GOttes Herrligkeit.
   Ein Engel kam auff Erden:
Und trat zu ihnen schnell und bald.
Für Schrecken ward ihr Hertze kalt.
   Sie sahen aus als Leichen.
Dann der grosse Himmels-Glantz
Hatte sie umbleuchtet gantz:
   Und keiner kont entweichen.

6.

Nicht fürchtet euch / der Engel sprach:
   Ihr solt euch hertzlich frewen.
GOtt kömpt / und wendet ewre Schmach /
   Er meynet euch mit Trewen:
Die Frewd erfrewet jederman:
Der sie nur nimbt mit Glauben an.
   Dann / den GOtt hat erkohren /
Christus / ewer HErr und Heyl /
Ewres Hertzens Trost und Theil /
   Der ist jetzund geboren.

7.

Geht in die Stadt / da werdet ihr
   Das Kind in Windlin finden /
Und in der Krippen: da ein Thier
   Sich offters an lest binden.
Bald drauff sich aus dem Himmel schwingt

Ein Englisch Heer / das singt und klingt:
   Die Ehre GOtt für allen:
Fried auff Erden weit und breit:
Und den Menschen jederzeit
   An GOtt ein Wolgefallen.

ANONYM

Der Mitternächtische Lewe / welcher in vollen Lauff
durch die PfaffenGasse rennet.

TRiumpff! Victoria! Der Lew aus Mitternacht
Hat endlich Rach geübt / und euch in Lauff gebracht /
Ihr feistes Klostervolck! Ihr in der Pfaffengasse
Laufft nun / und trollet euch aus ewrem festen Passe /
Von ewrem Feigenbawm / von ewrem Rebenstock /
Geht bald / und hüllet euch in ewren PfaffenRock /
Und rennet / was ihr könt: das Blat ist umbgewendet /
Und hat sich ewer Trotz / und schnarchen nun geendet /

Wie starck und scharff es war: Das jagen und das Blut /
Darnach euch so gedürst / wird über euch geschütt /
Ihr Hell-Verbantes Volck. Kompt nun ihr Baalspfaffen /
Uns unser Geistlich Gut / und Stiffter zu entraffen /
Die Thür ist auffgethan / kompt / kompt / und schleicht euch
    ein /
Ihr solt uns allerseits Willkomne Herren sein!
Doch schawet fleissig zu / das ihr euch nicht verirret /
Noch in dem schwinden Lauff gefehrlichen verwirret /
Der Lewe möcht euch sonst ertappen / eh ihr euch
Zu rücke finden könnt in ewer Erbgestreuch.
Der Adler traun fleucht / und trawt sich nicht zu wehren /
Wil auch der stoltze Beer schon seinen Rücken kehren;
Wolan / ergreiffet bald die noch erlaubte Flucht /
Sonst werdet ihr gewiß in ewrem Nest besucht /
Geht / weils noch gehens gilt! Wenn Beer und Adler lauffen /
So fürchtet man sich nicht vor aller Schweine schnauffen.

DIEDERICH VON DEM WERDER

TrawerLied /
Uber die klägliche Zerstörung der Löblichen
und Uhralten Stadt Magdeburg.

DIe Thränen / Clio heut' / in grossem Uberfluß' /
Auß deinen Augen schütt' / den harten Himmelsschluß /
Sein schwer Verhängnüs auch / gar heiß / mit mir beweine
Die unerhörte Noth / den Untergang ich meyne /
Der Jungfräwlichen Stadt / die umb Untugent nicht
Hat ein kohlschwartzer Tag so kläglich hingericht.
O glücklichs Jungfräwlein! O Liebstes aller Lieben!
So lang' als Jungfraw du und ungeschwächt geblieben /
So lang' als von sich noch gab einen hellen Glantz

Die gülden' EhrenCron / und Jungfräwlicher Krantz /
Auff deinem gelben Haar: Jetzt ligstu da gestrecket
Als ein' ermordte Braut / bist uberall bedecket
Mit Eisen / Asch / und Blut / erschrecklich / blaß / verbrendt /
Geschwollen / stinckicht / schwartz /unflätig / und zerschendt /
Zerschendt durch Nothzucht auch / durch Nothzucht so
                                          zerrüttet /
Daß sich die Sonn' entsetzt / die Erde drob erschüttet /
Der Himmel selbst erschrickt. Gottloser BulenKnecht /
Es weren ja für dich die drey HöllHuren recht /
Ihr Bräutigam zu seyn: Mit solchem Brand und Morden
Ist auch des Plutons Weib selbst nicht geraubet worden.
Du ALTER KAHLKOPF / du verdientest / daß das Schiff
Charontis mit dir stracks in seinen Abgrund lieff.
Du bist nicht würdig einst den Schatten anzusehen /
Der von WeibsBildern kömpt: Darffst dich doch unterstehen /
Auff gar unmenschlich' Art und Weiß' / als ein Tyrann /
Ein reines Jungfräwlein / das ein Gelübd gethan /
In Keuschheit seinem GOtt / zur Unzucht zu begehren.
O rasend-alter Hund! Ich dürfft in Warheit schweren /
Daß dich kein MenschenBlut / und keines Mannes Macht
Hab' in die Welt gesetzt / Herfür hat dich gebracht
Das ungehewre Meer / Es haben dich gezeuget
Die Klippen im Gebirg' / ein Tyger hat geseuget
Mit seinen Tutten dich / Tractierst im Bräutgamstand'
Du deine Braut also? Ist das der Liebe Pfand?
Ist das der Mahlschatz nun / damit du zuversehen
Als deine Bräute pflegst? Pflegst du so zu begehen
Fein dein Verlöbnüs Fest / und hohen EhrenTag?
Wildt / Grausam / Murrisch / Rauh / und ein Unmensche mag
Wol dieser Freyer seyn. Nun / nun / Ey trag' und führe
Die Nase nicht zu hoch / nur nicht zu sehr stoltzire /
Du auffgeblasner Feind: Es weltzen nun mehr auch
Die Parcae mitten drinn' im Fewer / Flamme / Rauch /
Und Zorn dein Glück herümb: Es schläfft zur rechten Rache
Des HERREN AUGE nie. Und hat zu dieser Sache
Schon einen dir ersehn / der dich zerscheitern sol;

50

Vielleicht steht er schon da / und siehst sein Rachschwert wol
Vielleicht wird er dich noch mit allen deinen Siegen /
Triumphen / Ruhm / und Gut zum Raub' und Beute kriegen /
Und treten unter sich: Er führt mit gleicher Ehr'
Auff seinem Haupt die Cron' und in der Hand die Wehr.

   Ihr Bürger aber all'; Ihr Männer / und ihr Frawen /
Ihr Kinder / Knäbelein / ihr Jüngling und Jungfrawen:
Du kecke Kriegesschaar: Und du O Edler Heldt*;
Der du ihr warest gleich als Hertzog fürgestellt /
Glantz aller Tapferkeit / und Sonne des Verstandes
Ruht ruhet in der Asch' hier ewres Vaterlandes /
Ja ruhet süß und sanfft / kein Todt ist ewer Todt:
Ein Leben ist er euch / ein Leben auch in GOtt /
Ein Leben voller Ehr ein Leben voller Leben:
Ihr uberwunden habt: Ihr werdet euch erheben /
Hoch über das Gestirn / Es wird nach unsrer Zeit
Auch werden ewer Lob unsterblich außgebreit.

   Und Ihr / Ihr andern auch / ihr Jungen mit den Alten
Die ihr in dieser Nacht / erhalten und behalten
Zu fernerm Leiden noch mit andern Christen seit /
Im Glauben stehet fest / und machet euch bereit
Zu dulden ungemach / und frewdig außzustehen /
Was euch verordnet ist: Ihr werdets endlich sehen
Was es euch helffen muß. Ja wie auch Christus noch
Durch diese Trübsal sich so herrlich und so hoch
An euch verklären wird: Ihr werdet noch einst sagen /
Wol uns! Die wir verschmertzt nun haben so viel plagen!
Seyn Christen in der That: Drumb dawret tapffer auß
Die Crone der Gedult kömpt euch gewis ins Haus.

* Marschall Dieterich von Falckenberg.

Trauer Sonnet
Über den Krieg und Sieg
Ihrer Königlichen Majestät in Schweden ꝛc.
Da ein jedlicher verse die beyden wörter Krieg und Sieg zweymahl in sich begreifft

O heldt in Krieg und Sieg! dein Kriegs und Sieges wunden
Sind kundt; dein Krieg und Sieg ist über Sieg und Krieg,
Du Siegest ob den krieg, und kriegest ob den Sieg,
Dir war der krieg durch Sieg, der Sieg durch krieg verbunden;
Dir dient der Sieg im krieg Zu kriegs-Sieg hassten stunden,
Krieg Sieg sich hassten statt: dein krieg vnd Sieges macht,
Den feindt vom Sieg des kriegs, kriegs siegreich hatt gebracht;
Sein krieg und Sieg ist durch dein krieg und Sieg verschwunden.

Du kriegst und Siegst den feinde dich kriegt und Siege der todt,
Dein blut in krieg und Sieg, Sieg-kriegrisch ist vergossen,
Dein krieg und Sieg bringt nütz, dein krieg und Sieg bringt not,
Dein krieg und Sieg iezt sint, im Sieg durch krieg beschlossen.
Wer kriegt und siegt nun fort? ach krieg und Siege Gott,
Den krieg und Sieg des feindts mach dein kriegs Sieg zu spott!

Verse welche die Zahl zahl des Sieghafften todes Ihrer königl. Majest. zu Schweden ꝛc. anzeigen.

GVstaVVs fVhrt Ia sIeLfft Den krIeg
BIs Das seIn BLVt erhIeLt Den SIeg.

Des Neuen Jahrs zahl in einnem wünsch gefasset.

O Got Das aLter Iahr WeIst hIn Den aLten krIeg
Das neVe brIng hoffeLt Vns eInen neVen SIeg.

GEORG GLOGER

Generals Tylli
drey Tugenden in Laster verkehret.

NOch newlich rühmbte man / der Tylli sey beschryen
Von dreyen Tugenden / vor andern Ihm verliehen.
   Zum ersten / daß er nie ein Weibesbild berührt.
   Vors andre hett' Ihn auch kein Trunck noch Rausch verführt.
Zum dritten hett' er gar in keiner Schlacht verlohren /
Und were von Natur zum Siegen nur gebohren.
   Ich glaubs / und ist auch war. durch solcher Tugend Krafft
   Hat weder Macht noch List an Ihm gar viel geschafft.
Denn keusche Jungfrawschafft stets ihre Lohnung findet /
Und wer sich selbst beherscht / auch ander' überwindet.
   So gleichfals / wer sich recht vor Voll-sein hüten kan /
   Der bleibt vor seinem Feind' ein ungeschlagner Mann.
Nach dem er aber sich an Blutschuld vollgesoffen /
Und an der Sachsen Magd die Keuschheit abgeloffen /
   So kan er in der Schlacht nicht mehr / wie vor / bestehn /
   Und muß vor seinem Feind' in stettem fliehen gehn.
Denn wer sich Blutvoll säufft / hat gar kein recht Geschicke;
Und wer Jungfrawen schändt / hat weder Stern noch Glücke.
   Drümb heist er billich nun / wie ers verdienet hat /
   Ein Hurer / Trunckenpolt / und flüchtiger Soldat.

ANONYM

Der Jesuiten Monarchi.

[Kupferstich]

ICh meynt' / es hetten nur vier MonarchienZůnffte
Auff Erden sollen seyn? Wo kómt denn her die Fůnffte?
   Die fůnffte / die nun gleich so hoch gestiegen ist /
   Daß man der andern Macht und Grosseyn gar vergist /
In dem sie stårcker viel und hóher noch ist worden.
Und zwar ihr Ursprung ist aus einem solchen Orden /
   Der schlecht gnug kunte seyn. Jetzt / weil das Glůcke lacht
   So haben sies so hoch / als wol am Tag' ist / bracht.
Ihr ist die Monarchi. Der Keyser ist nicht Keyser /
Im fall von ihnen Er die werthen KeyserReuser
   Erflehn und heischen mus. Er hat die meiste Macht
   In ReichesSachen nicht. Er ist vor nichts geacht
Nur ihr Vasall ist er. Hat er wol ehe doch mússen
Von einem stoltzen Pabst sich treten lan mit Fússen /
   Und mehr als hůndisch seyn. Den Namen fůhrt er zwar /
   Was aber der ihn hilfft / das ist ja offenbar.
Kein König ist so hoch / Er mus sich ihnen beugen /
Und vor dem hohen Rom sein Knechtlichs Scepter neigen.
   Dis Gantze wollen sie zu eigen haben gantz /
   Und lies so mancher Printz sein Håupt vor ihrer Schantz.
Ihr Reich sol ewig seyn. Doch siht man wie es gangen /
Seyd diese Monarchi zu herrschen angefangen /
   Wie mehr als Heydnisch noch. So mancher frommer Fůrst /
   Hat mússen halten her / nach dem sie hat gedůrst.
Venedig weis es wol / wie es die Herren karten /
Drůmb heissen sie sie noch von ihnen seyn / und warten /
   Bis gar nichts werde draus. Wie wenig Oerter seyn /
   Da sich das lose Volck nicht hat gedrungen ein.
Wir solten auch nun dran. Die Chur war schon verredet /
Ehe sie sie kriegten noch. Es ward uns auch verödet

54

So manches schönes Feld. Doch schickte Gott es so /
   Daß sie geflohen sind / und wir noch frey und fro /
Ihr Stifft in Augen / wir sind doch / GottLob / geblieben /
Wie nichtig man uns hielt' / ihr wüten ist vertrieben.
   Sie stürtzen Tag für Tag. Ihr Scepter neiget sich.
   Die Monarchi geht ein / gedencket nur an mich /
Und trawt auff unsern Gott. Wie wird / wiewol zu späte /
Der fromme Keyser doch beseufftzen ihre Räthe /
   Wie sies so falsch gemeynt. Wie wird er wündschen doch /
   Daß er die nie gesehn / den'n er doch folget noch.

ANONYM

Wallensteins Epitaphium.

Hie liegt und fault mit Haut und Bein
   Der Grosse KriegsFürst Wallenstein.
Der groß Kriegsmacht zusamen bracht /
   Doch nie gelieffert recht ein Schlacht.
Groß Gut thet er gar vielen schencken /
   Dargeg'n auch viel unschuldig hencken.
Durch Sterngucken und lang tractiren /
   Thet er viel Land und Leuth verliehren.
Gar zahrt war ihm sein Böhmisch Hirn /
   Kont nicht leyden der Sporn Kirrn.
Han / Hennen / Hund / er bandisirt /
   Aller Orten wo er losirt.
Doch mußt er gehn deß Todtes Strassen /
   D' Han krähn / und d' Hund bellen lassen.

JOHANNES PLAVIUS

Sey der Obrigkeit unterthan:

Ein Christe sol ohn' alles wiederstreben
Gehorsam seyn der lieben Obrigkeit /
Und alles thun was Gott durch sie gebeut /
Auch ohne zwang / was ihr gebûret geben.
Der Obrigkeit sol man mit leib und leben
Mit gut und bluth' im nothfall seyn bereit /
Doch weiter nicht. Die seel' ist allezeit
Des der sie gab / und keinem mehr daneben.
Drumb rath' ich dir / daß du zuwiderstreben
Nur unterlässt: es kostet dich dein leben /
Sie fûhrt das schwert und ist an Gottes statt:
Gib ehr' und forcht / wem ehr' und forcht gebûret /
Doch sey die forcht mit lieb' und gonst gezieret /
Auß dessen forcht / der sie geordnet hat.

PAUL FLEMING

*Herrn Pauli Flemingi der Med. Doct. Grabschrifft /
so er ihm selbst gemacht in Hamburg / den xxiix. Tag
deß Mertzens m. dc. xl. auff seinem Todtbette
drey Tage vor seinem seel: Absterben.*

ICh war an Kunst / und Gut / und Stande groß und reich.
Deß Glûckes lieber Sohn. Von Eltern guter Ehren.
Frey; Meine. Kunte mich aus meinen Mitteln nehren.
Mein Schall floh ûberweit. Kein Landsmann sang mir gleich.
Von reisen hochgepreist; fûr keiner Mûhe bleich.
Jung / wachsam / unbesorgt. Man wird mich nennen hôren.

56

Biß daß die letzte Glut diß alles wird verstören.
Diß / Deütsche Klarien / diß gantze danck' ich Euch.

Verzeiht mir / bin ichs werth / Gott / Vater / Liebste /
Freunde.
Ich sag' Euch gute Nacht / und trette willig ab.
Sonst alles ist gethan / biß an das schwartze Grab.
Was frey dem Tode steht / das thu er seinem Feinde.
Was bin ich viel besorgt / den Othem auffzugeben?
An mir ist minder nichts / das lebet / als mein Leben.

Gedancken / über der Zeit.

IHR lebet in der Zeit / und kennt doch keine Zeit /
So wisst Ihr Menschen nicht von / und in was Ihr seyd.
Diß wisst Ihr / daß ihr seyd in einer Zeit gebohren.
Und daß ihr werdet auch in einer Zeit verlohren.
Was aber war die Zeit / die euch in sich gebracht?
Und was wird diese seyn / die euch zu nichts mehr macht?
Die Zeit ist was / und nichts. Der Mensch in gleichem Falle.
Doch was dasselbe was / und nichts sey / zweifeln alle.
Die Zeit die stirbt in sich / und zeucht sich auch aus sich.
Diß kömmt aus mir und dir / von dem du bist und ich.
Der Mensch ist in der Zeit; sie ist in ihm ingleichen.
Doch aber muß der Mensch / wenn sie noch bleibet /
weichen.
Die Zeit ist / was ihr seyd / und ihr seyd / was die Zeit /
Nur daß ihr Wenger noch / als was die Zeit ist / seyd.
Ach daß doch jene Zeit / die ohne Zeit ist kähme /
Und uns aus dieser Zeit in ihre Zeiten nähme.
Und aus uns selbsten uns / daß wir gleich köndten seyn /
Wie der itzt / jener Zeit / die keine Zeit geht ein!

An Sich.

SEY dennoch unverzagt. Gieb dennoch unverlohren.
Weich keinem Glücke nicht. Steh' höher als der Neid.
Vergnüge dich an dir / und acht es für kein Leid /
hat sich gleich wieder dich Glück' / Ort / und Zeit verschworen,

  Was dich betrübt und labt / halt alles für erkohren.
Nim dein Verhängnuß an. Laß' alles unbereut.
Thu / was gethan muß seyn / und eh man dirs gebeut.
Was du noch hoffen kanst / das wird noch stets gebohren.

  Was klagt / was lobt man doch? Sein Unglück und sein
                             Glücke
ist ihm ein ieder selbst. Schau alle Sachen an.
Diß alles ist in dir / laß deinen eiteln Wahn /
  und eh du förder gehst / so geh' in dich zu rücke.
Wer sein selbst Meister ist / und sich beherrschen kan /
dem ist die weite Welt und alles unterthan.

LAß dich nur nichts nicht tauren
    mit trauren /
      Sey stille /
    Wie Gott es fügt /
    So sey vergnügt /
      mein Wille.

Was wilst du heute sorgen /
    auff morgen /
      der eine /
    steht allem für /
    der giebt auch dir /
      das deine.

Sey nur in allen Handel
    ohn Wandel.

Steh feste /
Was Gott beschleust /
das ist und heist /
das beste.

Der CXXX. Psalm.

1 AUs diesem tieffen Schlund' / aus dieser schwartzen Grufft /
  Hab' ich so offt' und offt' / O HERR / zu dir gerufft:
2 Ach Vater / hôre mich! ach laß dein' Ohren mercken
3 Auff meines flehens Stimm'. * HERR / so du nach den
                                              Wercken
  Mit uns verfahren wilst / uns unsre Missethat
  Und Sûnde rechnen zu / so man verûbet hat /
  HERR / HERR / wer wird vor dir in seinem Thun bestehen.
  Wir mûssen allesampt auff eins zu scheittern gehen.
4 Du aber / Gott / vergiebst / daß man dich fûrchten sol.
  Und so kan mancher noch vor dir bestehen wol /
  Der nur frisch aus bekennt / und Gnad' umb Recht begehret.
  Das ihm denn / milder HERR / von dir stracks wird gewehret.
5 So kan man selig seyn. * Ich harre meines HERRN /
  Und meine Seele harrt. der frische Safft und Kern /
  Den sein Wort in sich hat / heisst so mich auff ihn hoffen.
6 Diß Wohnhauß meiner Seel' halt' ich dem HERREN offen
  Nicht an dem Tage nur. wenn noch die dicke Nacht
  Umb mein Gemach ist her / und eh die Sonn' erwacht /
  So denck' ich schon an ihn / und warte mit Verlangen
7 Auff ihn und seinen Trost. * Gantz Israel sol hangen
  Mit seinen Hoffnungen und Seufftzen / HERR / an dir /
  Denn bloß bey dir allein ist Gnade fûr und fûr.
  Du bist die Gnade selbst. Wohl! hoffet all' ihr Frommen /
  Wir wollen doch durch ihn zur alten Freyheit kommen.
8 Erlósung hat er gnung. * Und Er / der trewe Gott /
  Wird Jacob machen loß von aller Schuld und Noth.

ISt dieses nun das süße Wesen /
nach dem mich so verlanget hat?
Ist dieses der gesunde Rath /
ohn den ich kundte nicht genesen?
und ist diß meines Wehmuths Frucht /
die ich so emsig auffgesucht?

O Feind! O Falscher! O Tyranne!
Kupido / das ist deine List.
Der bist du / der du allzeit bist.
Du hast mich nun in deinem Banne.
Der Dienst der falschen Ledigkeit
hat meiner Freyheit mich entfreyt.

Wie unverwirrt ist doch ein Hertze /
das nicht mehr als sich selbsten kennt
von keiner fremden Flamme brennt.
Selbst seine Lust / und selbst sein schmertze.
Seit daß ich nicht mehr meine bin.
So ist mein gantzes Glücke hin.

Sie / diß Mensch / diese Halb-göttinne /
Sie / die ists / mein erfreutes Leid.
Die Krafft der starcken Trefligkeit
treibt mich aus mir und meinem Sinne.
So daß ich sonst nichts ümm und an /
als sie nur / achten muß und kan.

Ich schlaff' ich träume bey dem wachen.
Ich ruh' / und habe keine Ruh'.
Ich thu / und weiß nicht / was ich thu'.
Ich weine mitten in dem lachen.
Ich denck'. Ich mache diß und das.
Ich schweig'. Ich red' / und weiß nicht / was.

Die Sonne scheint für mich nicht helle.
Mich kühlt die Glut. Mich brennt das Eyß.

Ich weiß / und weiß nicht / was ich weiß.
Die Nacht tritt an deß Tages Stelle.
Itzt bin ich dort / itzt da / itzt hier.
Ich folg' / und fliehe selbst für mir.

Bald billig' ich mir meinen Handel.
Bald drauf verklag' ich mich bey mir.
Ich bin verendert für und für /
und standhafft nur in stetem wandel.
Ich selbst bin mit mir selbst nicht eins.
Bald will ich alles / bald gar keins.

Wie wird mirs doch noch endlich gehen.
Ich wohne nunmehr nicht in mir.
Mein Schein nur ist es / den ihr hier
in meinem Bilde sehet stehen.
Ich bin nun nicht mehr selber Ich.
Ach Liebe / worzu bringst du mich!

Auff die Italiänische Weise:
O fronte serena.

O Liebliche Wangen /
Ihr macht mir Verlangen /
diß rohte / diß weisse
zu schauen mit fleisse.
Und diß nur alleine
ists nicht / das ich meyne;
Zu schauen / zu grüssen /
zu rühren / zu küssen.
Ihr macht mir Verlangen /
O liebliche Wangen.

O Sonne der Wonne!
O Wonne der Sonne!

O Augen / so saugen
das Liecht meiner Augen.
O englische Sinnen /
O himmlisch Beginnen.
O Himmel auff Erden /
magst du mir nicht werden.
O Wonne der Sonne!
O Sonne der Wonne.

O schönste der schönen /
benimm mir diß sehnen.
Komm / eile / komm / komme /
du süße / du fromme.
Ach Schwester / ich sterbe /
Ich sterb' / ich verderbe.
Komm komme / komm / eile /
komm / tröste / komm / heile.
Benimm mir diß sehnen /
O schönste der schönen!

Wie Er wolle geküsset seyn.

NIrgends hin / als auff den Mund /
da sinckts in deß Hertzen grund.
Nicht zu frey / nicht zu gezwungen /
nicht mit gar zu fauler Zungen.

Nicht zu wenig nicht zu viel.
Beydes wird sonst Kinder-spiel.
Nicht zu laut / und nicht zu leise /
Bey der Maß' ist rechte weise.

Nicht zu nahe / nicht zu weit.
Diß macht Kummer / jenes Leid.
Nicht zu trucken / nicht zu feuchte /
wie Adonis Venus reichte.

Nicht zu harte / nicht zu weich.
Bald zugleich / bald nicht zugleich.
Nicht zu langsam / nicht zu schnelle.
Nicht ohn Unterscheid der Stelle.

Halb gebissen / halb gehaucht.
Halb die Lippen eingetaucht.
Nicht ohn Unterscheid der Zeiten.
Mehr alleine / denn bey Leuten.

Kûsse nun ein Iedermann
wie er weiß / will / soll und kan.
Ich nur / und die Liebste wissen /
wie wir uns recht sollen kûssen.

AUrora schlummre noch an deines Liebsten Brust /
es ist der tieffer Nacht kein Morgen noch bewust.
    Diana fûhrt die Sternen
      noch hôher in die Lufft /
    will weiter von mir lernen /
      was ich ihr vorgerufft.

Neun Stunden sind nun gleich von nâchten durchgebracht /
Neun Stunden hab' ich nun an Korilen gedacht.
    an Korilen / die schône /
      von der ich bin so weit /
    drûmm klinget mein Gethône
      nach nichts denn Traurigkeit.

Nâhmt Korilen in acht / ihr Wâchter aller Welt /
fûr ihren treuen Sinn / den sie mir vorbehâlt.
    Ich will nicht mûde werden /
      in ihrer festen Pflicht /
    biß daß der Feind der Erden
      auch mir mein Urtheil spricht.

Aurora / lege nun úmm dich den purpur Flor /
Der junge Tag thut auff der Eas gúldnes Thor
　　　　Wirst du mein Lieb ersehen /
　　　　so gieb ihr einen winck /
　　　　Als mir von ihr geschehen /
　　　　in dem ich von ihr gieng.

EIN getreues Hertze wissen /
hat deß hóchsten Schatzes Preiß.
Der ist seelig zu begrůssen /
der ein treues Hertze weiß.
Mir ist wol bey hóchstem Schmertze /
denn ich weiß ein treues Hertze.

Láufft das Glůcke gleich zu zeiten
anders als man will und meynt /
ein getreues Hertz' hilfft streiten /
wieder alles / was ist feind.
Mir ist wol bey hóchstem Schmertze /
denn ich weiß ein treues Hertze.

Sein vergnůgen steht alleine
in deß andern Redligkeit.
Hált deß andern Noth fúr seine.
Weicht nicht auch bey bóser Zeit.
Mir ist wol bey hóchstem Schmertze /
denn ich weiß ein treues Hertze.

Gunst die kehrt sich nach dem Glůcke.
Geld und Reichthum das zersteubt.
Schónheit låst uns bald zu růcke.
Ein getreues Hertze bleibt.
Mir ist wol bey hóchstem Schmertze /
denn ich weiß ein treues Hertze.

Eins ist da seyn / und geschieden.
Ein getreues Hertze hålt.
Giebt sich allezeit zu frieden.
Steht auff / wenn es nieder fållt.
Ich bin froh bey hôchstem Schmertze /
denn ich weiß ein treues Hertze.

Nichts ist sûßers / als zwey Treue /
wenn sie eines worden seyn.
Diß ists / das ich mich erfreue.
Und Sie giebt ihr Ja auch drein.
Mir ist wol bey hôchstem Schmertze /
denn ich weiß ein treues Hertze.

ES ist ûmmsonst / das klagen /
das du ûmm mich /
und ich ûmm dich /
wir ûmeinander tragen.
Sie ist ûmmsonst / die harte Pein /
mit der wir itzt ûmmfangen seyn.

Laß das Verhångnûß walten.
Was dich dort ziehrt /
und mich hier fûhrt /
das wird uns doch erhalten.
Diß / was uns itzt so sehr betrûbt /
ists dennoch das uns Freude giebt.

Sey unterdessen meine /
mein mehr als ich /
und schau' auff mich /
daß ich bin ewig deine.
Vertraute Liebe weichet nicht.
Hålt allzeit / was sie einmahl spricht.

65

Auff alle meine Treue
sag' ich dirs zu /
du bist es / du /
der ich mich einig freue.
Mein Hertze / das sich itzt so quåhlt /
hat dich / und keine sonst erwåhlt.

Bleib / wie ich dich verlassen /
daß ich dich einst /
die du itzt weinst /
mit lachen mag ůmmfassen.
Diß soll fůr diese kurtze Pein
uns ewig unsre Freude seyn.

Eilt / laufft / ihr trůben Tage /
Eilt / laufft / vorbey.
Eilt macht mich frey
von aller meiner Plage.
Eilt / kommt ihr hellen Stunden ihr /
die mich gewehren aller Zier.

Auff Ihr Abwesen.

ICH irrte hin und her / und suchte mich in mir /
und wuste dieses nicht / daß ich gantz war in dir.
Ach! thu dich mir doch auff / du Wohnhauß meiner Seelen!
Komm / Schöne / gieb mich mir. Benim mir dieses quålen.
Schau / wie er sich betrůbt / mein Geist / der in dir lebt?
Tödtst du den / der dich liebt? itzt hat er außgelebt.
Doch / gieb mich nicht aus dir. Ich mag nicht in mich kehren.
Kein Todt hat macht an mir. Du kanst mich leben lehren.
Ich sey auch / wo ich sey / bin ich / Schatz / nicht bey dir /
So bin ich nimmermehr selbest in / und bey mir.

66

An seine Thränen /
Als Er von Ihr verstossen war.

FLiest / fliest so / wie Ihr thut / Ihr zweyer Brünnen Bâche.
Fliest ferner / wie bißher mit zweymahl stårckrer Fluht.
Fliest / wie ihr habt gethan / und wie ihr itzt noch thut /
daß ich mich recht an der / die euch erpresset / reche.

Fliest immer Nacht und Tag / ob sich ihr Sinn / der freche /
der Feind-gesinnte Freund / das hochgehertzte Blut /
das mich ûmm dieses hasst / dieweil ich ihm bin gut /
durch eine stetigkeit. Und große Stårcke breche:

Die Tropfen waschen aus den fâsten Marmelstein.
Das weiche Wasser zwingt das harte Helffenbein.
Auch Eisen und Demant muß feuchten Sachen weichen.

Fliest ewig / wie ihr fliest. Es ist ja mûglich nicht /
daß einst der harten nicht ihr fleischerns Hertze bricht /
das lange keinem Stahl' und Steine sich mag gleichen.

Über Gedåchtnûß seiner ersten Freundinn.

NOCH dennoch bleib' ich Ihr / muß ich Sie gleich
                                          verlassen /
und meyne Sie / muß ich gleich ihr entzogen seyn /
bezwungen durch das Thun / das unsern Trost und Pein
verwechselt / wie es will. Ich will mein Trûbnûß massen /

Thun wie ein Weiser thut. Ein großes Hertze fassen.
Seyn meine / wie ich soll. Sie aller Tugend schein /
mein alles und auch nichts / ist nicht / und ist doch mein'.
Hass' ich das schöne Kind / so muß ich selbst mich hassen.

Verhångnûß / schone nicht. Reiß sie nur immer hinn.
Du raubst mir ihren Leib nicht aber ihren Sinn /
der nun und nimmermehr von mir spricht sich zu lencken.

Mir bleibt dein bester Theil / O meiner Seelen Licht /
und darff ich kûnfftig schon / Lust / dich besitzen nicht /
So darff ich deiner doch mit Freuden stets gedencken.

Auff ihr Verbündnüß

IHr Schatten / die ihr nur alleine bey uns seyd /
und du auch stille Lufft / die unsern Ahtem reget /
Seyd Zeugen zwischen uns. Der Eyd ist abgeleget /
der Eyd / der mir und ihr soll nimmermehr seyn leid.

Diß ist mein und ihr Schluß. Es berste List und Neid.
So lang' ein Pusch sein Laub / die Erde Kräuter träget /
und ein belebter Geist sich in der Flut beweget;
Diß soll sein Ende seyn / wenn mehr ist keine Zeit.

So treue Fulvia / so liebt sichs ohne schmertzen /
wenn solche Freundschafft macht ein Hertze mit dem Hertzen.
Es mögen andre nun von ihrer Liebe Pein /

Von Angst / von Grausamkeit / von dem und jenem Klagen;
Zwey Hertzen / das sind wir / die können redlich sagen /
daß von der Liebe sie noch nie betrübet seyn.

Er redet die Stadt Moskaw an /
Als er ihre vergüldeten Thürme von fernen sahe.

DU Edle Käyserinn der Städte der Ruthenen /
Groß / herrlich / schöne / reich; seh' ich auff dich dorthinn /
auff dein vergüldtes Häupt / so kömmt mir in den Sinn
was güldners noch als Gold / nach dem ich mich muß sehnen.

Es ist das hohe Haar der schönen Basilenen /
durch welcher Treffligkeit ich eingenommen binn.
Sie / Gantz ich / Sie mein All / Sie / meine Herrscherinn /
hat bey mir allen Preiß der schönsten unter schönen.

Ich rühme billich dich / du Häupt-Stadt deiner Welt /
weil deiner Göttligkeit hier nichts die Wage hält /
und du der Außzug bist von tausenden der Reussen.

Mehr aber rühm' ich dich / weil / was dich himmlisch preist /
mich an ein göttlichs Mensch bey dir gedencken heisst /
in welcher alles ist / was treflich wird geheissen.

Auff den lustigen Flecken Rubar in Gilan /
hinter den Caßbinischen Gebürgen / in welchem die
Holst. Gesandschafft den xxiij. Jenner m. dc. xxxviij.
im Rückzuge aus Persien übernachtete.

DU Lustthall der Natur / aus welchem wir von weiten
deß Taurus langen Gast / den Winter / lachen aus;
Hier tieff spatziren gehn in einer Nais Hauß
die gülden heist und ist; Da alle Fruchtbarkeiten
    auf Chloris grüner Brust / und Thetis Schoß sehn
                             streiten
dort so viel Dryaden die Hügel machen krauß /
darvon Silenus bricht / so manchen dicken Strauß /
und jauchtzet durch den Pusch mit allen seinen Leuten.
    Osyris der ümmarmt die Oreaden hier;
Pomona hegt das Gold der hohen Pomerantzen /
Läst die Narzissen stets mit den Violen tantzen.
    Fürst aller Lieblichkeit / was sing' Ich deine Zier?
Das Lufft-Volck führt ümm dich ein ewiges Gethöne /
Daß ja nichts ümm und an gebreche deiner Schöne.

Über Herrn Martin Opitzen auff Boberfeld
sein Ableben.

SO zeuch auch du denn hin in dein Elyserfeld /
Du Pindar / du Homer / du Maro unsrer Zeiten /
und untermenge dich mit diesen grossen Leuten /
Die gantz in deinen Geist sich hatten hier verstellt.
    Zeuch jenen Helden zu / du jenen gleicher Held /
Der itzt nichts gleiches hat. Du Hertzog deutscher Seiten;
O Erbe durch dich selbst der steten Ewigkeiten;
O ewiglicher Schatz und auch Verlust der Welt.
    Germanie ist tod / die Herrliche / die Freye /
Ein Grab verdecket sie und ihre gantze Treue.
Die Mutter die ist hin; Hier liegt nun auch ihr Sohn /

Ihr Recher / und sein Arm. Last / last nur alles bleiben
Ihr / die ihr übrig seyd / und macht euch nur darvon.
Die Welt hat warlich mehr nichts würdigs zu beschreiben.

AUGUST AUGSPURGER

In Opitium.

DEs Orpheus Harffe zwang Hell' / Erde / Lufft / und Meer:
Du zwängest noch wohl mehr / wann mehr beseelet wär!

JOHANN RIST

*Als die wunderbahre / oder vielmehr ohnverhoffte
Zeitung erschallete / daß der Hertzog von Friedland zu
Eger wehre ermordet worden.*

WAs ist dieß Leben doch? Ein *Trawrspiel* ists zu nennen /
Da ist der Anfang gut / auch wie wirs wünschen können /
   Das Mittel voller Angst / das End' ist Hertzeleid
   Ja wol der bittre Todt / O kurtze Fröligkeit!
Dieß thut uns *Wallenstein* in seinem Spiel erweisen /
Der Käyser pflag ihn selbst anfenglich hoch zu preisen
   Als' eine Seul deß Reichs (so nand' ihn FERDINAND)
   Der Teutschen Furcht unnd Zwang / deß Käysers rechter
                         Hand.
Bald aber / wie sein Glaub' unnd Trew fieng an zu wancken
Verkehrte sich das Spiel / man wandte die Gedancken
   Auff seinen Untergang / der Tag gebahr die Nacht /
   Das Trawrspiel hatt' ein End' unnd er ward umbgebracht.

So tumlet sich das Glück / so leufft es hin unnd wieder
Den einen macht es groß / den andren drückt es nieder
Sein End' ist offt der Todt. *O selig ist der Mann*
Der sich der Eitelkeit deß Glücks entschlagen kan.

Die prächtige Schönheit seiner Galatheen kan auch
allem was lebet eine Furcht und Schrecken einjagen.

GLeich wie / wenn ein Comet' in hohen Lüfften schwebet
Mit Straalen voller Feur / das gantze Land erbebet /
Es stehet Jung und Alt den Glantz zu schauen auff /
Sind voller Furcht und Angst / weil solcher Facklen Lauff
und ungewöhnlichs Liecht pflegt offtmals Land' und Leuten
Pest / Hunger / Flammen / Krieg und Mißgewachs bedeuten;
So wenn da geht herfür die schönste Galathe
In ihrer grossen Pracht / die Wälder / Berg' und See
Erleuchtet / daß so gar die Sterne selbst verbleichen /
Ja woll das grosse Liecht der Sonnen muß abweichen /
So zittert alle Welt und fürchtet grössre Noth /
Sie weiß daß diese bringt Fewr / Waffen und den Todt.

Sie rühmet ihre Bestendigkeit.

MEin Hertz ist nicht von Wachs / mein Hertz ist nicht
                                    zugleichen
Den Winden / die bald Ost bald West herümmer schleichen /
Es ist nicht wie ein Schiff / das nach der Wellen Lust
Bald hie / bald dort einläufft; Ach! mier ist nichts bewust

Als nur bestendig seyn. Mein lieben sol bezeugen
Daß es zu seinem Schatz' als ein Magnet sich neigen
und tapffer halten will. Kein ander wird gedrückt
In meine keusche Seel' als den ich erst erblickt.

71

Die Sonne zwar steht auff und geht des Abends nieder /
Der bleiche Mond nimt ab und kommt gefüllet wieder /
   Auff Hitze folget Kålt' / auff Regen Sonnen-schein /
   Auff Traurigkeit die Freud' / auff schertzen Schmertz und
                               Pein.

Mein Hertz' ist nicht also / das lest sich nicht erregen /
Das soll kein falscher Sturm in Lieb' und Leid bewegen /
   Ich halte wie ein Felß der an den üfern steht
   Bey welchem Wind und Fluth mit Spott für über geht.

So lang' ein Thier sich wird mit seines gleichen paaren /
So lang' ein Schiffer wird die Wellen überfahren /
   So lange Sonn' und Mond noch haben ihren Schein
   So lang' O Daphnis solst du mein Hertzliebster seyn.

Ernstliche Betrachtung / Der unendlichen Ewigkeit.

1.

O Ewigkeit du DonnerWort /
O Schwerdt das durch die Seele bohrt /
   O Anfang sonder Ende /
O Ewigkeit Zeit ohne Zeit /
Ich weis für grosser Traurigkeit /
   nicht wo ich hin mich wende /
Mein gantz erschrocknes Hertz erbebt /
daß mir die Zung am Gaumen klebt.

2.

Kein Unglück ist in aller Welt
Daß endlich mit der Zeit nicht fålt
   Und gantz wird auffgehoben;
Die Ewigkeit hat nur kein Ziel
Sie treibet fort und fort ihr Spiel
   Låst nimmer ab zu toben /

Ja / wie mein Heyland selber spricht /
Aus ihr ist kein Erlösung nicht.

3.

O Ewigkeit du machst mir bang' /
O Ewig / Ewig ist zu lang' /
   Hie gilt fürwar kein Schertzen:
Drumb / wenn ich diese lange Nacht
Zusampt der grossen Pein betracht' /
   Erschreck ich recht von Hertzen /
Nichts ist zu finden weit und breit
So schrecklich als die Ewigkeit.

4.

Was acht' ich Wasser / Feur und Schwerdt /
Diß alles ist kaum nennens werth
   Es kan nicht lange dauren:
Was wär' es / wenn gleich ein Tyrann /
Der funfftzig Jahr kaum leben kan
   Mich endlich ließ vermauren?
Gefängniß / Marter Angst und Pein
Die können ja nicht ewig seyn.

5.

Wenn der Verdampten grosse Quaal
So manches Jahr alß an der Zahl
   Hie Menschen sich ernehren /
Als manchen Stern der Himmel hegt /
Als manches Laub die Erde trägt
   Noch endlich solte wären /
So wäre doch der Pein zu letzt.
Ihr recht bestimptes Ziel gesetzt.

6.

Nun aber / wenn du die Gefahr
Viel hundert tausend tausend Jahr
   Hast kläglich außgestanden /

Und von den Teuffeln solcher frist
Gantz grausamlich gemartert bist /
   Ist doch kein Schluß vorhanden /
Die Zeit / so niemand zehlen kan /
Die fånget stets von neuen an.

7.

Ligt einer kranck und ruhet gleich
Im Bette / das von Golde reich
   Ist Kőniglich gezieret /
So hasset er doch solchen Pracht
Auch so / daß er die gantze Nacht
   Ein klåglichs Leben fűhret /
Er zehlet aller Glocken Schlag
Und seufftzet nach dem lieben Tag'.

8.

Ach was ist das? Der Hőllen Pein
Wird nicht wie Leibes Kranckheit seyn
   Und mit der Zeit sich enden /
Es wird sich der Verdampten Schaar
Im Feur und Schwefel immerdar
   Mit Zorn und Grimm' umbwenden /
Und diß ihr unbegreifflichs Leid
Sol wåren biß in Ewigkeit.

9.

Ach Gott wie bistu so gerecht /
Wie straffstu einen bősen Knecht /
   So hart im Pful der Schmertzen?
Auff kurtze Sűnden dieser Welt
Hastu so lange Pein bestellt /
   Ach nimb diß wol zu Hertzen /
Betracht es offt O Menschen-Kind /
Kurtz ist die Zeit / der Todt geschwind.

10.

Ach fliehe doch des Teuffels Strick /
Die Wollust kan ein Augenblick
 Und länger nicht ergetzen /
Dafür wilt du dein' arme Seel'
Hernachmahls in des Teuffels Höll'
 O Mensch zu Pfande setzen!
Ja schöner Tausch / ja wol gewagt
Daß bey den Teuffeln wird beklagt?

11.

So lang' ein Gott im Himmel lebt
Und über alle Wolcken schwebt
 Wird solche Marter währen /
Es wird sie plagen Kält' und Hitz'
Angst / Hunger / Schrecken / Feur und Blitz
 Und sie doch nie verzehren /
Denn wird sich enden diese Pein /
Wenn Gott nicht mehr wird Ewig seyn.

12.

Die Marter bleibet immerdar
Gleich wie sie erst beschaffen war
 Sie kan sich nicht vermindern /
Es ist ein' Arbeit sonder Ruh'
Und nimpt an tausend Seufftzen zu
 Bey allen Satans Kindern /
O Sünder deine Missethat
Empfindet weder Trost noch Raht!

13.

Wach auff O Mensch vom Sünden-schlaff'
Ermuntre dich verlohrnes Schaf
 Und bessre bald dein Leben /
Wach auff es ist doch hohe Zeit /
Es kompt heran die Ewigkeit
 Dir deinen Lohn zu geben /

Vielleicht ist heut der letzter Tag.
Wer weis noch wie man sterben mag!

14.

Ach laß die Wollust dieser Welt /
Pracht / Hoffart / Reichthumb / Ehr' und Geld
   Dir länger nicht gebieten /
Schau' an die grosse Sicherheit /
Die falsche Welt und böse Zeit
   Zusampt des Teuffels wühten /
Vor allen Dingen hab in acht
Die vorerwehnte lange Nacht.

15.

O du verfluchtes Menschen-Kind
Von Sinnen toll / von Hertzen blind
   Laß ab die Welt zu lieben /
Ach / ach / sol denn der Hellen Pein /
Da mehr denn tausend Hencker seyn
   Ohn' Ende dich betrüben.
Wo ist ein so beredter Mann
Der dieses Werck außsprechen kan?

16.

O Ewigkeit du Donner-Wort /
O Schwert das durch die Seele bohrt
   O Anfang sonder Ende!
O Ewigkeit Zeit ohne Zeit!
Ich weis für grosser Traurigkeit
   Nicht / wo ich mich hinwende /
Nimb du mich wenn es dir gefält
HErr Jesu in dein Freuden-Zelt.

JESAIAS ROMPLER VON LÖWENHALT

An Johann Risten
als er (neben anderen verehrten Kaiserlichen
freiheiten) auch mit dem lórbårkrantz zu einem
Tichter gekrónt worden /
imm 1646.ten jar Chr. zahl.

Só-so! diß hór ich gern. dan es geschicht gar selten /
In wehrung langes kriegs / daß Kunst mag etwaß gelten /
Und daß / wan iemand sich der Låhr und Witz befleisst /
Man ihm dergleichen ehr / als dir ietzund / erweisst;
Als dir / geliebter Rist! der du zwahr selbs inn schriften
Dir einen namen auch und ruhm hast kónnen stiften /
Doch giltt der nam vil mehr / der ruhm ist noch-so-gros /
Wan ihn ein Fůrst erhóbt / als wan er iergend blos /
Auff wán des volcks besteht. gestalt dan gleich beneben /
Die Fůrstliche genad den Fůrsten selbs erhóben
Und ruhmreich machen kan; nachdem er nåmlich zaigt /
Daß Tugend ihm / und er der Tugend wol genaigt;
Versteht / wem feyr und schein von oben-her verliehen;
Trachtt / ådle gaister stehts unådlen vorzuziehen:
Auß welchem underscheyd die Wålt erfreůlich spůhrt /
Wie reich der Himel ihm auch sein gemůth geziehrt.

    Die wissenschaft und kunst / die du bißher geůbet /
Macht / daß dich nunmehr auch der grose Kaiser liebet
Und thailt dir wůrden mit: indem er solches thut /
So mehrt sich úberal der Gegen-liebe gluth /
Stost lobes-flammen auß bei seinen underthanen.

    Die Ehr hat grose kraft die Kůnstler aufzumahnen;
Dan Kunst ohn Ehren-lohn wåchst selten in die hóh /
Die grob Undanckbarkeit und Schmåch thut ihr zuwé.

    Bei dir ist zeit und můh nun gar wol angeleget /
Dieweil dein strånger fleiß des Kaisers huld beweget /
Daß er mit wapen-ziehr und freiheit dich bedenckt /
Auch mit dem lorbårkrantz dein sinnreichs haupt beschenckt.

Só soll es seyn! Diß kan die schónen gaister lokken /
Die sonst unnutzlich schier nur ob sich selber hokken /
Wan niemand ihrer achtt; sie stekken da und dort
Durch armut undertruckt / und kónnen niergend fort /
Allweil des Hóhsten hand den unglúckhaften wafen
Ohn ablaß noch verhángt / das arme land zustrafen /
Das arme blinde land / daß ihm in seiner wuht /
Fast unerhórter weiß / selbsselbs den tod anthut.

    Ach / elend-Teútsches land / wan hat man doch zuhoffen /
Daß die gemeyne straf / die iederman betroffen /
Ein end gewinnen werd? Ei komm / gold-wáhrter Frid!
Es seúftzt das gantze Reich / es seúftzt ein iedes glid
Nach dir / dem hóhsten gut. Du / du kanst Lánder mehren
Und alles gut darinn: der Krieg geht mit verhéren
Und grimmen morden um. O / wúrd' es frid imm land /
Und blúhet' auf ein náus bei einem ieden stánd
Die alte Teútsche Tráu / der aufrecht-redlich handel /
Gott ságnet' iederman in seinem thun und wandel /
Und gáb' (ich weys es wol) bald widerum genad /
Daß sich das land verjúngt'; und daß der alte schad
Wúrd' unvermárckt gehailt. O / du Allmáchtigs wásen /
Daß úber alles herscht / hilf / daß wir doch genásen!
Wer / daß kein giftigs maul die obrigkeit an-hátz:
Und daß sich keinsen schwért in deinem blut mehr nátz /
In deinem blut / HERR Christ! und deiner Christen-glider!
Schlag Aigennutzen / Stoltz / und bóse Ráth' darnider!
Erleúcht die Christenheit in diser deiner sach /
Aufdaß man Friden such und jag ihm ámmsich nach!

    Vornehmlich wollest du der hochgesalbten kronen /
Des hailgen Oberhaupts / des Adlars / alzeit schonen /
Daß ihm von niemand nichts unbillichs widerfahr:
Hingegen / daß er auch der allgemeynen schár
Vilmehr mit lindigkeit / als stránge / fúrzustehen
Sich immerdar befleiß! So kan es leicht geschehen /
Daß Frid wird; und verbleibt. Wie hátt' er gróser' ehr /
Als wan er (nebenst Gott) der Friden-stifter wár?

JOHANN MATTHIAS SCHNEUBER

Letterwexel
Auf deß Ehrwürdigen und wolgelehrten
Herrn M. Kaspar Seemanns Pfarrers zu Durlach und
Jungfrauen Regina Mewin Hochzeit.
Seemann
versåtzt
Nem es an.

LIebste Regina / waß soll ich dir gåben?
   ådele steyne? vil silber und gold?
  schöne behausung? und gûter darneben?
   sintemal ich dir so inniglich hold.
      Mit solcherley sachen
      dich seelig zu machen /
     vermag ich zwar nicht;
     sind eiteles wåsen /
     und die es erlåsen
die wården offt übel zu grunde gerichtt.
Aber eyn' ander' und ådlere Gabe
   nehm' ich / dir Liebste zu schånken / mir fûr:
Tråuliches lieben / und / welches ich habe /
   redlichs gemûhte; waß sonsten an mir
      fûr gaben sich zeygen /
      sind alle dein eygen.
   Das überig kan
      Gott reichlich bescheren /
     uns mehren und nehren:
Beliebet dir solches / so *nem' es* jetz *an.*

ANDREAS TSCHERNING

Auff Hn. Johann Mochingers geliebten Söhnleins
Ehrenfriedes Begräbnüß.
Pindarischer Gesang.

Der erste Satz.

WEr Ihm Hoffnung macht auff Erden
Daß er lange leben wil /
Und bestimpt ihm selbst ein Ziehl /
Auff ein Ding / daß noch sol werden /
Sieht die Welt durch falschen Wahn
Blind an Seel' und Augen an.
Wann wir dencken recht zu leben /
Müssen wir den Geist begeben /
Wie der bleiche Todt es heist /
Der mit unsren schnöden Sachen
Plötzlich kan ein ende machen /
Und die Hoffnung niederreißt.

Der erste Gegensatz.

Wie deß Frülings erste Kinder
Der masirten Felder Schein
Unsrer Augen Weide sein:
Wie der Rosen glantz nicht minder
Für den Blumen sich erhöht:
Wie der Lilgen Atlaß steht /
Und die Myrten Freude geben:
Auff die weise hat im Leben /
Mochinger / dein Sohn geblüht /
Der im Schrancken freyer Tugend /
Schon im morgen seiner Jugend /
Dir / dem Vater / nachgerieth.

Der erste Nach-Satz.

Jedoch der Blumen Ziehr geht unter mit der Sonnen /
    Schawt sich abgemeyt
    Vielmal vor der Zeit.
Wann Myrten offt die Wurtzeln kaum gewonnen
Reißt sie der Aeol auß. Die Nymfen steht betrübt /
    Ihre Frewde
    Wird zum Leide.
So stirbt auch dir / was du zuvor geliebt.

Der ander Satz.

    Eltern fühlen Lust im Hertzen /
    Wann der Sohn ihr Bildnüß ist.
    Aber wann ihn GOtt erkiest
    Daß er muß von hinnen stertzen /
    Was für Jammer dieses sey /
    Wohnet dir am besten bey.
    Dein Betrübnüß darff nicht zeugen /
    Wann gleich Mund und Augen schweigen /
    Alß dafür dein armes Kind /
    Wann es wolte dich bewegen /
    Offt mit küssen hat gelegen /
    Die der Eltern Nährer sind.

Der ander Gegen-Satz.

    Anlaß giebet dir zu weinen
    Seine kurtze Lebens-Zeit.
    Aber Trost die Frömmigkeit
    Die im Himmel auch die Kleinen
    Allen grossen gleiche setzt.
    Der wird alt genung geschätzt
    Welcher dieses todte Leben
    Jung / und seelig kan begeben.
    Wann wir auff die stete mhü

Oder Flucht der Zeitten schauen /
Sein wir Kinder / wann wir grauen.
Frühe Frucht vergehet frü.

Der ander Nach-Satz

Ein Weinstock hat nicht noth die Reben zubeklagen /
    Noch ein Baum die Frucht
    Die man von ihm sucht /
Die Ursach ist / er kan sie wieder tragen.
Ein Gärtner ist zu fried' / ob schon das Blumen-Feld
    Theiles stirbet
    Und vertirbet /
Imfall er nur / wie du / die Art erhelt.

Wein.

Der Wein begeistert mich ein gutes Lied zu machen.
Wer kaltes Wasser trinckt / der schreibt auch kalte sachen.

Orpheus.

Der Orpheus hat sein Weib hieher vom tode widerbracht.
Kein Weib hat jemals ihren Mann von dannen loßgemacht.

ANONYM

*Klage der Götter uber die falsche Wahre
der in den Parnassus eingeschlichenen deutschen
Vers-Cråmer.*

NEwlich seind auff unsre Hügel
Durch deß Icarus Geflügel
    Falsche Cråmer in der Nacht
    Eingedrungen durch die wacht.
Diese gehn ohn alle Schewe
Zu verkåuffen leere Sprewe /
    Fůr das Ambrosinen Brod /
    Fůr den Pfeffer Måusekoth.
Auff / mein Buchner! Auff ihr zweene
Weitberůmbte Bober-Sôhne!
    Du gedrittes Lorber-Blat!
    Schaffe diesem Ubel Rath.
Da nimm hin der Gôtter Wage /
Alle Wahren uberschlage /
    Průfe diesen Cråmer Tandt /
    Weil er sehr nimmt uberhandt.
Was nicht wil die Probe halten
Das verschaffe jenem Alten /
    Der dort in der Schmidt' erhitzt /
    Unter Glut und Eisen sitzt.
Diesen Cråmern aber sage /
Daß sich fůrter keiner trage /
    Wie bißher / ohn alle Scham /
    Mit dergleichen falschem Cram.
Oder wer sich wird vergreiffen /
Den sol Marsyas mit Pfeiffen:
    Zwar nicht ohne Spot und Hohn /
    Jagen auß der Gôtter Thron.

SIMON DACH

Horto recreamur amoeno.

1. DEr habe Lust zu Würffeln und zu Karten /
    Der zu dem Tantz / und der zum kühlen Wein /
    Ich liebe nichts / als was in diesem Garten
    Mein Drangsals-trost und Kranckheit Artzt kan seyn /
      Ihr grünen Bäume /
      Du Blumen Zier /
      Ihr Hauß der Reyme
      Ihr zwinget mir
      Dieß Lied herfür.

2. Mir mangelt nur mein Spiel / die süsse Geige /
    Die würdig ist / daß sie mit Macht erschall' /
    Hie / wo das Laub und die begrünten Zweige
    Am Graben mich umbschatten überal /
      Hie wo von weiten
      Die Gegend lacht /
      Wo an der Seiten
      Der Wiesen Pracht
      Mich frölich macht.

3. Was mir gebricht an Geld und grossen Schätzen
    Muß mein Gemüht und dessen güldne Ruh
    Durch freyes Thun und Frölichkeit ersetzen /
    Die schleußt vor mir das Hauß der Sorgen zu;
      Ich wil es geben
      Umb keine Welt
      Daß sich mein Leben
      Oft ohne Geld
      So frewdig hält.

4. Gesetzt / daß ich den Erdenkreiß besesse /
    Und hätte nichts mit guter Lust gemein /

Wann ich der Zeit in Angst und Furcht genösse /
Was würd' es mir doch für ein Vortheil seyn?
Weg mit dem allen /
Was Unmuht bringt!
Mir sol gefallen
Was lacht und singt
Und Frewd' erzwingt.

5.   Ihr alten Bäum' / und ihr noch junge Pflantzen /
Rings umb verwahrt vor aller Winde Stoß /
Wo umb und umb sich Frewd' und Ruh verschantzen /
Senckt alle Lust herab in meinen Schoß /
Ihr solt imgleichen
Durch dieß mein Lied /
Auch nicht verbleichen
So lang man Blüht
Auf Erden sieht.

Mey-Liedchen.
Festinetur Hymen dum vernas flore juventae.

1.   KOmm / Dorinde / lass uns eilen /
Nimm der Zeiten Gůt in acht!
Angesehen / das verweilen
Selten grossen Nutz gebracht /
Aber weißlich fortgesetzt /
Hat so manches Paar ergetzt.

2.   Wir sind in den Frülings Jahren /
Lass uns die Gelegenheit
Forn ergreiffen bey den Haaren /
Sehn auff diese Meyen-Zeit /
Da sich Himmel / See und Land
Knůpffen in ein Heyraht-Band.

3. Wenn sich die Natur verjünget /
    Liegt in Liebe kranck und wund /
    Alles sich zu nehmen zwinget /
    Thut sie frey dem Menschen kundt:
    Daß sich Er / die kleine Welt
    Billich nach der grossen Helt.

4. Still zu seyn von Feld und Püschen /
    Von dem leichten Heer der Lufft /
    Da sich jedes will vermischen /
    Jedes seines Gleichen rufft /
    Hört man in den Wäldern nicht
    Wie sich Baum und Baum bespricht?

5. An den Bircken / an den Linden /
    Und den Eichen nimbt man wahr
    Wie sich Aest' in Aeste binden /
    Alles machet offenbahr
    Durch das Rauschen / so es übt /
    Daß es sey / wie wir / verliebt.

6. Lust betrübt / die man verscheübet.
    Dieser Eyfer / dieser Brand /
    Diese Jugend / so uns treibet /
    Hat nicht ewig den Bestand /
    Zeigt sich Wind- und Vogel-leicht /
    Ist geflügelt / kömpt und weicht.

Perstet amicitiae semper venerabile Faedus!

1. DEr Mensch hat nichts so eigen
    So wol steht ihm nichts an /
    Als daß Er Trew erzeigen
    Und Freundschafft halten kan;
    Wann er mit seines gleichen
    Soll treten in ein Band /

Verspricht sich nicht zu weichen
Mit Hertzen / Mund und Hand.

2. Die Red' ist uns gegeben
Damit wir nicht allein
Vor uns nur sollen leben
Und fern von Leuten seyn;
Wir sollen uns befragen
Und sehn auff guten Raht /
Das Leid einander klagen
So uns betretten hat.

3. Was kan die Frewde machen
Die Einsamkeit verheelt?
Das gibt ein duppelt Lachen
Was Freunden wird erzehlt;
Der kan sein Leid vergessen
Der es von Hertzen sagt;
Der muß sich selbst aufffressen
Der in geheim sich nagt.

4. GOtt stehet mir vor allen /
Die meine Seele liebt;
Dann soll mir auch gefallen
Der mir sich hertzlich giebt /
Mit diesem Bunds-Gesellen
Verlach' ich Pein und Noht /
Geh' auff dem Grund der Hellen
Und breche durch den Tod.

5. Ich hab' / ich habe Hertzen
So trewe / wie gebührt /
Die Heucheley und Schertzen
Nie wissendlich berührt;
Ich bin auch ihnen wieder
Von grund der Seelen hold /
Ich lieb' euch mehr / ihr Brüder /
Als aller Erden Gold.

Unterthånigste letzte Fleh-Schrifft
an Seine Churfůrstl. Durchl. meinen gnådigsten
Churfůrsten und Herrn.

HEld, zu welches Herrschafft Fůssen
Lånder liegen, Strôme fliessen,
Die ich auch nicht zehle schier,
Welchen ehren und anbehten
Sampt den Dôrffern und den Stådten
Auch die wild- und zahmen Thier:

Von dem grossen Theil der Erden
Laß ein kleines Feld mir werden,
Welches mir ertheile Brod,
Nun die Krafft mir wird genommen
Und auff mich gedrungen kommen
Beydes Alter und der Tod.

Hat ein Pferd sich wol gehalten
Und zuletzt beginnt zu alten,
Und nicht mehr taug in die Schlacht,
Es muß fressen, biß es stirbet,
Ja kein alter Hund verdirbet,
Der uns trewlich hat bewacht.

Laß auch mich nur Futter kriegen,
Biß der Tod mich heisst erliegen,
Bin ich dessen anders wehrt,
Hab' ich mit berůhmter Zungen
Deinem Haus' und Dir gesungen,
Was kein Rost der Zeit verzehrt.

Phôbus ist bey mir daheime,
Diese Kunst der Deutschen Reime
Lernet Preussen erst von mir,
Meine sind die ersten Seiten,
Zwar man sang vor meinen Zeiten,
Aber ohn Geschick und Zier.

Doch was ist hievon zu sagen?
Fürsten schencken nach Behagen,
Gnade treibet sie allein,
Nicht Verdienst, das Sie thun sollen,
Nein, Sie herrschen frey und wollen
Hie auch ungebunden seyn.

Thu, O Churfürst, nach Belieben.
Such' ich Huben zehnmal sieben?
Nein, auch zwantzig nicht einmal,
Andre mögen nach Begnügen
Auch mit tausend Ochsen pflügen,
Mir ist gnug ein grünes Thal,

Da ich GOtt und Dich kan geigen,
Und von fern sehn auffwarts steigen
Meines armen Daches Rauch,
Wenn der Abend kömpt gegangen.
Sollt' ich aber nichts empfangen,
Wol, Herr, dieses gnügt mir auch.

HEINRICH ALBERT

Trewe Lieb' ist jederzeit
Zu gehorsamen bereit.

1. ANke van Tharaw öß / de my geföllt /
    Se öß mihn Lewen / mihn Goet on mihn Gölt.
2. Anke van Tharaw hest wedder eer Hart
    Op my geröchtet ön Löw' on ön Schmart.
3. Anke van Tharaw mihn Rihkdom / mihn Goet /
    Du mihne Seele / mihn Fleesch on mihn Bloet.
4. Quöm' allet Wedder glihk ön ons tho schlahn /
    Wy syn gesönnt by een anger tho stahn.

5. Kranckheit / Verfålgung / Bedrófnós on Pihn /
   Sal unsrer Lôve Vernôttinge syn.
6. Recht as een Palmen-Bohm åver sóck stócht /
   Je mehr en Hagel on Regen anfócht.
7. So wardt de Lôw' ón onß måchtich on groht /
   Dórch Kryhtz / dórch Lyden / dórch allerley Noht.
8. Wórdest du glihk een mahl van my getrennt /
   Leewdest dar / wor ôm dee Sónne kuhm kennt;
9. Eck wôll dy fålgen dórch Wôler / dórch Mår /
   Dórch Yhß / dórch Ihsen / dórch fihndlócket Håhr.
10. Anke van Tharaw / mihn Licht / mihne Sónn /
    Mihn Leven schluht óck ón dihnet henónn.
11. Wat óck gebóde / wart van dy gedahn /
    Wat óck verbóde / dat låtstu my stahn.
12. Wat heft de Lôve dåch ver een Bestand /
    Wor nich een Hart óß / een Mund / eene Hand?
13. Wor ôm sóck hartaget / kabbelt on schleyht /
    On glihk den Hungen on Katten begeyht.
14. Anke van Tharaw dat war wy nich dohn /
    Du bóst mihn Dúhfken myn Schahpken mihn Hohn.
15. Wat óck begehre / begehrest du ohck /
    Eck laht den Rack dy / du låtst my de Brohk.
16. Dit óß dat / Anke / du sóteste Ruh'
    Een Lihf on Seele wart uht óck on Du.
17. Dit mahckt dat Lewen tom Håmmlischen Rihk /
    Dórch Zancken wart et der Hellen gelihk.

ROBERT ROBERTHIN

Vivam dum mihi vita datur.

1. MEin liebstes Seelchen lasst uns leben
   So lang wir noch im Leben seyn!
   Bald bricht der schlimme Tod herein /

So müssen wir das ubergeben
Was uns so sanfft und linde that /
Was uns so offt ergetzet hat!

2.   Der Augen umbgewechselt Schertzen /
Die Seufftzer / die so mancherhand
Durch abgeredeten Verstand
Die Botschafft brachten von den Hertzen /
Vergehn / und werden gleich zu nicht
So bald der Athem uns gebricht.

3.   Drumb / weil die Brust sich noch kan heben /
Eh' uns der warme Geist entweicht /
Eh' ewer purpur-Mund verbleicht /
Mein liebstes Seelchen / lasst uns leben!
Geniesset was die Zeit beschert /
Wer sichert uns wie lang es wehrt?

CHRISTOPH KALDENBACH

Hn. Valentin Baumgarten / als er zu
Königsberg Magister ward.
Magister Valentin Baumgarten:
Die Buchstaben versetzet /
Grünett als ein Baum im Garten.

Stroph.

DEr grüne Früling wird uns bald
Nun wieder in die Gärte führen /
Und sehen lassen / wie sich zieren
Die Bäum' in mancherley gestalt.
Da sie mit newem Laub und Zweigen
In voller Blüte sich erzeigen;

Weil itzt / die Seele dieser Welt /
Die Sonne mit den warmen Stralen /
Die Erd' auffs schönest' außzumahlen /
Sich immer näher zu uns helt.

Euch wil Apollo / liebster Freund /
Bey dieser grünen Frülings-Zeiten
Ein' Erndte nunmehr zubereiten /
Die zwar der Neid zu hindern meint:
Doch bleibt sie wol hinauß geführet.
Wir sehn das würdig' Haupt gezieret /
So wie ihr habt vorlängst verdient /
Mit stets begrünter Lorbeer Krohne;
Als schöner Kunst und Tugend Lohne /
Die bey euch völlig blüht und grünt.

Grünett dann in voller Blüt /
Als ein grüner Baum im Garten /
Da der Gärtner für das Warten
Seine Lust und Frewd' an siht.
Weil ihr habt viel Müh' und Pein
Außgestanden in der Jugend /
Muß die Erndte solcher Tugend
Fort ein steter Frühling seyn.

*Preussisches Valet / oder Abschied von Königsberg nach
Tübingen.*

SO sey dann / werthes Land / sey GOttes Schutz empfolen /
Weil doch ich scheiden mus. Das Unglück / so dir dreut /
Müß' andere bestehn. Die Wonne seiner Zeit /
Dein Churfürst wachs' und grün'. Auch euch / ihr tapffern
                                                    Polen /

Werd' ewr Verhengniß mild. Seyd glückhafft einzuholen
Den Nachtheil / der euch traff. Der Himmel weis bescheid
Für solcher Trübeln Grimm / und ewre Sicherheit /
Der allem Witz bisher noch bleibet je verholen.
Du dann vorab / ô Stadt / die mich so lang ernehrt;
O edler Pregel-Strom / samt deinen grossen Leuten /
Die hier so manche Gunst und Ehre mir gewehrt /
Gehab dich forthin wol zu lang' erwündschten Zeiten.
Und / weil je mehr und mehr ich denck' im besten dein /
Las mein Gedächtnüß auch bey dir im Segen seyn.

GOTTFRIED FINCKELTHAUS

Uber die Hand der Astree.

DU schöne Hand: Was / Hand! ja Ketten / denn sie bindt.
Was Ketten? Wollen mehr / weil sie so weich zu drücken.
Was / Wollen? Fewer mehr / denn sie das Hertz entzündt.
Was / Fewer? Mehr als Schnee / die Weisse muß sie schmücken.
Doch keines: Ketten nicht: ich bin ja frey zu nennen.
Nicht Wollen / die sonst bald verwehen kan der Wind.
Nicht Fewer: siehstu denn die Gluth so helle brennen?
Nicht Schnee / weil sich in der die rechte Wärme findt.
Jedennoch siehet dich des Volckes blinder Wahn
Aus Liebe vor den Schnee / Fewr / Wollen / Ketten an.

Dorilis.

ICh wil etwas heimlichs sagen /
Von der schönen Dorilis /
Was sich newlich zugetragen.
Gläubet mir / es ist gewiß.

93

Gläubet ihr es oder nicht?
Dorilis es selber spricht.

Laß uns / sagte sie / doch schertzen.
Alles ist geheim und still.
Alles / was du hast im Hertzen
Ich mit dir begehren wil.
Gläubet ihr es / oder nicht?
Dorilis es selber spricht.

Drauff so legten wir geschwinde
Mund auff Mund / und Brust an Brust.
Warlich / warlich ich empfinde
Noch bey mir die süsse Lust:
Gläubet ihr es / oder nicht?
Dorilis es selber spricht.

Als wir lange diß getrieben /
Sprach die Dorilis zu mir:
Dieses wol vergnügte Lieben
Ja verschwiegen sey bey dir.
Gläubet ihr es / oder nicht?
Dorilis es selber spricht.

Unser beyder süsses Küssen /
Meine schöne Dorilis /
Sagt ich / sol nicht einer wissen /
Sey versichert und gewiß.
Gläubet ihr es oder nicht?
Dorilis es selber spricht.

Also wil ich stille schweigen /
Weil es keinem wissent ist.
Niemand sol mich uberzeugen /
Daß sie sey von mir geküsst.
Und daß sie drumb wisse nicht /
Dorilis es selber spricht.

DEr Frawen bin ich lieb / die trägt mich stetz bey sich:
Bin steiff / bin rundt und lang / und wenn sie brauchet mich /
So fast sie meinen Kopff / und steckt mich so hienein:
Komm ich denn gar zu tieff / so mach ich Weh und Pein.

Eine Nadel.

Der Soldate.

O Grosser Gott der grossen Krüge /
    Den guten Schluckern wolbekant!
Durch dich und durch die schweren Züge
    Wird man ein frischer Held genannt.
    Den Krieg ich warlich fürchte sehr /
    Die Küch und Keller lob ich mehr.

Die lincke Schulter pflegt zu beben /
    Im fall sie Eisen tragen sol.
Viel leichter ists / ein Glaß zu heben /
    Ob solches gleich biß oben voll.
    Den Krieg ich warlich fürchte sehr /
    Die Küch und Keller lob ich mehr.

Mein scharffer Kneiff ist anzuschneiden
    Die feisten Braten abgericht.
Das Schwerd mag rosten in der Scheiden /
    In der es keine Scharten kriegt.
    Den Krieg ich warlich fürchte sehr /
    Die Küch und Keller lob ich mehr.

Ein Rauch von Hünern und Capaunen /
    Mir wol (doch mehr das Fleisch) behagt.
Das helle Blitzen der Carthaunen
    Macht mich hingegen bald verzagt.

Den Krieg ich warlich fürchte sehr /
Die Küch und Keller lob ich mehr.

Mit dir ists aus / bistu getroffen:
  Früh steh ich auff den andern Tag /
Wenn ich mich heute vollgesoffen /
  Und eins so viel noch sauffen mag.
  Den Krieg ich warlich fürchte sehr /
  Die Küch und Keller lob ich mehr.

Ein Landsknecht selbst nach Schaden ringet /
  Und suchet ihm den bittern Todt:
Wo man die Gläser hurtig schwinget /
  Da weiß man nicht von Sterbens-Noth.
  Den Krieg ich warlich fürchte sehr /
  Die Küch und Keller lob ich mehr.

Zum Pancketiren und zum Sauffen
  Da stell ich mich zum ersten ein.
Doch wenn man sol zum Sturm anlauffen /
  Wil ich der letzte lieber seyn.
  Den Krieg ich warlich fürchte sehr /
  Die Küch und Keller lob ich mehr.

Ich eben auch in meinen Zügen
  Muß führen einen schweren Krieg:
Wenn andre nun zu Boden liegen /
  So bleibet mir zuletzt der Sieg.
  Den Krieg ich warlich fürchte sehr /
  Die Küch und Keller lob ich mehr.

ERNST CHRISTOPH HOMBURG

Epigramma.

ISt Liebe Zuckersůs / wie daß sie bitter schmecket?
Ist Liebe bitter Gall / wie daß sie Lust erwecket?
   Ist Liebe lauter Fewr / wie daß sie Thränen bringt?
   Ist Liebe lauter Flut / daß ihre Glut dann dringt
Zu innerst in das Hertz? Ist Liebe was zu nennen?
Wer ist dann der / und die / so Liebe recht mag kennen?
   Ist Liebe lauter nichts / wie kan und mag es seyn /
   Daß sie bringt dir und mir wol tausend Hőllen-Pein?
Ist Liebe Menschen-Werck / wie daß sie Gőtter drenget?
Ist Liebe GőtterThun / wie daß sie sich vermenget
   Mit dem / was menschlich ist? Ist Liebe heilsam-gut /
   Wie daß sie dann so gar verformet Hertz und Mut?
Drumb wer wil witzig seyn / und Fillis ihm erjagen /
Der wird / was Lieben sey / mir kůrtzlich Antwort sagen.

Auff die besagte Sylvia.
ODE JAMBICA.

1.

KOm Schőnste! las uns eilen /
   Was säumen wir zumahl /
Entferne das Verweilen /
   Daß wir der Tulpen Zahl
Vermindern / weil sich wendet
   Bereit die liebe Sonn' /
Und alle Kurtzweil endet /
   Kom! kom! las uns darvon!

2.

Wilt du nicht in den Garten /
   Und hegen deine Lust?

Sol man biß Morgen warten?
  Es ist ja dir bewust /
Wie wir so steiff anhangen
  Der strengen Sterbligkeit /
Wie Mund / und rohte Wangen
  Verbleichen vor der Zeit.

3.

Las uns der Blumen brauchen /
  Die uns die Flora gab /
Des Westen süsses Hauchen /
  Weil alles hat sein Grab /
Weil nichts allhier bestehet /
  Ja mit der Zeiten Lauff /
Das / was nur ist / vergehet /
  Es stirbet allzuhauff.

4.

Drumb wollen wir uns setzen
  Wol mitten in den Klee /
Nicht säumen uns zu letzen /
  Der Nord auff trüber See
Sein Brausen schon her wendet /
  Und aller Rosen Pracht
An ieden Orten schändet /
  Nim / Liebste / nims in acht!

5.

Kom / las uns zu der Heyden
  Spatzieren durch den Wald /
Zu sehen / wie da weiden
  Die Hirten mannigfalt /
Wie Amaryll da träncket
  Die zarten Schäffelein /
Wann sich die Sonne sencket
  Ins trübe Meer hinein.

Schmaus-Lied.
ODE JAMBICA.

1.

RUnda ihr liebsten Brüder mein /
Wir müssen einmal lustig seyn /
Wir wollen hegen frischen Muht /
Allzeit studiren / ist nicht gut /
Der Pabst mit seinem Mönchen-Chor
Geht selbst uns mit Exempeln vor.

2.

Es gibt es die Erfahrenheit /
Was itzund / ist nicht allezeit /
Auff Trawren kömpt ein Frewden-schein /
Das Weinen stellet Lachen ein /
Ist Phoebus-Liecht zum wilden Meer /
Dann folget drauff der Sternen Heer.

3.

Der Nord nicht raubet für und für
Den Wäldern ihre Blätter-Zier /
Die Felder sind nicht immer weis
Von kaltem Schnee und rauhem Eiß.
Die wol-geputzte Lentzens-Zeit
Verjaget alles Winter-Leid.

4.

Apollo selbst auff Helicon
Nicht spielet immer seinen Thon /
Es feyret offt sein Leyer-Klang /
Der Pierinnen Lobgesang /
Auch offters Mars / der Wüterich /
Mit seiner Venus letzet sich.

5.

Cupido der wird auch gewahr /
Daß bey zu grossem Fleiß Gefahr /

Drumb wirfft er offt aus klugem Sinn
Den Kôcher / Pfeil und Bogen hin /
Enteussert sich der heissen Noht/
So manchem bringet Hôll und Todt.

6.

Thun das die Gôtter gros und klein /
Was bilden wir uns Menschen ein?
Drumb lasset uns bey dieser Zeit
Gebrauchen uns der Frôligkeit /
Wolan / drauff geht es sa / sa / sa /
Runda / Runda / Dinellula.

Buchdruckerey.

WO ist der Alten Witz? Wo sind die klugen Sinnen?
Sie haben diese Kunst noch nie erfinden kônnen;
Ein Mensch / ein eintzig Mensch itzt vielmehr schreiben kan /
Als vor / und itzo noch in Osten hundert Mann.

GABRIEL VOIGTLÄNDER

Der Autor kans Niemand zu Danck machen.

1.

WAs soll ich doch wol singen /
Was soll ich doch vor einen Text vorbringen /
Das meine Lieder allen /
Die mir zu hôren môchten wollgefallen /
Doch werd ich so glůckselig nimmermehre /
Wenn ich auch selbst Orpheus der sånger wehre /

Denn Momus tadelt selbst der Gótter sachen /
Was soll ich schlechter den zu danck ihm machen.

2.

Wenn ich (wie wol sein solte)
Was Geistlichs offtmahls gerne singen wolte :/:
So sagt man / es gehóret
Den Priestern zu / im Tempel da man lehret /
Sing ich den Weltlich / wil mans bóse deuten /
Als wenn ich sánge nur von Eitelkeiten /
Sing ich die Warheit muß ich undanck kriegen /
Auch lestert man mich wenn ich singe liegen.

3.

Sing ich von Lust und Schertzen /
Werd ich veracht von Melancholschen Hertzen /
Sing ich von Sorg und Klagen /
So wils den frólichen auch nicht behagen /
Sing ich von Liebe muß es Thorheit heissen /
Da doch die Klúgsten selbst den Gecken weissen /
Sie lestern und verachten meine Sachen /
Die sie doch selbsten kónnen nicht nach machen.

4.

Sing ich von Recht zu leben /
So sagt man / Ich soll nicht Gesetze geben /
Sing ich von Schand und Laster /
Bin ich bey Gott und Frommen noch verhaster /
Treff ich mit einem Wort wem das Gewissen /
So hab ich stracks das Kalb ins Aug geschmissen /
Wenn ich was lob / hab ich den Fuchs gestrichen /
Schelt' ich / so bin der Warheit ich entwichen.

5.

Sing ich von Friedens Sachen /
So pflegen die Soldaten mein zu lachen /
Sing ich von Streit und Kriegen /

So schaff ich auch den Frommen kein genügen /
Ich henge doch der Katzen an die Schelle /
Ich sing von Gott / vom Teuffel / Himmel / Helle /
Der eine liebt mich wenn ich mich laß hören /
Der ander will aus Haß mein Glück zerstören.

6.

Ich tichte / schreib und singe /
Und doch die Gnade nicht zu wegen bringe /
Als / der so nichts kan schaffen /
Als Essen / Trincken / müssig gehn und schlaffen /
Man ehret die mit sonderlichen Gaben /
Die nicht wie ich sich drumb bemühet haben /
Wenn ich denn daß erfahr und seh mit schmertzen /
So sing ich zwar / bin trawrig doch im Hertzen.

7.

Weil ich an vielen Orden /
Nicht Danck verdient / bin ich so schew nun worden /
Daß ich nicht kan ersinnen /
Wie ich mich recht verhalten soll hierinnen /
Drumb bitt ich daß mir Momus erstlich sage /
Was ich soll singen daß ich Danck von trage /
Er lehre mich wie man wol singt und tichtet /
Wo nicht / so laß er mich unaußgerichtet.

Ihm vergnüget nichts denn seine Liebste.

1.

ES mag wer will die Götter verehren /
    ich will an Jupiter mich nicht kehren /
    sein Blitzen acht ich nicht /
    Die grossen Herrn hie nieden auff Erden /
    die ihre Kinder genennet werden /
    die thun ihm ihre pflicht /

Es mögen Mars die Soldaten preisen /
    die Weisen Phoebo viel Ehr erweisen /
die Schiffer deßgleichen /
    Neptun erzeigen.
Die Künstler mögen Minerva dienen /
    die Jäger mögen Dian versühnen /
ich bin des nicht erböttig /
    habs auch nit nötig.

2.

Die Ritter / Hoffleut / und die Turnirer /
    Die Reuter / Fechter und Scharmutzirer /
Castors und Pollux Zunfft /
    Die durch viel Thaten seyn hoch erhoben /
Die mögen ihre Patronen loben /
    Mit Andacht und Vernunfft /
Die Kauffleut mögen Mercurium feyren /
    Die Bawren mögen in Feldt und Scheuren
Der Ceres Opffer bringen /
    Und frölich singen /
Die Trummel Bachus zu ehren schlagen /
    Ich will durchauß nach allen nicht fragen /
Nur Zweyen (die ich meine)
    Dien ich alleine.

3.

Es ist die Venus sampt ihrem Kinde /
    Zu derer Willen ich mich verbinde /
Weill sie verschaffen mir /
    Daß meine Liebste mir ist gewogen /
Und meine Hoffnung mich nicht betrogen /
    Die ich gehabt zu ihr /
Daß ich der Liebe nun kan geniessen /
    Der ich zuvor nur hab hoffen müssen /
Ich bin in Liebes Orden /
    Glückselig worden /

Ich hab nehst GOtt nun alles auff Erden /
    Was ich gewůndscht / daß mir solte werden /
Die so mein Leid kan wenden /
    Hab ich in Hånden.

4.

Was helffen Jupiters Herligkeiten /
    Des Martis glůcklicher Sieg in Streiten /
Was nutzt mir Phoebus Kunst /
    Wehr auch Neptunus Revier mein eigen /
Wehr klug wie Pallas, mir wolt erzeigen /
    Diana ihre Gunst /
Wenn allen Helden ich weit vorginge /
    Mercurius gegen mir wehr geringe /
Wenn ich der Ceres Gaben
    Solt alle haben /
Doch ist mir meine Hertzliebste lieber /
    Denn sie geht alle den andern über /
Darumb ich sie alleine /
    Von Hertzen meine.

GEORG GREFLINGER

Der Mars ist nun im Ars.

1.

SA! Lex und Ars die steigen wider hoch /
Ihr Leyd ist umb / der Mars hat nun ein Loch /
Es hat genug gedauret / daß der Mars
Hat Ars getrillt / nun ist der Mars im Ars.

2.

Nun halten Lex und Ars den Mars im Zaum /
Nun wird und ist mir auß dem Mars ein Traum.

Im Ars ist Lust / im Lex ist Süssigkeit /
Im Mars Gestanck / vom Pulver / Sturm und Streit.

3.

Wo Lex und Ars die Oberhand behält /
Da scheut der Mars nicht mehr so grob ins Feld.
Der Mars ist roht und schwartz / Lex aber weiß /
Und Ars wie Gold / Lex Ars behält den Preiß.

4.

So finster und so grewlich es im Mars,
So Sonnenklar und lieblich sind Lex, Ars,
Lex Ars, sind Freund / und halten nichts vom Mars,
Ey / sey dann Mars ein Freund vom Lex und Ars.

5.

Wolan / O Mars, scheuß nun nicht mehr so grob /
Es zörnen sonst Lex und auch Ars darob.
Wann Ars regiert / und Lex die Zunge braucht /
So zittert Mars / scheust er gleich daß es raucht.

6.

Im Mars ist nichts / das unser Hertz erfreut /
Lex aber hat viel Lust und Lieblichkeit.
Deßgleichen Ars, Ars ist so wunder fein /
Daß jederman im Ars wil Bürger seyn.

7.

Lex mich im Mars sehr wenig schützen kan /
Dann wo der Mars regiert / kommt Lex nicht an.
Nun aber Mars im Ars, Lex mich beschirmt /
Und hilfft nun nicht / daß Mars viel scheust und stürmt.

8.

Küßt mir nun Ars und Lex, und flucht dem Mars.
Verflucht sey Mars. Geküßt sey Lex und Ars.
O süsses Lex! O Lieblichkeit im Ars!
Wir küssen euch / kommt an / verflucht sey Mars.

9.

Mars scheußt und stinckt / Ars aber ist sehr mild /
Lex angenehm / der Mars ein greulich Bild.
Ars machet Gunst / Lex hat das Lob / was Ars,
Was greulich ist / das ist fûrwahr im Mars.

10.

Weg mit dem Mars, heran mit Lex und Ars,
Ars liebt die Ruh / Lex auch / Krieg aber Mars.
Viel lieber Fried als Krieg / weil Mars verzehrt /
Was Ars erwirbt. Mars raubt / Lex Ars ernehrt.

Gut gemeint und bôß verstanden /
Machet manche Schrifft zuschanden.

Einer uber den andern.

DIe Bawern sind nu Bûrger worden /
Die Bûrger sind im Edlen Orden /
Die Edlen sind den Fûrsten gleich /
Ein Fûrst begehrt ein Kônigreich /
Was sol der Kônig auff der Erden?
Er muß ein Gott genennet werden.

Laß der Jugend brauchen /
an seine FLORA.

Liebste laß uns eylen /
Was ist das verweilen?
Es giebt kaltes lieben
Wo die Krafft vertrieben /
Wo die Glieder beben
In dem heben.

Wann die Stirn in Falten /
Und die Wangen alten /
Wann die Lippen blawen /
Und die Augen tawen /
Wann der Brůste prangen
Pflegt zu hangen /
   Da ist Lust und Lieben
In die Lufft vertrieben /
Drumb so laß uns eylen /
Was ist das verweilen?
Lasse dich nicht narren
Mit dem harren.
   Komm O meine Frewde /
Meiner Augen Weyde /
Bin ich doch der Deine /
Kůsse mich O meine Meine /
Lasse nicht verziehen
Weil wir blůhen.

Hylas wil kein Weib nicht haben.

1.

SChweiget mir vom Frauen nehmen /
   Es ist lauter Ungemach /
Geld außgeben / wiegen / gråhmen /
   Einmal Juch und dreymal ach /
Ist sie jung / so wil sie fechten /
   Ist sie alt / so ists der Todt /
Ist sie reich / so wil sie rechten /
   Ist sie arm / wer schaffet Brodt.

2.

Ich wil drumb nicht / daß man sage /
   Daß ich von den Mŏnchen sey /

Weil ich mich deß Weibs entschlage /
  Buhlen / buhlen stehet frey /
Heute die / die andre Morgen /
  Das ist eine Lust für mich /
So darff ich für keine sorgen /
  Jede sorget selbst für sich.

3.

Denckt / was auff die Hochzeit lauffet /
  Was die Braut zur Kleydung kiest /
Wann man uns ein Kindlein tauffet /
  Das der nechste Haußrath ist /
Was die Amme / die es seuget /
  Die man mit Covent nicht stillt /
Die zu keiner Gritze schweiget /
  Die man nie genug erfüllt.

4.

Und was kosten Kasten / Kisten /
  Schlüssel / Schlösser / Schüssel / Rost /
Mägde / die uns koch- und misten /
  Dencket was der Haußzins kost /
Was die Bette / was die Kannen /
  Teller / Leffel / Leuchter / Liecht /
Spiesse / Brater / Holtz und Pfannen /
  Und was kost die Kleidung nicht?

5.

Wie viel Mäuler muß man speisen /
  Was verschleppen Hund und Katz?
Und wann sich die Freunde weisen /
  Was für Geld bleibt auff dem Platz /
Uber Fische / Fleisch und Gritze /
  Bier und Wein / und liebes Brod.
Wann nun erst die Fraw nicht nütze /
  Scheyde Gott die liebe Noth.

6.

Wann die Fraw die Brug wil tragen /
  Und dem Manne widerspricht /
Dann so geht es an das Jagen /
  Eine solche taugt mir nicht.
Dann so kommen ihre Freunde
  Schrey- und drâuen wider mich:
Dann so werden Freunde Feinde /
  Dann geht alles hinter sich.

7.

Dann so geht der Mann vom Hause /
  Suchet ihm / was ihm geliebt /
Lebet Tag und Nacht im Sause /
  Ob sich schon die Frau betrûbt /
Sitzt zu Hause mit den Kleinen
  Hat noch Bier / noch Brod / noch Geld /
Er ist lustig mit den Seinen /
  Und bey sich ein braver Held.

8.

Ich wil keine so betrûben /
  Ich wil bleiben / der ich bin /
Ich wil kein' alleine lieben /
  Buhlen / buhlen ist mein Sinn /
Buhlen ist mir Honig sûsse /
  Und verbuhl ich schon die Schue /
So behalt ich doch die Fûsse.
  Buhlen ist es / was ich thue.

Wider-Ruff.

1.

WEr beschimpfft das Frauen-nehmen?
  Wer benamt es Ungemach?

Die sich keinet Sûnde schâmen /
  Lassen dieses nehmen nach.
Ist sie jung / sind Liebe Blicke /
  Ist sie alt / dest' eher Todt.
Ist sie reich / ist das nicht Glûcke?
  Ist sie arm / Gott schaffet Brodt.

2.

Laß es / daß mir einer sage /
  Daß ich nun sehr Ehrbar sey /
Weil ich mich deß Volcks entschlage /
  Da noch Gott noch Glûck dabey /
Heute die / die andre Morgen /
  Das ist eine Last fûr mich /
Man muß fûr die Seele sorgen /
  Der nun fromm wird / der bin ich.

3.

Denckt was auff das Buhlen lauffet /
  Was die leichte Dierne frißt /
Wann man ihr ein Kindlein tauffet /
  Und du vierdthalb Vatter bist.
Was der Richter der dir zeiget /
  Wie der Himmel sey gewillt /
Was der Diener / der nicht schweiget /
  Den man nie genug erfûllt.

4.

Und was woltestu dann lassen /
  Daß es nie geschehen wâr'
Ey / schreyt man in allen Gassen /
  Seht / da kompt er eben her /
Der sich hat so frisch gehalten
  Bey den Mâgden / seht ihn an /
Ach das muß das Hertze spalten /
  Wann man es nicht laugnen kan.

5.

Und was kosten / Spiegel / Strûmpffe /
   Flor / Favore / Band und Schue /
Spiele / wann die besten Trûmpffe
   Sie ihr selber schantzet zu /
Gantze Kleider / gantze Posten /
   Die sie unbeschâmet wil /
Werden dich nicht wenig kosten /
   Vor das grosse Sûnden-Spiel.

6.

Wie viel Schwâger mustu speisen /
   Buhlen ist die rechte Katz /
Die uns jagt durch Eiß und Eysen /
   Gut und Blut bleibt auff dem Platz
Uber einer leichten Vettel /
   Gott gibt hier sehr fleissig acht:
Mancher wird durch Sie zum Bettel /
   Und umb den Verstand gebracht.

7.

Weg mit diesen Sûnden-Schulen /
   Da ich lang gewesen bin /
Her mit lieben / weg mit buhlen /
   Freyen / freyen ist mein Sinn /
Freyen ist mir Honig sûsse /
   Kompt die Galle dann darzu /
Daß ich Leibes-Freuden misse /
   Ey so hat die Seele Ruh.

Uber die Nacht meiner Geburt.
II. Octob. hora. XII. p. m.

Die Erden lag verhúlt mit Finsternúß und Nacht /
Als mich die Welt empfing / der Hellen Lichter Pracht /
Der Sternen goldne Zier umbgab des Himmels Awen
Warumb? Umb daß ich nur soll nach dem Himmel schawen.

Betrachtung der Zeit.

Mein sind die Jahre nicht die mir die Zeit genommen /
Mein sind die Jahre nicht / die etwa möchten kommen
Der Augenblick ist mein / und nehm' ich den in acht
So ist der mein / der Jahr und Ewigkeit gemacht.

Eitelkeit Menschlichen Lebens!

1. ACh / was ist doch unser armes Leben!
Als ein Traum mit Eitelkeit umbgeben!
Als ein Staub / den Lufft und Wind erreget /
Ein Regen leget!

2. Ein Schnee der eh' als es jemand innen /
Wann der Lentz herein tritt / mus zerrinnen
Es verschwindet gleich der Wasserblase /
Bricht gleich dem Glase.

3. Es verleurt sich wie ein Regenbogen;
Ist der Morgenröthe gleich verzogen /
Als ein Nebel / welchen / wenn es taget /
Die Sonn hinjaget.

4. Es ist ein Thau den die Hitz auffzehret /
Ein Blat / das der scharffe Nord umbkehret /
Eine Blum / die itzt das Aug erqvicket /
Itzt hingerůcket!

5. Wie Eiß / das der heissen Sonnen weichet /
Wie ein Blitz schnell durch die Wolcken streichet:
Wie ein Schatten / wenn das Liecht wil schwinden /
Nicht mehr zu finden;

6. Wie ein Widerschall / der kaum zu hôren /
Wie ein Rauch / den Wind alsbald zustôren;
Wie ein Lustspiel / wie ein strahl der Kertzen /
Und Abend-schertzen.

7. Ach so schwindet dieses kurtze Leben!
Darumb last uns Seel und Sinn erheben /
Und nach dem / was ewig / munter ringen
Vor allen Dingen!

Uber die Geburt JEsu.

NAcht / mehr denn lichte Nacht! Nacht / lichter als der Tag /
Nacht / heller als die Sonn' / in der das Licht geboren /
Das Gott / der Licht / in Licht wohnhafftig / ihm erkohren:
   O Nacht / die alle Nâcht' und Tage trotzen mag!
   O freudenreiche Nacht / in welcher Ach und Klag /
Und Finsternůß / und was sich auff die Welt verschworen
Und Furcht und Hôllen-Angst und Schrecken war verlohren.
   Der Himmel bricht! doch fâllt numehr kein Donnerschlag.
Der Zeit und Nâchte schuff / ist dise Nacht ankommen!
Und hat das Recht der Zeit / und Fleisch an sich genommen!
   Und unser Fleisch und Zeit der Ewikeit vermacht.
Der Jammer trübe Nacht / die schwartze Nacht der Sünden
Des Grabes Dunckelheit / muß durch die Nacht verschwinden.
   Nacht lichter als der Tag! Nacht mehr denn lichte Nacht!

113

VANITAS, VANITATUM, ET OMNIA VANITAS.
Es ist alles gantz eytel. Eccl. 1. v. 2.

ICh seh' wohin ich seh / nur Eitelkeit auff Erden /
   Was dieser heute bawt / reist jener morgen ein /
   Wo itzt die Städte stehn so herrlich / hoch und fein /
Da wird in kurtzem gehn ein Hirt mit seinen Herden:
Was itzt so prächtig blûht / wird bald zutretten werden:
   Der itzt so pocht und trotzt / lâst ubrig Asch und Bein /
   Nichts ist / daß auff der Welt kônt unvergânglich seyn /
Itzt scheint des Glûckes Sonn / bald donnerts mit beschwerden
   Der Thaten Herrligkeit muß wie ein Traum vergehn:
   ·Solt denn die Wasserblaß / der leichte Mensch bestehn
Ach! was ist alles diß / was wir vor kôstlich achten!
   Alß schlechte Nichtigkeit? als hew / staub / asch unnd wind
   Als eine Wiesenblum / die man nicht widerfind.
Noch wil / was ewig ist / kein einig Mensch betrachten!

Es ist alles Eitel.

DU sihst / wohin du sihst nur Eitelkeit auff Erden.
   Was diser heute baut / reist jener morgen ein:
   Wo itzund Stâdte stehn / wird eine Wisen seyn /
Auff der ein Schâfers-Kind wird spilen mit den Herden:
Was itzund prâchtig blûht / sol bald zutretten werden.
   Was itzt so pocht und trotzt ist Morgen Asch und Bein /
   Nichts ist / das ewig sey / kein Ertz / kein Marmorstein.
Itzt lacht das Glûck uns an / bald donnern die Beschwerden.
   Der hohen Thaten Ruhm muß wie ein Traum vergehn.
   Soll denn das Spil der Zeit / der leichte Mensch bestehn?
Ach! was ist alles diß / was wir vor kôstlich achten /
   Als schlechte Nichtikeit / als Schatten / Staub und Wind;
   Als eine Wisen-Blum / die man nicht wider find't.
Noch wil was Ewig ist kein einig Mensch betrachten!

Thränen in schwerer Kranckheit.

ICh bin nicht der ich war / die Kräffte sind verschwunden /
   Die Glider sind verdorr't / als ein durchbrandter Grauß:
Mir schaut der schwartze Tod zu beyden Augen aus /
Ich werde von mir selbst nicht mehr in mir gefunden.
Der Athem wil nicht fort / die Zunge steht gebunden /
   Wer siht nicht / wenn er siht die Adern sonder Mauß /
   Die Armen sonder Fleisch / daß diß mein schwaches Hauß
Der Leib zerbrechen wird / noch inner wenig Stunden.
   Gleich wie die Wisen Blum lebt wenn das Licht der Welt
   Hervor bricht / und noch ehr der Mittag weggeht / fällt;
So bin ich auch benetzt mit Thränen-tau ankommen:
   So sterb ich vor der Zeit. O Erden gute Nacht!
   Mein Stündlein laufft zum End / itzt hab ich außgewacht
Und werde von dem Schlaff des Todes eingenommen.

Menschliches Elende.

WAs sind wir Menschen doch? ein Wohnhauß grimmer
                                Schmertzen
   Ein Ball des falschen Glücks / ein Irrlicht diser Zeit.
   Ein Schauplatz herber Angst / besetzt mit scharffem Leid /
Ein bald verschmeltzter Schnee und abgebrante Kertzen.
Diß Leben fleucht davon wie ein Geschwätz und Schertzen.
   Die vor uns abgelegt des schwachen Leibes Kleid
   Und in das Todten-Buch der grossen Sterblikeit
Längst eingeschriben sind / sind uns aus Sinn und Hertzen.
   Gleich wie ein eitel Traum leicht aus der Acht hinfällt /
   Und wie ein Strom verscheust / den keine Macht auffhält;
So muß auch unser Nahm / Lob / Ehr und Ruhm verschwinden /
   Was itzund Athem holt / muß mit der Lufft entflihn /
   Was nach uns kommen wird / wird uns ins Grab nachzihn.
Was sag ich? wir vergehn wie Rauch von starcken Winden.

Trawrklage des verwüsteten Deutschlandes.

WIr sind doch numehr gantz / ja mehr alß gantz vertorben.
   Der frechen Völcker schar / die rasende Posaun /
   Daß vom Blutt feiste Schwerd / die donnernde Carthaun /
Hat alles diß hinweg / was mancher sawr erworben /
Die alte Redligkeit unnd Tugend ist gestorben;
   Die Kirchen sind vorheert / die Starcken umbgehawn /
   Die Jungfrawn sind geschänd; und wo wir hin nur schawn /
Ist Fewr / Pest / Mord und Todt / hier zwischen Schantz und
                              Korben
   Dort zwischen Mawr und Stad / rint allzeit frisches Blutt
   Dreymal sind schon sechs Jahr als unser Ströme Flutt
Von so viel Leichen schwer / sich langsam fortgedrungen.
Ich schweige noch von dehm / was stärcker als der Todt /
   (Du Straßburg weist es wol) der grimmen Hungersnoth /
Und daß der Seelen-Schatz gar vielen abgezwungen.

Thränen des Vaterlandes /
Anno 1636.

WIr sind doch nunmehr gantz / ja mehr denn gantz verheeret!
   Der frechen Völcker Schaar / die rasende Posaun
   Das vom Blutt fette Schwerdt / die donnernde Carthaun /
Hat aller Schweiß / und Fleiß / und Vorrath auffgezehret.
Die Türme stehn in Glutt / die Kirch ist umgekehret.
   Das Rathauß ligt im Grauß / die Starcken sind zerhaun /
   Die Jungfern sind geschänd't / und wo wir hin nur schaun
Ist Feuer / Pest / und Tod / der Hertz und Geist durchfähret.
Hir durch die Schantz und Stadt / rinnt allzeit frisches Blutt.
   Dreymal sind schon sechs Jahr / als unser Ströme Flutt
Von Leichen fast verstopfft / sich langsam fort gedrungen
   Doch schweig ich noch von dem / was ärger als der Tod /
   Was grimmer denn die Pest / und Glutt und Hungersnoth
Das auch der Seelen Schatz / so vilen abgezwungen.

An die Sternen.

IHr Lichter / die ich nicht auff Erden satt kan schauen /
   Ihr Fackeln / die ihr Nacht und schwartze Wolcken trennt
   Als Diamante spilt / und ohn Auffhören brennt;
Ihr Blumen / die ihr schmückt des grossen Himmels Auen:
Ihr Wächter / die als Gott die Welt auff-wolte-bauen;
   Sein Wort die Weißheit selbst mit rechten Namen nennt
   Die Gott allein recht misst / die Gott allein recht kennt
(Wir blinden Sterblichen! was wollen wir uns trauen!)
   Ihr Bürgen meiner Lust / wie manche schöne Nacht
   Hab ich / in dem ich euch betrachtete / gewacht?
Herolden diser Zeit / wenn wird es doch geschehen /
   Daß ich / der euer nicht allhir vergessen kan /
   Euch / derer Libe mir steckt Hertz und Geister an
Von andern Sorgen frey werd unter mir besehen?

Morgen Sonnet.

DIe ewig helle Schaar wil nun ihr Licht verschlissen /
   Diane steht erblaßt; die Morgenrötte lacht
   Den grauen Himmel an / der sanffte Wind erwacht /
Und reitzt das Federvolck / den neuen Tag zu grüssen.
Das Leben diser Welt / eilt schon die Welt zu küssen /
   Und steckt sein Haupt empor / man siht der Stralen Pracht
   Nun blinckern auff der See: O dreymal höchste Macht
Erleuchte den / der sich itzt beugt vor deinen Füssen!
   Vertreib die dicke Nacht / die meine Seel umbgibt /
   Die Schmertzen Finsternüß / die Hertz und Geist betrübt /
Erquicke mein Gemütt / und stärcke mein Vertrauen.
   Gib / daß ich disen Tag / in deinem Dinst allein
   Zubring: und wenn mein End' und jener Tag bricht ein
Daß ich dich / meine Sonn / mein Licht mög ewig schauen.

Mittag.

AUff Freunde! last uns zu der Taffel eylen /
  In dem die Sonn ins Himmels Mittel hålt
  Und der von Hitz und Arbeit matten Welt
Sucht ihren Weg / und unsern Tag zu theilen.
Der Blumen Zir wird von den flammen Pfeylen
  Zu hart versehrt / das außgedórte Feld
  Wúndscht nach dem Tau' / der Schnitter nach dem Zelt;
Kein Vogel klagt von seinen Libes Seilen.
  Itzt herrscht das Licht. Der schwartze Schatten fleucht
  In eine Hól / in welche sich verkreucht /
Den Schand und Furcht sich zu verbergen zwinget.
  Man kan dem Glantz des Tages ja entgehn!
  Doch nicht dem Licht / das / wo wir immer stehn /
Uns siht und richt / und Hell' und Grufft durchdringet.

Abend.

  DEr schnelle Tag ist hin / die Nacht schwingt ihre Fahn /
Und fúhrt die Sternen auff. Der Menschen múde Scharen
Verlassen Feld und Werck / wo Thir und Vógel waren
  Traurt itzt die Einsamkeit. Wie ist die Zeit verthan!
  Der Port naht mehr und mehr sich zu der Glider Kahn.
Gleich wie diß Licht verfil / so wird in wenig Jahren
Ich / du / und was man hat / und was man siht / hinfahren.
  Diß Leben kómmt mir vor als eine Renne-Bahn.
Laß hóchster Gott / mich doch nicht auff dem Lauffplatz
                                        gleiten /
Laß mich nicht Ach / nicht Pracht / nicht Lust nicht Angst
                                        verleiten!
  Dein ewig-heller Glantz sey vor und neben mìr /
Laß / wenn der múde Leib entschlåfft / die Seele wachen
Und wenn der letzte Tag wird mit mir Abend machen /
  So reiß mich aus dem Thal der Finsternúß zu dir.

118

Mitternacht.

SChrecken / und Stille / und dunckeles Grausen / finstere
Kålte bedecket das Land
Itzt schlåfft was Arbeit und Schmertzen ermüdet / diß sind der
traurigen Einsamkeit Stunden.
Nunmehr ist / was durch die Lüffte sich reget / nunmehr sind
Menschen und Thire verschwunden.
Ob zwar die immerdar schimmernde Lichter / der ewig
schitternden Sternen entbrant!
Suchet ein fleissiger Sinn noch zu wachen? der durch
Bemühung der künstlichen Hand /
Ihm / die auch nach uns ankommende Seelen / Ihm / die an itzt
sich hir finden verbunden?
Wetzet ein bluttiger Mörder die Klinge? wil er unschuldiger
Hertzen verwunden?
Sorget ein Ehren-begehrend Gemütte / wie zu erlangen ein
höherer Stand?
Sterbliche! Sterbliche! lasset diß dichten! Morgen! Ach
Morgen! Ach muß man hinzihn!
Ach wir verschwinden gleich als die Gespenste / die umb die
Stund uns erscheinen und flihn.
Wenn uns die finstere Gruben bedecket / wird / was wir
wündschen und suchen zu nichte.
Doch / wie der glåntzende Morgen eröffnet / was weder
Monde noch Fackel bescheint:
So / wenn der plötzliche Tag wird anbrechen / wird was
geredet / gewürcket / gemeynt.
Sonder vermånteln eröffnet sich finden vor des erschrecklichen
GOttes Gerichte.

119

Einsamkeit.

IN diser Einsamkeit / der mehr denn öden Wüsten /
   Gestreckt auff wildes Kraut / an die bemoßte See:
   Beschau' ich jenes Thal und diser Felsen Höh'
Auff welchem Eulen nur und stille Vögel nisten.
Hir / fern von dem Pallast; weit von des Pövels Lüsten /
   Betracht ich: wie der Mensch in Eitelkeit vergeh'
   Wie / auff nicht festem Grund' all unser Hoffen steh'
Wie die vor Abend schmähn / die vor dem Tag uns grüßten.
   Die Höl' / der rauhe Wald / der Todtenkopff / der Stein /
   Den auch die Zeit aufffrist / die abgezehrten Bein /
Entwerffen in dem Mutt unzehliche Gedancken.
   Der Mauren alter Grauß / diß ungebau'te Land
   Ist schön und fruchtbar mir / der eigentlich erkant
Daß alles / ohn ein Geist / den Gott selbst hält / muß wancken.

Als Er aus Rom geschidn.

ADe! Begriff der Welt! Stadt der nichts gleich gewesen /
   Und nichts zu gleichen ist / in der man alles siht
   Was zwischen Ost und West / und Nord und Suden blüht.
Was die Natur erdacht / was je ein Mensch gelesen.
Du / derer Aschen man nur nicht vorhin mit Bäsen
   Auff einen Hauffen kährt / in der man sich bemüht
   Zu suchen wo dein Grauß / (flieht trüben Jahre! fliht /)
Bist nach dem Fall erhöht / nach langem Ach / genäsen.
   Ihr Wunder der Gemäld' / ihr Kirchen und Palläst /
   Ob den die Kunst erstarr't / du starck bewehrte Fest /
Du herrlichs Vatican, dem man nichts gleich kan bauen:
   Ihr Bücher / Gärten / Grüfft'; Ihr Bilder / Nadeln / Stein /
   Ihr / die diß und noch mehr schliß't in die Sinnen ein /
Fahrt wol! Man kan euch nicht satt mit zwey Augen schauen.

Der Tod.

WAs hilfft die gantze Welt / Mensch! deine Stunde schlägt!
Zwar eh' als du vermeynt! doch wer muß nicht erbleichen?
Nun wird die Schönheit rauch; nun muß die Tugend weichen /
   Nun ist dein Adel Dunst / die Stärcke wird bewegt!
   Hir fällt auff eine Baar der Hutt und Krone trägt
Hir feilt die grosse Kunst / kein Tagus schützt die Reichen.
Man siht kein Alter an / die gantz verstellte Leichen
   (O Freunde! gutte Nacht!) wird in den Staub gelegt
Du scheidest! gantz allein! von hir! wohin! so schnelle!
Diß ist des Himmels Bahn! die öffnet dir die Helle!
   Nach dem der strenge Printz sein ernstes Urtheil hegt.
Nichts bringst du auff die Welt / nichts kanst du mit
                            bekommen:
Der einig' Augenblick hat / was man hat / genommen.
   Doch zeucht dein Werck dir nach. Mensch! deine Stunde
                            schlägt.

Das Letzte Gerichte.

AUff Todten! auff! die Welt verkracht in letztem Brande!
   Der Sternen Heer vergeht! der Mond ist dunckel-rott /
   Die Sonn' ohn allen Schein! Auff / ihr die Grab und Kott
Auff! ihr die Erd und See und Hellen hilt zu Pfande!
Ihr die ihr lebt komm't an: der HErr / der vor in Schande
   Sich richten liß / erscheint / vor Ihm laufft Flamm' und Noth
   Bey Ihm steht Majestätt / nach ihm / folgt Blitz und Tod /
Umb ihn / mehr Cherubim als Sand an Pontus Strande.
Wie liblich spricht Er an / die seine Recht' erkohren.
Wie schrecklich donnert Er / auff dise / die verlohren.
   Unwiderrufflich Wort / kommt Freunde / Feinde fliht!
Der Himmel schleust sich auff! O GOtt! welch frölich scheiden;
Die Erden reist entzwey. Welch Weh / welch schrecklich
                            Leiden.
   Weh / Weh dem / der verdam't: wol dem / der JEsum siht!

Die Hölle.

ACh! und Weh!
Mord! Zetter! Jammer / Angst / Creutz! Marter! Würme!
                              Plagen.
Pech! Folter! Hencker! Flamm! Stanck! Geister! Kålte! Zagen!
        Ach vergeh!
        Tiff' und Höh'!
Meer! Hügel! Berge! Felß! wer kan die Pein ertragen?
Schluck Abgrund! ach schluck' ein! die nichts denn ewig klagen.
        Je und Eh!
Schreckliche Geister der tunckelen Hölen / ihr die ihr martret
                              und Marter erduldet
Kan denn der ewigen Ewikeit Feuer / nimmermehr büssen diß
                              was ihr verschuldet?
        O grausamm' Angst stets sterben / sonder sterben!
Diß ist Flamme der grimmigen Rache / die der erhitzete Zorn
                              angeblasen:
Hir ist der Fluch der unendlichen Straffen / hir ist das immerdar
                              wachsende Rasen:
        O Mensch! Verdirb / umb hir nicht zu verderben.

Ewige Freude der Außerwehlten.

O! wo bin ich! O was seh' ich / wach ich? treumt mir? wie wird
                              mir?
JEsu! welcher Wollust Meer / überschwemmt mein frölich
                              Hertz /
    Welt Ade! glück zu mein Trost! gutte Nacht Tod / Angst und
                              Schmertz /
Ich find alles: alles lern ich! alles schau' ich HERR in dir /
Ich zuschmeltz in lauter Wonne! JEsu! JEsu. Meine
                              Zir!
    O wie herrlich ists hir seyn! Erde deine Freud ist
                              Schertz!

122

JEsu! ewig-glåntzend Licht! (tunckel ist der Sonnen
Kertz!)
Ach! wie funckeln deine Schaaren! Sternen fliht! hir schimmern
wir.
Ihr / die ihr Glutt und Schwerdt verlacht! ob schon eur Leib
wůrd Staub und Aschen /
Ihr / die ihr euer reines Kleid habt in dem Blutt des Lambs
gewaschen /
Rufft Hallelujah! Hallelujah! Freud und Leben!
Dir dreymal einig Ewigkeit; die alles in allen beherschet und
zihret:
Sey unaußsprechlich Lob und Ruhm / und Ehre die dir nur
alleine gebůhret.
Dir / die sich ewig / (Hallelujah!) uns wil geben.

ANDREAS GRYPHIUS.
Uber seine Sontag- und FeyrtagsSonnette.

IN meiner ersten Blůt' / ach! unter grimmen Schmertzen
    Bestůrtzt durchs scharffe Schwerdt' und ungeheuren Brand
    Durch libster Freunde Tod und Elend / als das Land
In dem ich auffging fil' / als toller Feinde Schertzen /
Als LåsterZungen Spott mir rasend drang zu Hertzen /
    Schrib ich diß was du sihst mit noch zu zarter Hand
    Zwar Kindern / als ein Kind / doch reiner Andacht Pfand /
Tritt Leser nicht zu hart auff Blumen Erstes Mertzen.
    Hir donnert / ich bekenn / mein rauer Abas nicht /
    Nicht Leo / der die Seel' auff dem Altar außbricht /
Der Mårtrer Helden-Muth ist anderswo zu lesen:
    Ihr die ihr nichts mit Lust als frembde Fehler zehlt
    Bemůht euch ferner nicht: Ich sag' es was mir fehlt
Daß meine Kindheit nicht gelehrt doch fromm gewesen.

Ruhe des Gemühtes.

1.

WIe seelig ist der hohe Geist zu schätzen /
Der deß geschminckten Glückes falsche Pracht
Und was bethörte Sinnen mag ergetzen /
Mit Sorg- und Kummer-freyem Mutt verlacht!
Dem kein Verzagen /
Das Hertz zubricht:
Den kein Wehklagen /
Kein scheel Gesicht
Noch Neyd ansticht.

2.

Er tritt / was alles tritt mit steiffen Füssen /
Herrscht über sich und pocht der Menschen Noth.
Er trotzt was Fleisch und Jahre leiden müssen /
Er zwingt die Pest der grossen Welt / den Tod.
Er findet in sich /
Was jener sucht
Der stets / gleich als ich
In schneller Flucht
Irr't ohne Frucht.

3.

Er hört mit Lust / wenn mancher rühm't und leuget
Und höhnt den Rauch der stoltzen Eitelkeit /
Er schau't / wenn mich ein falscher Freund betreuget /
Sich umb / nach Treu / der hochbegreißten Zeit.
Er lib't nicht Libe
Die Wind und Dunst
Und Seelen Hibe
Gibt vor die Gunst
Der keuschen Brunst.

4.

Er schmückt sein gantz mit Ehr gezirt Gemütt
Mit nicht gemeinem Glantz der Weißheit aus;

Er lern't warumb die stoltze Welle wůtte;
Er kenn't die Sternen selbst in ihrem Hauß
Was in den Lůfften
Was ob uns schweb;
Was aus den Klůfften
Der Grufft / erheb' /
Und ewig leb'.

5.

Ihm steht was Welt und Himmel zuschleust / offen:
Er denen nur / die sein Verstand erwehlt.
Von denen gleiche Seel und Gunst zu hoffen /
Und Treu / die Freund erkist und selten zehlt /
Mit disen theilet
Er Lust und Leid /
Er übereilet
Was nah' und weit.
Pocht Tod und zeit.

6.

Ach! kônt ich / was ich itzund růhm erlangen!
Ach mein Verhångnůß! was hålt mich zurůck?
Wenn wird mich doch die sůsse Ruh umbfangen?
Die schône Lust / das allerhôchste Glůck.
Mich wůrd ergetzen
Ein lustig Feld
Vor reichsten Schåtzen
Der Fůrsten Zelt /
Ja Ehr und Welt.

Psal. LXX. v. 20. Quantas ostendisti
mihi tribulationes multas & magnas,
& conversus vivificasti me!

Satz.

REiß Erde! reiß entzwey! Ihr Berge brecht und decket
Den gantz verzagten Geist!
Den Blitz und Ach und Noth / und Angst / und Weh'
                                          erschrecket!
Und herbe Wehmut beist!
Ihr immerlichten ståter Himmel Lichter!
Ach bescheinet meine Glider! ach bescheint die Glider nicht!
Die der Donnerkeil der Schmertzen / die die Krafft der Angst
                                          zubricht!
GOtt / gutter GOtt! nur mir zu strenger Richter
Was låsset mich dein Grimm nicht sehen!
Was hôr ich nicht fûr Spott und Schmåhen?
Sind die Augen mir verlihen
Daß ich nichts als herbe Plagen / nichts als Marter schauen soll?
Tåglich rufft man mir die Ohren / ja die matte Seele voll!
Kan ich! kan ich nicht entflihen?
Kan die hell-besternte Nacht! kan mich nicht die Sonn
                                          erquicken?
Sol mich jde Morgenrôtt' jder Abendstunde drûcken?

Gegensatz.

Der dicke Nebel bricht in welchen sich verhûllet
Der alles hebt und hålt;
Der aller scharffe Pein und herbe Thrånen stillet /
Der Schôpffer diser Welt.
Er wendet sich und hôrt nach meinem wimmern.
Und blåst mein erstarrte Leichen mit erneutem Leben an:
Daß ich / der schon erstummet / ihm mit Jauchtzen dancken
                                          kan.
Ich spûr' umb mich sein edle Wåchter schimmern.
Versteckt mich in des Abgrunds Grûnde;

Und wo ich kaum mich selber finde /
Ja in Mittelpunct der Erden.
Er wird mich aus diser Tiffen / aus der unerschöpfften Klufft /
Aus der Hellen Hell' erretten; mir sol aller Grüffte Grufft
Noch zum Ehren Schauplatz werden.
Jagt mich wo die Welt auffhört / wo die kalten Lüffte ringen:
Wo das heisse Land verbrennt; Gott der wird mich wider bringen.

Zusatz.

Der / der uns schützt' in Noth /
Erweist an mir die Allmacht seiner Ehren!
Mein Ach! mein Tod ist todt.
Es müsse diß was etwas anhört / hören.
Den / den was Athem holt / veracht /
Schmückt er mit seiner Güte Pracht!
Der / der mir vor den Rücken wandte:
Der mich in seinem Grimm verbannte:
Kehret mir den süssen Mund / und die liben Augen zu
Er erquickt mein Hertz mit Trost und verspricht mir stille Ruh.
Keine Pein ist dem Ergetzen
Daß ich fühle gleich zu schätzen.

Uber Nicolai Copernici Bild.

Du dreymal weiser Geist / du mehr denn grosser Mann!
Dem nicht die Nacht der Zeit die alles pochen kan /
Dem nicht der herbe Neyd die Sinnen hat gebunden /
Die Sinnen / die den Lauff der Erden new gefunden.
Der du der alten Träum und Dünckell widerlegt:
Und Recht uns dargethan was lebt und was sich regt:
Schaw itzund blüht dein Ruhm / den als auff einem Wagen /
Der Kreiß auff dem wir sind muß umb die Sonnen tragen.
Wann diß was irrdisch ist / wird mit der Zeit vergehn /
Soll dein Lob unbewegt mit seiner Sonnen stehn.

DOROTHEA ELEONORA VON ROSENTHAL

MEin liebster Opitius rûhrte die Seiten /
Die jederman liebte / ja hôrte von weiten;
   Die Berge die hûpfften und sprangen empor /
   Es freute sich alles gieng alles im flor:
Opitius schriebe Trochäische Lieder /
und Jambische Verse / wie zeiget ein jeder /
   Herr Caesius folget und lehret uns auch
   Der schônen Dactylischen rechten Gebrauch
Er weiset und lehret uns die Anapästen /
So werden sie loben Ost / Sûden und Westen /
   Sie haben uns alle viel gutes gethan /
   Nun folget ihr andern der gûldenen Bahn!

PHILIPP VON ZESEN

Dactylisch Sonnet
an den Edlen und Weltberûhmten Herrn August Buchnern /
über die Erfindung der Dactylischen und
Anapästischen Verse.

Hôret die Lieder wie artlich sie klingen /
   Welche *Herr Buchner* erfindet und übt /
   Echo sich selbsten in ihnen verliebt /
Wolte sie gerne mit freuden nachsingen /
übet sich stetig die Stimme zu schwingen /
   Aber in dem sie noch hefftig betrûbt /
   Nicht mehr als halbe gebrochne wort giebt;
Wâlder und Felder dem toone nachspringen.
   Buchner / so lângsten unsterblich gemacht /
   Itzo mann âhnlich den Gôttern Ihn acht /

Weil er Dactylisch zu singen erfunden:
    Phöbus verwundert sich selbsten ob Ihn /
    Orpheus muß anders die Seiten aufzihn /
Cicero schweiget und lieget gebunden.

Salomons Des Hebräischen Königs Geistliche Wollust /
oder Hohes Lied.
Die Siebende Abtheilung.

ER.

1.

WIe kanstu so zierlich / ô Fürsten-kind / gehen?
  Die Schuhe seyn Sammet mit golde gestickt /
Es pflegen die Lenden beysammen zu stehen
  Wie Spangen vom Meister aufs schönste geschmückt.
      Dein Nabel / mein Leben /
      Nach Bechers-art eben
    Ist sauber und rund;
      Da süßer Wein fließet /
      Sich reichlich ergießet /
  und füllet ihn wieder und feuchtet den grund.

2.

Dein runter Leib gleichet dem hauffen von Weitzen
  Der Lieblich mit Rosen-gebüsche verwahrt /
Die Brüste / die manchen zur freudigkeit reitzen /
  Wie junge Reh-zwillinge ligen gepaart.
      Dein weisser Halß stehet
      Wie Spitzen erhöhet:
    Wie Helffenbein gläntzt;
      Die Augen ich gleiche
      Dem lieblichen Teiche /
Zu Heßbon am Thore Bathrabbim ergäntzt.

3.

Die Nase dem Thurne von Libanon gleichet /
　　Der gegen Damascon so herrlich erbaut:
Dem Lieblichen Heupte der Karmel auch weichet /
　　Das glåntzen der Haare wird eben geschaut /
　　　　Wie Purpur in falten
　　　　Der Kőnig lest halten /
　　　Nach Fűrstlicher zier;
　　　　Sie zieren den Rűcken
　　　　Sie schießen und blicken /
Wie flammen der Sonnen / wie strahlen erfűr.

4.

O Leben! ô Liebe! Du gleichest an långe
　　Den Palmen / wie lieblich / wie schőne bistu?
Den Trauben ist åhnlich der Brűste geprånge;
　　Was geb' ich dem Seumen noch långere Ruh?
　　　　Nun halt ich die zweige
　　　　Weil frőlich ich steige
　　　Die Palmen hinan;
　　　　Die lieblichen Brűste
　　　　Des Liebsten Wohllűste /
Laß gleichen den Trauben / an farben dem Schwan.

5.

Laß gleichen den åpfeln das riechen der Nase /
　　Laß geben die Kehle den sűßesten Wein /
Der freudig uns machet und glåntzet im Glase /
　　Geht lieblich zum Munde / zur Kehlen hinnein /
　　　　Macht schlaaffend die Sinnen /
　　　　Erreget sich drinnen;
　　　Es redet dein Freund
　　　　Von kűnfftigen dingen /
　　　　Von Lieben und Springen /
　　und saget wie ernstlich sein Hertze dich meint.

1.

Mich hab' ich dem Liebsten zu eigen gegeben /
Er bleibet mein Schônster / ich bleibe sein Leben.
    Komm / Bruder / und laß uns aufs Acker-feld gehn /
    Damit wir des morgens bey zeiten aufstehn /
und sehen ob unsere Reben auch blühen /
        und augen gewonnen
        Von hitzen der Sonnen;
    Was wiltu verzihen?
        Komm eylend mein Licht /
        und seume dich nicht!

2.

Wir wollen den âpfelbaum heute beschauen /
Daselbsten auf wollust und frôligkeit bauen /
    Da will ich dier geben und zeigen die Brust /
    Da will ich dich küssen und hertzen mit lust;
Da will ich dier unsere Lilien geben /
        Da soltu dich laben
        Mit allerley gaben /
    Mein einiges Leben /
        Drûmb eyle / mein Licht /
        und seume dich nicht!

Lied / von helden-reimen.

1.

DEr abend bricht herein / die küle nacht entspringet /
da man der liebe lied mit vollen freuden singet:
die kinder kühler luft seind auch in stoltzer ruh;
der nach-hal wachet noch / und rufft mir immer zu
die letzten worte nach. Ich sehe wie den sternen
der fast-erblasste mand zu-winken kan von fernen;
nur ich bin ohne trost und wache gantz allein /
und seufze fort für fort / wan andre schlaffen ein.

2.

Du ruhest / Hedewich / und liegst in stoltzem frieden /
in deinem federzelt / ich mus mich noch ermüden /
und schlafloß bringen zu die gantze liebe nacht /
da ich allein auf dich / o Hedwich / bin bedacht.
Des hertzens vorhof ligt / dein rosen-mund / gestillet /
dein edles häubt ist auch in küssen eingehüllet;
nur ich bin ohne trost und wache gantz allein /
und seufze fort für fort / wan andre schlafen ein.

3.

Es kan ein wandersman mit lust zu bette gehen /
wan auf der himmelsburg die güldnen sterne stehen;
wan er den müden tag mit reisen durchgebracht /
so ruht er sorgen-frei und schläft die gantze nacht /
und wan der frühe tag die sonne wiederbringet /
so steht er freudig auf und seinen Got ansinget;
nur ich bin ohne trost und wache gantz allein /
und seufze fort für fort / wan andre schlaffen ein.

4.

Ich bin in angst und furcht; die eul erbärmlich schreiet;
Ich höre / wie sie mier den bittern tod schon dreuet.
Ach schmertz! ach weh! ach leid! ich ächtze durch die nacht
und liege schlafloß da / bis unsre sonn' erwacht.
Es schläft der arbeitsman / der drescher ruhet süße /
das stoltze pferd ruht aus / fühlt nicht die müden füße:
nur ich bin ohne trost und wache gantz allein /
und seufze fort und fort / wan andre schlafen ein.

5.

Ei nun gehab dich wohl / ich geh /du stoltze Dirne /
ich ruffe noch darzu zu zeugen das gestirne.
Euch ruff' ich zeugen an / ihr tähler! meine zier /
ihr wiesen / berg' und büsch' und das auch wohnet hier /
das lust-kind ruff ich an / und kan es nit mehr zeugen /

so wird es dennoch nit mein letztes wort verschweigen;
daß ich war ohne trost und wache gantz allein /
und seufze fort und fort / wan andre schlafen ein.

Auf di Augen seiner Liben.

IHr augen fol von gluht! was gluht? karfunkel-strahlen:
  auch nicht! si sein ein bliz / dehr durch di lúfte sprúht
  und sich aus ihrem aug bis in di meinen zúht.
nicht blizze; bolzen sein's / damit si pflågt zu prahlen /
damit si pflågt den zol der libe bahr zu zahlen.
  nicht bolzen; sonnen sein's / damit si sich bemúht
  zu blånden andrer lúcht; di keiner ih-mahls siht /
der nicht gestrahft mus sein. nicht sonnen; stårne tahlen
vom himmel ihrer stirn': auch nicht: was såh ich schimmern /
  dan gluht ist nicht so feucht / karfunkel strahlt nicht so /
  der bliz hat minder kraft / der pfeil macht jah nicht fro /
di sonn' ist nicht so stark / ein stårn kan nicht so glimmern /
  wahr-úm dan sihet si dås Folkes aber-wahn
  fohr gluht / karfunkel / bliz / pfeil- son- und stårnen ahn?

Ein Jambisch Echonisch Sonnet.

Ach kónt ich doch den busch *erreichen*! E[cho:] *eichen*.
  Da wo mein Liebster innen *sitzt*! *Ech. itzt.*
  Mein hertz vor lieb' ist aufge*ritzt*. *Ech. ritzt.*
und wil vor angst fast gar ver*bleichen*. *E. leichen.*
Ich ruff eúch an Ihr schónsten Eichen /
  Die Ihr die Wålder zieret itzt.
  Doch hór' ich nichts als wie da *blitzt*. *Ech. itzt.*
Der Wider-ruff auff mich mit keichen.
  Ich komme zu den *klúften auch*. *E. lúften auch.*
  und schrey nach meinem alten brauch /

133

Da ist auch gäntzlich nichts *zu hoffen* / *Ech. zu hoffen* /
Als nur der bloße wider*schall* / *Ech. hall* /
   der sich ereiget überall;
Mein mund steht mir ohn ab*laß offen. Ech. laß hoffen.*

Meien-lied
*Der Römischen Keiserlichen /
wie auch zu Hungern und Böhmen
Königlichen Majestät / Der Allerdurchleuchtigsten
Eleonoren / seiner Allergnädigsten Keiserin und Frauen
am ersten Mäi-tage des 1653 jahres / aus
allerunterthänigster schuldigkeit gewidmet
durch F. von Zesen.*

GLimmert ihr sterne /
schimmert von ferne /
blinkert nicht trübe /
flinkert zu liebe
dieser erfreulichen lieblichen zeit.
Lachet ihr himmel /
machet getümmel /
regnet uns seegen /
segnet den regen /
der uns in freude verwandelt das leid.

Schwitzet und tauet /
blitzet / und schauet
höhen und felder /
seen und wälder
alle mit gnaden an; Krönet das jahr.
Erde / sei fröhlich /
werde nun ehlich.
Singet im schatten /
springet zum gatten /
singet / ihr vogel / und machet ein paar.

Gehet ihr winde /
wehet gelinde;
springet ihr änger;
singet ihr sänger /
singet der Keiserin einen gesang;
zieret die zeiten /
rühret die seiten /
zwinget sie eher /
bringet sie höher /
daß sich erhöbe der lieblichste klang.

Schallet ihr tähler;
hallet ihr säler.
schwenket die lichter;
denket / ihr Dichter /
wie ihr der irdischen Göttin gefallt;
spitzet die kielen /
sitzet zu spielen /
treibet die geister /
schreibet / ihr meister /
daß es der Nach-welt zum wunder erschallt.

Unsere Sonne /
unsere wonne
unsere Göttin /
unsere Göttin /
unsere gnädigst-gebietende Frau
sollen wir letzen /
wollen wier setzen
eben von ferne
neben die sterne /
wo sich befindet der himlische bau.

Da sol Sie schimmern /
da sol Sie glimmern /
ewiglich blühen /
ewiglich sprühen

blitzlende strahlen / durch Tugend entzündt;
welche Sie höret
welche Sie ehret /
ja sie so liebet /
ja sie so übet /
daß Sie das hertze des Keisers gewinnt.

Jugend vergehet /
Tugend bestehet;
nimmermehr stirbet /
nimmer verdirbet
unserer Keiserin götlicher glantz.
Schwindet die höhle /
bleibet die seele;
schwindet das kennen /
bleibet das nennen /
welches erlanget den ewigen krantz.

*Siegeslied der himmelsflammenden
Deutschen Dichtmeister; daß sie oben /
ihre Neider aber unten / schweben.*

1.

ZEit die schöne Kunst entsprossen /
die aus Menschen Götter macht /
und die sterbligkeit verlacht;
die sich vormahls hielt verschlossen
und verborgen in der zeit;
findt sich auch / und sticht der Neid;
schiessen gantz vergifte pfeiler
die vergälten Lästermäuler.

2.

Doch je mehr und mehr beschweeret
eine Palme sich befindt /

des zu mehr sie kraft gewint /
ja sich mehr / als vor / entpôhret.
So wird auch / durch Neidesdunst /
nie erdrůkt die Dichterkunst:
sondern pfleget sich zu råchen /
wan der Neid sie sucht zu schwåchen.

3.

Hôhrt ein Adler gleich in lůften /
unter ihm der Hunde schaar /
acht er sie doch nicht ein haar;
weil kein bis ihn kan vergiften.
So auch achten wir es nicht /
wan gleich Neidhart auf uns sticht:
kan er uns doch nicht verletzen /
noch in noht und tod versetzen.

4.

Dan wie Adler selbst sich schwingen
nach der sonnenkugel hin:
so bemůht sich unser sinn
nach dem hôchsten ziel zu ringen;
und verlacht den schwachen Neid:
welcher schwindet mit der zeit;
weil er nicht begreift die sachen /
die ihn kônnen gôttlich machen.

5.

Wie das klahre wasser steiget /
wie es broddelt hoch herfür /
als Kristal / in voller zier:
da hingegen unten schweiget
der morast / und liebt den grund.
Also steigt auch unser mund /
wil dem himmel åhnlich werden:
da der Neidhart bleibt auf erden.

6.

Wo die gůldne saat der sterne
sich bewegt / und stille steht;
wo der sonnen licht aufgeht /
und der mohn uns scheint von ferne:
da sol unser Nahme stehn /
und den sternen gleich aufgehn;
wan die Neider kleben werden
am beschlamten koht der erden.

Ringel-gedichte /
von gemeiner ahrt reimen.

ES geht rund úm. Ein trunk schmåkt auf den schinken /
die rechte fasst das glaß / und mit der linken
    fůhr' ich den schlag / und singe hoch-deutsch drein /
    ob ich schon itzt mus mit Hollåndisch sein.
Nuhn setz ich an / wil nach der reihe trinken /
weil uns annoch die gůldnen sternlein winken;
Nuhn schlagt die laut' und blaset mit dem zinken:
    was ficht uns an die algemeine pein!

Es geht rund úm.
Das glaß ist aus: nuhn laß ichs wieder sinken;
hab' ichs folbracht / so laß' ichs mich bedůnken /
    Sie lebe noch von unsrem klaren Wein.
    Wohl! Nachbar / laß dier wieder schenken ein;
Auf Rosemund gesundheit solstu trinken.

Es geht rund úm.

138

Palm-baum
der höchst-löblichen
Frucht-bringenden Geselschaft
zuehren auf-
gerichtet.

übliche/ liebliche
früchte mus allezeit bringen
des Palmen-baums ewige Zier/
darunter auch Fürsten selbst singen/
lehren und mehren mit heisser begier
die rechte der deutschen hoch-prächtigen zungen/
die sich mit ewigem preise geschwungen
hoch über die anderen sprachen entpor:
wie sohr
dis land/
mit hand/
durch krieg/
durch sieg/
durch sleiß/
mit schweis/
den preis/
das pfand/
ent-wandt
der Welt;
wie aus der taht erhälle.

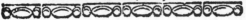

ANONYM

Newe Bauren-Klag /
Uber die Unbarmhertzige Bauren Reûtter dieser zeit

Lieber Leser tritt herbey
Beschaw die seltzam Reûtterey

Die dieser zeit in der Welt
Von den Soldaten angestelt.

ISt auch jetzt wol ein Mensch in diser welt zu finden /
Den jederman begehrt an haut und haar zu schinden?
So seinds wir Bäuerlein! wir sein die ärmsten Leut;
Dann unser Vieh und Pferdt / seind der Soldaten Beut.
Was nur der Bauer hat / das wird gleich preyß gegeben /
Der Bruder Veit ist Herr gar über unser Leben /
Die Häuser seind verbränt / die Kirchen seind zerstört /
Die Dörffer seind verkehrt / der Vorrhat ist verzehrt /
Mann siht der Länder trost die grossen Stätt verbrennen /
Die Herrligkeit deß Lands mag keiner mehr erkennen /

Durch Krieg / raub / mord und brand wird es zur wûsteney /
Das freye Rômisch Reich wird jetzt zur Barbarey /
Trägt schon der acker frucht / unnd meinen wir zuschneiden /
So dörffen wir nicht hin / und müssen solches leyden /
Das sie der Reuter nimt / und uns noch drüber schmiert /
Daß wir nit mehr gesät / weil ihm noch mehr gebürt;
Wir werden auff das blut und marck gantz außgesogen /
Ja gar biß auff die Haut / gantz nackend außgezogen /
Es geht Gut / Blut und Muth / mit sambt dem Leben auff /
Es herschet über uns der mehr als Höllen hauff /
Das schwerd frist weib und kind; nach dem die pferd gestolen /
Und nichts mehr übrig ist / das die Soldaten holen /
So muß der arme Baur ô übergrosse pein!
Mit einem Maul-Gebiß das Roß und Esel sein /
Der Reuter dummelt ihn / gibt ihm die scharpffe sporen /
Meint wann er nicht so renn / er hât die sach verlohren /
Er treibt ihn hin und her / wohin er nur begehrt /
Hålt ihn viel hârter als ein unverstândig pferd /
Dann wann die Pferde müd / so lasset mann sie rasten /
Sie haben Habern gnug / wir aber müssen fasten /
Biß uns die Seel außgeht / wir haben keine ruh /
Und kônnen wir nit fort / so gehn die stôß darzu.
Wir sagen aber daß / und wollen es bekennen /
Dir Mars und deiner Macht / daß die so jetzund rennen /
Darzu gantz grausamlich / mehr als ein âgel thut /
Aussaugen unser blut / und rauben unser Gut /
Daß wann die lange kling / muß einen Bratspieß geben
Und in dem finstern Helm / die spinnen kûnstlich weben
Wann auch der Sâbel selbst / zur Sensen wird verwend /
Und wann die Bûchsenschâfft / zum kochen all verbrent /
So wird ja mancher Knecht / bevorab solch g'sellen /
Die kein Handwerck gelernt / auch nit nichts lernen wôllen /
Sich zu uns müssen thun / und umb ein stücklein brod /
Sehr grosse arbeit thun / und wann sie dann in noth /
So werden wir auch gewiß der schmach unnd schlâg gedencken /
Und keiner unter uns / das lang-geborgte schencken /
Die Instrument seindt uns allen wohl bekandt /

141

Ohn was der jähe zorn gibt selber an die hand /
Wir haben Breüel genug / auch kolben / hacken / schlägel /
Die gablen seind gar gut / die harte Tröscher pflegel /
Dadurch wird manche haut / gar mürb und fein geschlacht /
Und thut viel besser gut / als einer hät gedacht /
Ihr Reutter denckt daran / und lasset ewer schinden!
So lassen wir den zorn auch desto eher schwinden /
Wer sich nicht warnen läst / und kriegt darüber stöß /
Der seye über sich / und keinen andern böß.

WENCEL SCHERFFER VON SCHERFFERSTEIN

*Eines Schlesischen Bauers vermessene reden zur Zeit
des 30 jährig-wehrenden Krieges.*

Die grossen Herren sich bekösten itzt mit Austern /
die Land- und Bürgers-leut' auf Krebs und Schnekken
                                        laustern;
Wir Pauren wollen schon Meykefer lernen essen /
wenn nur der Teufel auch die Krieger wollte fressen /
damit ie Leut und Land dießfalles der beschwerden
und ungeziefers möcht' auf einmal ledig werden!

Teutschland.

Wer hett' / ô Teutschland dich erlegt und überwunden /
wenn Du zum meisten Dich nicht selbst dabey befunden
so lange man gewürgt / so lange man gesiegt /
so hast Du stets durch Dich / Dich selber auch bekriegt.

FRIEDRICH VON LOGAU

Laus und Laus.

Was Lob heist im Latein / das hat im Deutschen Füsse /
Es kitzelt dort und jückt / hier gibt es scharffe Bisse.

Gereisete.

Die Deutschen zohen starck in Franckreich / acht zu geben
Auff dieser Sprache Laut / und auff der Leute Leben:
Frantzosen ziehn jetzt starck / in unser Deutschland auß
Zu rauben unser Gut / zu nemen unser Haus.

Wissenschafft.

BEsser ist es betteln gehen
Als nichts wissen / nichts verstehen:
Armen / kan man Geld wol reichen /
Weißheit aber nicht deßgleichen.

Heutige Welt-Kunst.

ANders seyn / und anders scheinen:
Anders reden / anders meinen:
Alles loben / alles tragen /
Allen heucheln /stets behagen /
Allem Winde Segel geben:
Bös- und Guten dienstbar leben:
Alles Thun und alles Tichten
Bloß auff eignen Nutzen richten;
Wer sich dessen wil befleissen
Kan Politisch heuer heissen.

Hofe-Regel.

Non mihi sit servus Medicus, Propheta, Sacerdos.

Fürsten wollen keinen Diener / der da wil / daß Tranck
und Essen
Soll nach Ordnung und Vermögen seyn getheilt und
abgemessen:
Fürsten / wollen keinen Diener / der da wil voran
verkünden
Was auff ihr verkehrtes Wesen / für Verterben sich wird
finden:
Fürsten / wollen keinen Diener / der da wil daß ihr
Gewissen
Sich von allem arg Beginnen kehren soll zu ernstem
Büssen.

Glauben.

Luthrisch / Päbstisch und Calvinisch / diese Glauben alle drey
Sind verhanden; doch ist Zweiffel / wo das Christenthum dann
sey.

Poetinnen.

Wann Weiber Reime schreiben / ist dupelt ihre Zier /
Dann ihres Mundes Rose bringt nichts als Rosen für.

Eines Fürsten Amt.

EIn Fürst ist zwar ein Herr; im Fall er herrschet recht
So ist er seinem Volck als wie ein treuer Knecht;
Er dient zu ihrem Heil / er müht sich daß er schwitzt
Daß sein vertrautes Volck gedieg- und rühglich sitzt:

144

Er wacht / damit sein Volck fein sicher schlafen kan:
Er stellt sich für den Rieß / nimmt allen Anlauff an:
Ist Nagel an der Wand / daran ein jeder henckt
Was ihn beschwert und drückt / was peiniget / was drängt:
An Ehren ist er Herr / an Treuen ist er Knecht;
Ein Herr / ders anders meint / der meint es schwerlich recht.

Eines Fürsten Bewust von den ⎰ Seinen. ⎱ Schweinen.

ISt deß Fürstens gröste Tugend / daß er die kennt / die sind
                            Seine?
Ist deß Fürstens gröste Tugend / daß er kennt die wilden
                            Schweine?
Jenes / wil ich feste glauben / sey deß Fürstens eigne Pflicht:
Dieses / glaub ich / sey deß Försters / sey deß Fürstens eigen
                            nicht.

Der Morgen.

Vom Bette steh ich auff auß meines Leibes Ruh;
Gib Gott / daß ich vom Grab ersteh dem Himmel zu.

Der Mittag.

Dein Wort / HErr / scheint so klar / als wol kein Mittags-Licht;
Hilff / daß es mich erleucht und alle Blindheit bricht.

Der Abend.

Der Abend kummt heran / ich geh dem Tode zu;
Gib Gott / daß wann er kümmt / ich nichts verbotnes thu.

Die Nacht.

Der Schlaf gibt neue Krafft; hilff daß deß Grabes Nacht /
O Gott / auff jenen Tag / mich ewig freudig macht!

Abgedanckte Soldaten.

Würmer im Gewissen /
Kleider wol zerrissen /
Wolbenarbte Leiber /
Wolgebrauchte Weiber /
Ungewisse Kinder /
Weder Pferd noch Rinder /
Nimmer Brot im Sacke /
Nimmer Geld im Packe /
Haben mit genummen
Die vom Kriege kummen:
Wer dann hat die Beute?
Eitel fremde Leute.

Von den entblösten Brüsten.

Frauen-Volck ist offenhertzig; so wie sie sich kleiden jetzt
Geben sie vom Berg ein Zeichen / daß es in dem Thale hitzt.

Vom Opitio.

Im Latein sind viel Poeten / immer aber ein Virgil:
Deutsche haben einen Opitz / Tichter sonsten eben viel.

Die jetzige Welt-Kunst.

DIe Welt-Kunst / ist ein Herr; das Christenthum / ihr Knecht;
Der Nutz / sitzt auff dem Thron; im Kercker steckt das Recht.

Jungfern-Mord.

GEstern war ein Freuden-Fest / drauff ward in der spåten
Nacht /
Eh es jemand hat gesehn / eine Jungfer umgebracht:
Einer ist / der sie vermutlich (alle sagens) hat ertödtet /
Dann so offt er sie berühret / hat die Leiche sich erröthet.

Bücher-menge.

Deß Bücherschreibens ist so viel / man schreibet sie mit
hauffen;
Niemand wird Bücher schreiben mehr / so niemand sie wird
kauffen.

Vom Könige in Engeland.

Daß König Carl in Engeland ließ einen Kopff und drey der
Kronen
War viel; ist mehr / daß dran man lernt die Majeståten nicht
verschonen.

Krieg und Friede.

DIe Welt hat Krieg gefůhrt weit ůber zwanzig Jahr
Numehr soll Friede seyn / soll werden wie es war;
Sie hat gekriegt um das / O lachens-werthe That!
Daß sie / eh sie gekriegt / zuvor besessen hat.

Der Deutsche Friede.

WAs kostet unser Fried? O wie viel Zeit und Jahre!
Was kostet unser Fried? O wie viel graue Haare!
Was kostet unser Fried? O wie viel Strôme Blut!
Was kostet unser Fried? O wie viel Tonnen Gut!
Ergetzt er auch dafůr und lohnt so viel verôden?
Ja; wem? Frag Echo drumm; wem meint sie wol? [Echo.] den
                                                    Schweden.

ANONYM

Da kommet der Karren mit dem Geld:
Freu dich! auf! du verarmte Welt.

[Kupferstich]

MAn hat / seither der Fried in Teutschland wiederkommen /
nichts mehr / als diese Sag und Klag und Frag vernommen:
Wir haben lang auf ihn gehoffet und geharrt /
und nun was nutzt er uns? der Fried hat uns genarrt.
Poeten hôrte man in bôsen Zeiten singen
und sagen: Gůldner Fried / du wirst uns wiederbringen
Gold / Geld und guldne Zeit. Ja / sehet / wie sichs find!

Es bleibet nun wohl wahr: Poeten Lügner sind.
So klaget jederman / im Dorff und zwischen Mauren.
Die Bauren sonderlich / die abgefeimten Lauren /
sind schällig auf den Fried. Sie hatten nun so wohl
dem Lanzknecht abgelernt / wie man die Strassen soll
belauren / und die Leut berauben und ermorden;
davon sie wurden reich; sie waren ärger worden
als die Merode-Pursch. Itzt haben sie verspielt
den Beutel zu dem Geld / weil Korn und Frucht nichts gilt.
Die Bürger klagen auch / die Kauff- und HandwercksLeute.
Zur KriegesZeit es gab noch etwan eine Beute:
Sie führten der Armee / Hüt / Koller / Stiefeln / Schuh /
Roß / Rüstung / Kraut und Loht / Taback und Vivres zu /
und was deß Plunders mehr. Da kond man von dem Kriegen
auch aus der Druckerey Avisen lassen flügen:
Die trugen wacker Geld / ob sie nit waren wahr /
dergleichen itzt geschicht mit der Calender-Waar.
Ists wunder / daß hierob die Unterthanen klagen?
will doch manch Obern selbst der Friede nicht behagen
Der lieber hette Krieg / so geb es auch mehr Geld:
Ohn Steuer / Zoll / Accis / man itzund nit viel zehlt.
Manch Priester klaget auch: weil sicher sind die Strassen /
mög keiner geben Geld und vor sich bitten lassen /
der reiset über Land. Vor andern / der Soldat
schalt auf dem Fried bisher; der nichts zu leben hat
und garten muste gehn / ja hüten gar der Schweine /
wie der verlohrne Sohn: Herr Leutenant / nehmt meine
nehmt meine Sau auch mit! so rieffe manche Gret
im Dorffe / wann man itzt das Vieh austreiben thät.
Ist das die gute Zeit? ist das der güldne Friede?
Komm wieder / Krieg! wir sind des armen Friedens müde:
So sagte mancher itzt. Ihr ungedultgen Leut!
Kondt ihrs erwarten nicht? Was gestern nicht / kommt heut.
Gut Ding / will haben weil. Der Gold- und SilberWagen /
weil beladen schwer und grosse Säck muß tragen /
geht etwas sachte fort / und kommet langsam an.
Nun kommt er endlich doch (laufft / laufft / wer immer kan!)

Der Karren mit dem Geld / auf den man lang geharret.
Sagt nun nit mehr / daß euch hab ein Poet genarret
und vorgelogen viel: Hier bringen sie die Frucht
der güldnen Friedenszeit / die ihr so lang gesucht.
Hier Geld / wer Geld bedarff! Viel Millionen Gulden
die kommen hier / daß man bezahl die alten Schulden /
die Zins und Capital; daß man die Pfande löß;
Das Briefe werden gut / die vormals waren böß.
Lasst ab nun / euer Gut den Juden zuzutragen /
zukauffen Geld davor. Kommt her zu diesem Wagen /
wer durstig ist / wer gern / die Gurgel wäscht / und nascht:
seht / daß ihr / einen Sack drey Schäffel weit / erhascht /
ihr zehret lang davon. Ihr Alamodo-Praler /
auf / kommt hieher / und greifft nach 6. paar Seckeln Thaler /
sie sind gar wolfeil hier: so habt ihr Zeug zum Kleid /
zu Hosen / und am Hembd zu Ermeln Ellen-breit /
zu 12. paar dutzet Band; so könnet ihr braviren
und (das nur der kan thun / der Pfennig hat) spendiren;
so könnet ihr mit Glück gehn auf die Löffeley
und zum Spaziren-Ritt Pferd' halten auff der Streu;
und was euch mehr beliebt. Und ihr / ihr Löffelhäute /
ihr Jungfern / die ihr zwar seit kitzelichte Leute /
doch nit gar jung und schön: Kommt her und holet Geld /
das wird euch haben bald an einen Mann vermählt /
der gar nit hölzern ist; und wären eure Wangen
mit schwarzem RuntzelFlor schon üm und an behangen.
Wer gerne hätt ein Ampt / der hole hier nur Geld:
so schmiret er sich durch / so wird man ihne hold.
Kommt hieher / nehmt euch Geld / Ihr Herren und
                                        Magnaten:
durch Geld euch bässer wird / als durch 12 Räht / gerahten /
wie / ihr solt euren Staat befästen / und mit Sieg.
das Gelt im Frieden ist / viel besser als der Krieg.
Hier Geld / hier komme her / wer vor Gericht muß kriegen:
Geld ist das beste Recht und lässet nicht erligen.
Kommt her / wer Geld bedarff / kommt her und holet Geld /
und freut euch / daß bey uns das Geld nun Einzug hält.

Verzeiht mir / daß ich teusch'. Es sind gemahlte Thaler;
Diß Geld / ist nur Papier: Papier / ist heut Bezahler.
Begehrt ihr bessre Münz / und eine güldne Zeit:
so guldet euer Herz / und werdet bessre Leut.
So ein gemahltes Geld füll' eure leere Kisten:
Weil ihr auch ins gemein seit nur getünchte Christen /
das Hertz ist nicht im Mund. Pflanzt Gottes Reich in euch:
so werdet ihr / allhier und dorten / werden reich.

GEORG PHILIPP HARSDÖRFFER

Lobgesang Dem Hoch-Wolgebornen HERRN HERRN
CARL GUSTAV WRANGEL *[...] Zu unterthäniger*
Ehrbezeugung gesetzet.

1.

NUn Nürenberg / lobe den löblichen Helden /
    der Käiser und König' in Waffen gebracht /
    geschwächet der Mächtigen prächtige Macht /
wie solches ohn eitele Falschheit zu melden.
    Heerpaucken / Trompeten /
    Carthaunen / Mußqueten /
      bluttriffende Degen /
hellblinckende Waffen / das puffen das paffen
    der rollenden Wägen /
      rauchdämpffende Blitz /
rüllt / brüllet mit donrendem Wrangels Geschütz.

2.

FRag Femern / Kiel / an den Lalandischen Stranden /
    befrage die Segelgeflügelten Mast'
    auf sandigen Bänken entnommen der Last /

die Wrangel bestritten in Dänischen Landen /
    mit schüssen erschittert /
    mit Kuglen zersplittert /
      verjaget / vernichtet /
zerdrümmert / vertrieben / daß meinste gebliebeen
    zu Grunde gerichtet.
      der blutige Krieg
sich endet durch Wrangels Weltkündigen Sieg.

3.

Brix / Döplitz und Höxter / Stadtbergen / Westphalen /
    Amöneburg / Hessen / Rhein / Weser und Mayn /
    samt Bregnitz / erkennen besieget zu seyn /
Von Wrangelischer Stücke behagleten Stralen.
    Es weichen die Feinde /
    sie werden als Freunde:
      sie hermen / erstaunen /
erdichten vertrauen / und wollen nicht schauen
    der Schweden Cartaunen.
      Die Donau macht Fried /
und endet mit Schanden das Ulmische Lied.

4.

In zwischen fällt Schweinfurt / und Eger muß springen /
    der Käiser komt selbsten mit mächtigem Heer /
    dem Wranglischen gönnet Bellona die Ehr /
Daß selbige sämtlich in Böhmerland dringen:
    Sie weichen zu rücke
    dem falschen Gelücke /
      und stellen sich wieder
mit grösserem Hauffen / die Feinde verlauffen;
    es wartet ein jeder
      das Ende vom Dantz.
Holtzapffel verschertzet den Bairischen Krantz.

5.

Lech / Iser / Marktflecken und Dörffer der Ammer /
 betrauren die Ursach der Straffe zugleich:
 es wendet den ferners verderblichen Streich /
der Hunger und Kummer / Noht / Elend und Jammer.
 Sich selbsten vergnügen
 durch Frieden obsiegen /
 Mit Höflichkeits Waffen /
die Milde beginnen / die Hertzen gewinnen /
 und Ruhe verschaffen /
 bringt Wrangel den Preiß /
verewigt den Namen auf seltene Weiß!

6.

Christina / Regentin der Gohten und Schweden /
 verlanget nicht mehrere Leute noch Land:
 Gebietet nun schiedlichen friedlichen Stand /
und rettet die Teutschen von blutigen Feden.
 GOtt gebe Gedeyen /
 daß wachse von neuen
 bald Ehelicher Saamen.
An hiesigen Orten / mit guldenen Worten
 verbleibet ihr Namen /
 weil Erden und Meer
schwebt unter der Sternen besilbertem Heer.

7.

GOTT / welcher uns Frieden und Ruhe gegeben /
 Der leite deß Kaisers und Könige Sinn /
 (wie wisplendes lisplendes Wasser gerinn /)
und lasse sie ferners in Einigkeit leben /
 daß alle die Frommen /
 den Waffen entkommen /
 Ihm jauchtzen und singen /
mit Lauten und Geigen / die Dankbarkeit zeigen /
 und sämtlichen bringen
 Lobopfer und Ehr /
dem HERREN der Himmlisch- und Irdischen Heer!

153

Die Welt.

Urania gabe den IIX. Musen einen halben Vers / wie vor Zeiten Virgilius (sic vos non vobis) mit ansinnen/denselben zu endigen/fragend:

Was ist die arge Welt?

Hierauf hat jede noch zwo halbe Zeilen darzu gesetzet nachgehenden Begriffs.

I.	Ein ungestümmes Meer.
	Ein Haus voll böser Kinder.
II.	Ein Richter sonder Ehr'.
	Ein Stall voll dummer Rinder.
III.	Ein Feld voll böser Frucht.
	Ein Reich vom Wahn regieret.
IV.	Ein Kriegsheer ohne Zucht.
	Die Blindheit stolz gezieret.
V.	Der Thron der Eitelkeit.
	Die Feindin aller Tugend.
VI.	Ein Weg fast Höllen weit.
	Die Freundin aller Jugend.
VII.	Der Sünden Aufenthalt.
	Ein Hospital der Krancken.
VIII.	Ein Raub- und Mörder-wald.
	Deß Glück-und Unglücks Schran-(cken.

Was ist die arge Welt?

JOHANN KLAJ

An die Stadt Nürnberg.

Du schöne Käiserin / du Ausbund Teutscher Erden /
　Prinzessin dieses Lands / des Kriegesgottes Zelt /
　Der Pallas Ehrenthron / du Sonne dieser Welt /
Du / derer noch kein Feind hat können Meister werden:

Ob er dich gleich ümringt mit Wagen und mit Pferden /
　Wie hat doch dich geliebt der grosse Nordenheld /
　Eh als er abgereist hin in das Sternenfeld /
Dich ehrt das ganze Reich und aller Völker Heerden.

Deß süssen Himmels Gunst erfreue deine Mauren:
Es sey vor deinem Thor entfernet Leyd und Trauren:
　Das Fasten sey dein Fest / das Feuer sey dein Feyr /
Es werde dein Gefild mit Weitzen angefüllet /
Und deines Hertzens Wunsch in Fried und Ruh gestillet /
　Diß wünschet mein Gemüt / diß singet meine Leyer.

Hellgläntzendes Silber / mit welchem sich gatten
Der astigen Linden weitstreiffende Schatten /
Deine sanfftkühlend-beruhige Lust
　　　　　　　　　Ist jedem bewust.
Wie solten Kunstahmende Pinsel bemahlen
Die Blätter? die schirmen vor brennenden Strahlen /
Keiner der Stämme / so grünlich beziert /
　　　　　　　　　Die Ordnung verführt.
Es lisplen und wisplen die schlupfrigen Brunnen /
Von ihnen ist diese Begrünung gerunnen /
Sie schauren / betrauren und fürchten bereit
　　　　　　　　　Die schneyichte Zeit.

155

Vorzug deß Frůlings.

Im Lentzen da glåntzen die blůmigen Auen /
die Auen / die bauen die perlenen Tauen /
die Nympfen in Sůmpfen ihr Antlitz beschauen /
       es schmiltzet der Schnee /
       man segelt zur See /
       bricht gůldenen Klee.
Die Erlen den Schmerlen den Schatten versůssen /
sie streichen / sie leichen in blaulichten Flůssen /
die Angel auß Mangel und Reissen bekůssen /
       die Lerche die singt /
       das Haberrohr klingt /
       die Schåferin springt.
Die Hirten in Hůrden begehen den Majen /
man zieret und fůhret den singenden Reien /
die Reien die schreien ům neues Gedeien /
       die Herde die schellt /
       der Růde der bellt /
       das Eiter das schwellt.

Vorzug deß Sommers.

Der Sommer kein Kummer- noch Trauerniß leidet /
der Schlåffer / der Schåfer / der pfeiffet und weidet /
der Bauer / der Lauer / der erndet und schneidet /
       es grůnet das Feld /
       es lachet die Welt /
       der Gårtner lôst Geld.
Die Dôrfer viel schårfer fůr Freuden aufschreien /
sie klopfen / sie hupfen den Schnittertantzreyen /
die Leiren nicht feiren / Schalmeier schalmeien /
       es jauchtzet der Plan /
       der Sternen Altan
       beleuchtet die Bahn.

Wann grauet / wann blauet der Tagende Himmel /
wann lencken / sich sencken die schwitzenden Schimmel /
dann hallet / dann schallet das Freudengetümmel /
　　　　da führet man ein
　　　　was Speise muß seyn
　　　　für Groß und für Klein.

Vorzug deß Herbstes.

Die Sonne mit Wonne den Tagewachs mindert /
der Renner / der Brenner / sein Stralenheiß lindert /
die Felder die Wälderlust nimmer verhindert /
　　　　die Traube die reifft /
　　　　der Wintzer der pfeifft /
　　　　zum Jagen man greifft.
Man fället / man stellet den Vögeln der Lüffte /
man jaget und plaget die Bürger der Klüffte /
das helle Gebelle durchschrecket die Grüffte /
　　　　der Wäldner der eilt /
　　　　sich nimmer verweilt /
　　　　rohtschwartzes Wild pfeilt.
Da leben und schweben in Freuden die Götter
in Sausen und Brausen die falbigen Blätter /
sie spielen / sich kühlen in laulichem Wetter /
　　　　der Monde der wacht /
　　　　die Freude belacht
　　　　bis mitten zur Nacht.

Vorzug deß Winters.

Ich stehe / kaum gehe / verfroren vom Eise /
nur schleiche / nicht weiche nach Alterthumsweise /
ich lebe und gebe gesündeste Speise /

am Ofen ohn Frost /
da schmecket der Most
zu Federwildskost.
Lasst blasen / lasst rasen der Jägerfrau Hörner /
den wacker im Acker zerstochen die Dörner
sich nehret / verzehret jetzt körnichte Körner /
man schlachtet das Schwein
und saltzet es ein /
daß lange muß seyn.
Der Lentzen zu Kräntzen die Sommerblüh pflocke /
zum Leben der Reben der Freudenherbst locke /
du drehe / du wehe mein Winter und flocke /
da ruhet das Feld /
da schläffet die Welt
im fedrigen Zelt.

SIGMUND VON BIRKEN

Sonnet.
Der Norische Parnaß.

Trag / Grieche / wie du thust / trag dich mit deinen Lügen:
gib Götter dem Parnaß; hol Kunst / wo keine ist;
trink Feuer aus der Flut / die jezt den Barbarn fliest.
Laß dort / den Musen-Häin / dein Weißheit-forschen wiegen.
 Hier ist / wann einer war / im Nordgau aufgestiegen
ein neuer Musen-Berg. Kein Heide diesen grüst /
kein Türke: Himmel-auf lernt sehen hier ein Christ.
Hier Sion! hier Parnaß! die Seele zu beklügen.
 Du / Berg / der höchste bist im Norischen Gefild:
du solst dem Höchsten auch forthin gewidmet heißen.
Möcht uns dein Blumen-Gras die Granadill auch weisen!

Dem Himmel gleich so viel das Angedenken gilt.
Gehn wir um deinen Fuß / stehn wir auf deinem Růcken:
wir wollen allemal das Herz zu JEsu schicken.

Pegnitzlob.

WIr gônnen dir die Ruh / du Mosbewachsner Greis /
  Wir gônnen dir die Lust in Schilfbewonten Sůmpfen:
Gieß ferner / wie du thust / den Felsgeschmoltznen Schweiß /
  Laß deinen Kruge nicht erschôpftes Naß beschimpfen.
          Laß die schnellen Fluhtkrystallen
          Nicht von Krieger Mordthat lallen /
              Nicht den Blutgetrânkten Koht
                  unsrer Hůrden
                  Sie bebůrden /
              Nicht das Metzeln machen roht.
Hier streichet und schleichet in lehmichten Grůnden /
Hier krůmmelt und wimmelt in schlůpfrigen Schlůnden /
              Der Fische Gespôr /
              Das schuppichte Heer.
          Segeln schon belaste Fichten
              Nicht durch deinen Kiesel-sand /
          Lâsst doch den beleichten Strand
              Nicht der *nasse Nutz* vernichten.
Dort strampfet und stampfet der Můlen Gehâmmer /
          Was Aeren und Erde geschenkt /
Dort weiden mit Freuden die lustigen Lâmmer /
          Wann daß du die Auen getrânkt.
              Nun wir eilen nach den Triften /
              Lassen dich hier bey den Klůften /
                  Wollen auch dein Lob besingen /
                  Weil die Schâferpfeiffen klingen.

JOHANN HELWIG

Eine Sanduhr.

O Menschenkind beacht doch diese Warnung hier/
so dir bezeugt den Lauf deins Lebens für und für!
Bund/*Unser Lebē schau/ringet stets im Kampf/*Tod/
bunt/ wañes läg gewärt/ ists ein blosser Dampf. Glück/
Geld   Hoffen uns erhält/Harm uns ernehrt;   Noht/
schalle/   Kummer/ krankheit/sorg verzehrt.   tükk/
Weld/   wie im Glaß geschwind   schnell
walle: klarer Sand durchruñt/   fälst.
hellt   so alhier vergehet/   wie
Freud/   nicht bestehet   Wind/
belle   um und uns   hie
Neid.   üsers Lebens Ruhm.   sind
Blut/   Ach! der blasse Tod/   pracht/
Muth/   ist ein Both   Macht.
frisch   wol bezüglet/   Zeit
steht/   und gar schnell geflüglet/   ale/
risch   gibet uns gar schlechte Frist;   schad
geht;   uns zu fellen sich stets rüst.   bald
hier   heut vor Abends troht er mir/   leid/
hohn/ Morgen kommet er/und klopft deine Thür. Freud;
zwier es hilft kein gewalt/es hilft nicht d' pracht/ Feind/
Lohn.*Schön klug reich uñ stark jener mur verlache.*Freund.
Drum/Mensch/bedenk es wol/bleib wachsam und gerüst/
klug seyn/ und nicht viel Jahr die Ehr des Alters ist.

JOHANN MICHAEL DILHERR

Diese Welt ein irrgart ist:
Folg des HErren Geist, ô Christ!

G. Straub del.   M. Küsel sc.

Der Welt Irrgarten.

Diese Welt ein Irrgart ist /
Voll deß Satans Trug und List.
   Viel gibts böse Irrthums-Strassen.
   Bethe! GOTT dich nicht wird lassen.

Erklärung
deß Sinn-
bildes.

Was du hie: thust, ist dort bekant:
Davon du lob kriegst, oder schand.

G. Strauch del.   M. Küsell sc.

Der menschlichen Handel erkundigung im Himmel.

DEr Himmel einem Spiegel gleicht:
Was du verübst / wird dort gezeigt.
Und wie Du gegen andre lebst:
Dergleichen Lohn Du auch erhebst.

Job. 37
Erklär
deß Sin
bildes.

JUSTUS GEORG SCHOTTELIUS

Tugendmacht.

1.

LIebe Jugend /
Solst die Tugend
    Stets hoch ehren;
Sie ist mechtig /
Sie ist prächtig
    Sie kan mehren:

2.

Alles gute /
Das Gemühte
    Gantz vergötten:
Sie kan geben /
Sie kan heben /
    Sie kan retten.

3.

Tugend lebet /
Tugend strebet /
    Tugend krieget;
Sie erwirbet /
Sie nicht stirbet /
    Sie stets sieget.

Donnerlied.

1.

SWefel / Wasser / Feur und Dampf
Wollen halten einen Kampf;
Dikker Nebel dringt gedikkt /
Licht und Luft ist fast erstikkt.

2.

Drauf die starken Winde bald
Sausen / brausen / mit Gewalt /
Reissen / werfen / Wirbelduft /
Mengen Wasser / Erde / Luft.

3.

Plötzlich blikt der Blitz herein /
Macht das finstre feurig seyn /
Swefelklumpen / Strahlenlicht /
Rauch und Dampf herein mit bricht.

4.

Drauf der Donner brummt und kracht /
Rasselt / rollet hin mit Macht /
Prallet / knallet grausamlich /
Puffet / sumsend endigt sich.

5.

Bald das Blitzen wieder kommt /
und der Donner rollend brummt:
Bald hereilt ein Windesbraus /
und dem Wetter macht garaus.

ANONYM

Bey Ansehung der Bücher des Seel. Schottelii.

IHR SChöne-Bücher ihr / am Okerstrand erstellet /
Die vielfach ihr den Geist des Suchenden erhellet /
    Ihr gabet stärcke ihm / Ihr gabt ihm neue krafft;
Iezt ligt er todt; die Seel' ist auffgeflogen.
Doch trauret nicht / das Glück bleibt euch gewogen.

Schon sieht mein aug' den lichten Jubel-Tag /
Wann eines Korven fårtger Flügel-schlag
  Den wint erzeugt zu höchster Wissenschafft.

MATTHÄUS APELLES VON LÖWENSTERN

Ode.
Von vier Glyconischen / zweyen Ityphallischen /
und zweyen Phaleucischen Versen
zusammen gesetzt.

AUff mein Psalter und Harffen-Klang!
Auff mein Reygen und Lob-Gesang!
Auff ihr Võgelein in der Hõh!
Auff ihr Fische der tieffen See!
  Auff ihr Thiere der Weyden!
  Auff ihr Bãume der Heyden!
Auff / was oben in Lüfften wird beweget!
Auff / was unten auff Erden sich nur reget!
Singet / singet den HERREN an /
Jauchzet Ihme / was jauchzen kan /
Mit der Sonnen erwachet früh /
Fallet nieder auff eure Knie /
  Fûr sein Angesicht tretet /
  Dancket / seuffzet und betet.
Singt und spielet Ihm auff den Zehen Seyten /
Rûhmt und lobet Ihn hoch fûr allen Leuten.
  Lobt den HErren im Heiligthum /   *Ps. 150.*
Und verkûndiget seinen Ruhm /
In der Feste der grossen Macht.
Lobt mit herrlicher Ehr' und Pracht.
  Seine Thaten und Wercke /
  Seine Wunder und Stårcke.

165

Lobet / lobet / und suchet schöne Weisen
Seine Göttliche Majestät zu preisen.
  Nehmt zu handen auch offt und viel
  Der Posaunen und Harffen Spiel /
  Last die Psalter und Reyhen gehn /
  Machts auff Seyten und Pfeiffen schön /
  Last die Paucken erschallen /
  Und die Cymbalen hallen.
Alles / alles was Othem hat und lebet /
GOTT dem Mächtigen Lob und Ehre gebet.

Sapphische Ode.
Umb geistlichen und leiblichen Friede.

CHriste / Du Beystand deiner Creutz-Gemeine /
Eile mit Hülff' und Rettung uns erscheine /
Steure den Feinden; ihre Blut-Getichte
    Mache zu nichte. :/:
Streite doch selber für uns arme Kinder /
Wehre dem Teuffel / seine Macht verhinder /
Alles was kämpffet wider deine Glieder /
    Stürtze darnieder. :/:
Friede bey Kirch- und Schulen uns beschere /
Friede zu gleich der Policey gewehre /
Friede dem Hertzn / Friede dem Gewissen
    Gib zu geniessen. :/:
Also wird zeitlich deine Güt' erhoben /
Also wird ewig und ohn Ende loben
Dich / O du Wächter deiner armen Heerde /
    Himmel und Erde. :/:

166

ANDREAS HEINRICH BUCHOLTZ

Der CXXX. Psalm.

Mein ruffen hôr O GOtt / laß meine Sûnden-Last /
Nicht deinen Trost vergehn / und gib der Seelen Rast.

1. AUß der Tieffe meiner Sûnden /
Ruff ich hin zu dir mein GOtt.
Ach laß mich Erhôrung finden
Wann ich schrey in meiner Noht!
Ach laß meiner Stimme flehen
Hin zu deinen Ohren gehen!

2. So du mit uns woltest rechten /
Und was bôses ist geschehn /
Straffen hie an deinen Knechten /
Wer wird dann vor dir bestehn?
Jedoch pflegstu zu vergeben /
Auff daß man dich fûrcht im Leben.

3. Das macht / daß ich Gottes harre /
Meine Seele harret seyn /
Und mein Glaube siehet starre
Nur auf dessen Gnaden-Schein /
Alles was mein hoffen tichtet /
Ist auff Gottes Wort gerichtet.

4. Meine Seel ist so geartet /
Daß auff meinen HERREN sie
Sehnlich mit Verlangen wartet
Als der Wâchter / welcher früh
Morgens auff den Tag muß sehen
Ob er schier auff werde gehen.

5. Israel hoff auff den HERREN
Der so gar barmhertzig ist /

Seine Gnad ist dir nicht ferren /
Wann du deren nôhtig bist /
Er wird Israel erlôsen
Von den Sûnden und vom Bôsen.

PAUL GERHARDT

An das Angesicht des HErrn JEsu.

1.

O Haupt vol Blut und Wunden /
  Vol Schmertz und voller Hohn!
O Haupt zum Spott gebunden
  Mit einer Dornen Krohn!
O Haupt! sonst schôn geziehret
  Mit hôchster Ehr und Ziehr /
Itzt aber hôchst schimpfiret /
  Gegrûsset seyst du mir.

2.

Du edles Angesichte /
  Dafûr sonst schrickt und scheut
Das grosse Welt-Gewichte /
  Wie bist du so bespeyt?
Wie bist du so erbleichet?
  Wer hat dein Augenlicht /
Dem sonst kein Licht nicht gleichet /
  So schândlich zugericht?

3.

Die Farbe deiner Wangen /
  Der rothen Lippen Pracht
Ist hin / und gantz vergangen:

Des blassen Todes Macht
Hat alles hingenommen /
Hat alles hingerafft /
Und daher bist du kommen
Von deines Leibes Krafft.

4.

Nun was du / HErr erduldet /
Ist alles meine Last:
Ich hab es selbst verschuldet
Was du getragen hast.
Schau her / hier steh ich Armer /
Der Zorn verdienet hat /
Gib mir / o mein Erbarmer /
Den Anblick deiner Gnad.

5.

Erkenne mich / mein Hûter /
Mein Hirte nim mich an:
Von dir / Quell aller Gúter /
Ist mir viel guts gethan:
Dein Mund hat mich gelabet
Mit Milch und sûsser Kost /
Dein Geist hat mich begabet
Mit mancher Himmels-Lust.

6.

Ich wil hier bey dir stehen /
Verachte mich doch nicht:
Von dir wil ich nicht gehen /
Wann dir dein Hertze bricht /
Wann dein Haupt wird erblassen
Im letzten Todesstoß /
Alsdann wil ich dich fassen
In meinen Arm und Schooß.

7.

Es dient zu meinen Freuden /
    Und kômmt mir hertzlich wol /
Wann ich in deinem Leyden /
    Mein Heyl / mich finden sol!
Ach môcht ich / O mein Leben /
    An deinem Creutze hier /
Mein Leben von mir geben!
    Wie wol geschehe mir!

8.

Ich dancke dir von Hertzen /
    O Jesu / liebster Freund
Fúr deines Todes Schmertzen /
    Da dus so gut gemeint:
Ach gib / daß ich mich halte
    Zu dir und deiner Treu /
Und wann ich nun erkalte /
    In dir mein Ende sey.

9.

Wann ich einmal sol scheiden /
    So scheide nicht von mir!
Wann ich den Tod sol leyden /
    So tritt du dann herfúr:
Wann mir am allerbångsten
    Wird umb das Hertze seyn:
So reiß mich aus den Aengsten /
    Krafft deiner Angst und Pein.

10.

Erscheine mir zum Schilde /
    Zum Trost in meinem Tod /
Und laß mich sehn dein Bilde
    In deiner Creutzes-Noht /
Da wil ich nach dir blicken /
    Da wil ich Glaubens vol

Dich fest an mein Hertz drücken.
Wer so stirbt / der stirbt wol.

Sommer-Gesang.

1.

GEh aus mein Hertz und suche Freud
In dieser lieben Sommerzeit
   An deines Gottes Gaben:
Schau an der schönen Garten-Zier /
Und siehe wie sie mir und dir
   Sich außgeschmücket haben.

2.

Die Bäume stehen voller Laub /
Das Erdreich decket seinen Staub /
   Mit einem grünen Kleide:
Narcissus und die Tulipan
Die ziehen sich viel schöner an
   Als Salomonis Seyde.

3.

Die Lerche schwingt sich in die Lufft /
Das Täublein fleucht aus seiner kluft
   Und macht sich in die Wälder:
Die hochbegabte Nachtigall
Ergötzt und füllt mit ihrem Schall
   Berg / Hügel / Thal und Felder.

4.

Die Glukke führt ihr Völcklein aus /
Der Storch baut und bewohnt sein Haus /
   Das Schwälblein speißt ihr Jungen:
Der schnelle Hirsch / das leichte Reh'
Ist froh und kommt aus seiner Höh
   Ins tieffe Graß gesprungen.

5.

Die Båchlein rauschen in dem Sand
Und mahlen sich und ihren Rand
   Mit schatten reichen Myrten:
Die Wiesen ligen hart dabey
Und klingen gantz von Lust-Geschrey
   Der Schaff und ihrer Hirten.

6.

Die unverdroßne Bienenschaar
Zeucht hin und her / sucht hier und dar
   Ihr edle Honigspeise:
Des süssen Weinstocks starcker safft
Kriegt tåglich neue stårck und krafft
   In seinem schwachen Reise.

7.

Der Weitzen wåchset mit Gewalt
Darüber jauchtzet Jung und Alt /
   Und rühmt die grosse Güte
Deß / der so überflüßig labt'
Und mit so manchem Gut begabt
   Das Menschliche Gemüthe.

8.

Ich selbsten kan und mag nicht ruhn:
Des grossen Gottes grosses Thun
   Erweckt mir alle Sinnen:
Ich singe mit / wenn alles singt /
Und lasse was dem höchsten klingt
   Aus meinem Hertzen rinnen.

9.

Ach denck ich / bist du hier so schön /
Und låßst dus uns so lieblich gehn
   Auf dieser armen Erden:

Was wil doch wol nach dieser Welt
Dort in dem reichen Himmelszelt
    Und güldnem Schlosse werden?

10.

Welch hohe Lust / welch heller Schein
Wird wol in Christi Garten seyn?
    Wie muß es da wol klingen /
Da so viel tausent Seraphim /
Mit eingestimmtem Mund und Stim
    Ihr Alleluja singen.

11.

O wâr ich da! o stünd ich schon /
Ach süsser Gott / für deinem Thron
    Und trüge meine Palmen;
So wolt' ich nach der Engel Weis
Erhöhen deines Namens Preis
    Mit tausent schönen Psalmen.

12.

Doch wil ich gleichwol / weil ich noch
Hier trage dieses Leibes-Joch /
    Auch nicht gar stille schweigen:
Mein Hertze sol sich fort und fort /
An diesem und an allem Ort /
    Zu deinem Lobe neigen.

13.

Hilf nur / und segne meinen Geist
Mit Segen / der von Himmel fleußt /
    Daß ich dir stetig blühe:
Gib / daß der Sommer deiner Gnad'
In meiner Seelen früh und spat
    Viel Glaubensfrücht erziehe.

14.

Mach in mir deinem Geiste Raum /
Daß ich dir werd’ ein guter Baum /
  Und laß mich wol bekleiben:
Verleihe / daß zu deinem Ruhm
Ich deines Gartens schöne Blum
  Und Pflantze möge bleiben.

15.

Erwehle mich zum Paradeis /
Und laß mich bis zur letzten Reis
  An Leib und Seele grünen:
So wil ich dir und deiner Ehr
Allein / und sonsten keinem mehr /
  Hier und dort Ewig dienen.

Abend-Lied

1.

NUn ruhen alle Wälder /
Vieh / Menschen / Städt und Felder /
  Es schläfft die gantze Welt:
Ihr aber meine Sinnen /
Auf / auf ihr solt beginnen
  Was eurem Schöpffer wol gefällt.

2.

Wo bist du Sonne blieben?
Die Nacht hat dich vertrieben /
  Die Nacht des Tages Feind:
Fahr hin / ein andre Sonne
Mein Jesus / meine Wonne /
  Gar hell in meinem Hertzen scheint.

3.

Der Tag ist nun vergangen:
Die güldnen Sternlein prangen
   Am blauen Himmels-Saal:
So / so werd ich auch stehen /
Wann mich wird heissen gehen
   Mein GOtt aus diesem Jammerthal.

4.

Der Leib der eilt zur Ruhe
Legt ab das Kleid und Schuhe
   Das Bild der Sterbligkeit:
Die zieh ich aus / dargegen
Wird Christus mir an legen
   Den Rock der Ehr und Herrligkeit.

5.

Das Häupt die Füß und Hände /
Sind froh daß nun zum Ende
   Die Arbeit kommen sey:
Hertz freu dich: du solst werden
Vom Elend dieser Erden
   Und von der Sünden Arbeit frey.

6.

Nun geht ihr matten Glieder /
Geht / geht und legt euch nieder /
   Der Betten ihr begehrt:
Es kommen Stund und Zeiten /
Da man euch wird bereiten
   Zur Ruh ein Bettlein in der Erd.

7.

Mein Augen stehn verdrossen
Im huy sind sie verschlossen /
   Wo bleibt denn Leib und Seel?

Nim sie zu deinen Gnaden /
Sey gut vor allen Schaden /
   du Aug und Wåchter Israel.

8.

Breit aus die Flügel beide
O JEsu meine Freude /
   Und nim dein Küchlein ein:
Will Satan mich verschlingen /
So laß die Englein singen
   Diß Kind sol unverletzet seyn.

9.

Auch euch ihr meine Lieben
Sol heute nicht betrüben
   Kein Unfall noch Gefahr:
Gott laß euch ruhig schlaffen
Stell euch die güldnen Waffen
   Umbs Bett / und seiner Helden Schaar.

JOHANN WILHELM SIMLER

Wintergesang.

1. DEr kürtzest tag und långste nacht
   den grawen winter bringen:
die Nordenwinde sich mit macht
   auß ihren kammern dringen:
     die ströhm und see
     vor frost und schnee
sich schliessen allerdingen.

2. Der grüne wald ist worden kal /
  das bundte feld entkleidet:
kein zam- noch wildes thier zůmal
  an seinem ort sich weidet:
    das federheer
    singt auch nicht mehr /
  ein theil von uns wegscheidet.

3. Das einsam turturtåubelein
  nur seufftzend wird gehöret:
die rabenstimm ist jetz gemein /
  und uns das ghör versehret:
    melancholey
    wohnt allem bey /
  und alle freud zerstöret.

4. Was lebt und schwebt den winter scheucht /
  und sůchet sich zů wårmen:
der kriegsmann selber sich verkreucht /
  und machet keine lårmen:
    das alter jetz
    liebt ofenshitz /
  von wegen kalter dårmen.

5. Der weidmann doch / für seinen spaß /
  das hochgewilde hetzet:
das eiß; wann es wie spiegelglaß;
  die jugend auch ergetzet:
    man metzget eyn
    vil feißte schwein /
  und sich zum wurstmahl setzet.

6. Der winter; alß des jahres bauch;
  verzehrt was wir erworben
mit saurer arbeit / zum gebrauch
  wann jetz die saat erstorben:

wann überal
zů berg und thal
ist alles wie verdorben.

7. Also; dem winter gleich; die zeit
im alter uns verschlinget:
doch ist vom tode nicht befreyt
der jung / wie hoch er springet:
drum haltet wacht
bey tag und nacht /
und so zum leben dringet!

ANNA OWENA HOYERS

Lob-Liedlein
Zu Ehren der Schwedischen Cronen /
Und allen die darunter wohnen /
Gestellt den 7 Septembris, Anno 1644, in der
Königlichen Statt Stockholm.

K.
S.
D.
L.
K.S.D.L.Z.L.D.S.K.
L.
D.
S.
K.

Kommet Singet Dis Liedlein Zum Lob
Der Schwedischen Königinnen.

GOTT ERHALTE DIE HOCHLÖBLICH KÖNIGIN
AUCH DIE HOCHEDLE REICHS HERRN.

1.

G Roßmåchtigste Kőnigin
        Fråwlein Hochgeboren /
        Durchleuchtigste Groß-Fůrstin
        Von Gott außerkoren /
        Zu fůhren das Regiment /
        Im Kőnigreich Excellent;
        Gott woll langes Leben
        Ewer Mayståt geben.

2.

O Ruhm-wůrdigs-Schweden-Reich /
        Frew dich deiner Cronen;
        Kein Kőnigreich ist dir gleich
        In dir ist gut wohnen;
        Bey dir suchen schirm und schutz
        Wider ihrer Feinde trutz
        Frembde / Wittwen / Wåisen /
        Hoch bistu zu preisen.

3.

T rewlich meynt es Gott mit dir /
        Gibt dir Glůck fůr allen /
        Und lesst / des sind frőlich wir /
        Deine Feinde fallen /
        Du gewinnest Stådt und Land /
        Wirst in aller Welt bekandt /
        Gott laß deine Thaten
        Ihm zum Lob gerahten.

4.

T apffer Helden und Reichs-Råth
        Mit Weißheit geziehret
        Hat Kőniglich Mayeståt /

Alles wird regieret
Durch Sie sehr wol und löblich /
Schweden ich preiß seelig dich /
Auch mich / weil ich wohne
Unter deiner Crone.

5.

ER frewt euch der Herrlichkeit
Unser Königinnen;
Kommet her von nah und weit /
Schweden / Lappen / Finnen;
Ihr Frantzosen hier im Reich /
Deutschen / Russen / allzugleich /
Helfft diß Reich erheben
Drinn wir friedlich leben.

6.

HALTEt Fest / seyt frewden voll /
Spielt lieblich auff Seyten /
Alles Volck in Schweden soll
Schweden Lob außbreiten /
Schweden Reich ist Lobens wert /
Schweden wird billich geehrt /
Schweden Reich florieret /
Schweden triumphieret.

7.

DIE HOCHLÖBLICH KÖNIGIN
Woll' der HErr bewahren
Für Unglück / und wie vorhin
Im Fried frölich spahren:
AUCH DIE HOCHEDLE REICHS HERRN,
Die des Landes Wolfart mehrn /
Zu Lob seinem Nahmen
Lang erhalten / Amen.

```
         M.
         G.
      M.G.E.G.M.
         G.
         M.
```

Mein Gott Erhóre Gnådig Mich.
Diß bitt tåglich von Hertzen ich

ANNA OVENA HOYERS

SIBYLLA SCHWARZ

ISt Lieb ein Feur / und kan das Eisen schmiegen /
bin ich voll Feur / und voller Liebes Pein /
wohrvohn mag doch der Liebsten Hertze seyn?
wans eisern wår / so wůrd eß mir erliegen /
wans gůlden wår / so wůrd ichs kônnen biegen
durch meine Gluht; solls aber fleischern seyn /
so schließ ich fort: Eß ist ein fleischern Stein:
doch kan mich nicht ein Stein / wie sie / betriegen.
  Ists dan wie Frost / wie kalter Schnee und Eiß /
wie presst sie dann auß mir den Liebesschweiß?
  Mich deucht: Ihr Herz ist wie die Loorberblåtter /
die nicht berührt ein starcker Donnerkeil /
sie / sie verlacht / Cupido / deine Pfeil;
und ist befreyt fůr deinem Donnerwetter.

  LIebe schont der Gôtter nicht /
  sie kan alles überwinden /

181

sie kan alle Herzen binden /
durch der Augen klahres Licht.
        Selbst des Phebus Hertze bricht /
seine Klahrheit muß verschwinden /
er kan keine Ruhe finden /
weil der Pfeil noch in ihm sticht.
        Jupiter ist selbst gebunden /
        Hercules ist überwunden
        durch die bittersüsse Pein;
wie dan können doch die Herzen
bloßer Menschen dieser Schmerzen
gantz und gahr entübrigt seyn?

MEin Alles ist dahin / mein Trost in Lust und Leiden /
mein ander Ich ist fort / mein Leben / meine Zier /
mein liebstes auff der Welt ist wegk / ist schon vohn hier.
(die Lieb' ist bitter zwahr / viel bittrer ist das Scheiden)
    Ich kan nicht vohn dir seyn / ich kan dich gantz nicht meiden
O liebste Dorile! Ich bin nicht mehr bey mir /
Ich bin nicht der ich bin / nuhn ich nicht bin bey dir.
Ihr Stunden lauft doch fort / wolt ihr mich auch noch neiden?
    Ey Phoebus halte doch die schnelle Hengste nicht!
fort / fort / ihr Tage fort / komb bald du Monden Licht!
    Ein Tag ist mir ein Jahr / in dem ich nicht kan sehen
mein ander Sonnenlicht! fort / fort / du faule Zeit /
spann doch die Segel auff / und bring mein Lieb noch heut /
und wan sie hier dan ist / so magstu langsam gehen.

Epigramma.

DU meinst ich soll dein noch gedencken und dich lieben /
ob du mich schon verlåst / ey sey doch nicht so toll /
Ich habe dir ja offt vor disem schon geschrieben:
daß niemand Eysen / Stein und Klötze lieben soll.

182

Die berühmte Poetinn Sappho.

NYmphe / deren ich mich zum Diener gebe.
Nymphe / deren ich stets zu Lobe lebe /
Laß doch auch mein Rohr deine góldne Seiten
    weiter ausbreiten.

Du / O Wunder-Bild / hast dein lieblichs Singen
Durchs Lesboer-Land trefflich lassen klingen /
Das Aegeesche Meer wustest du nach Willen
    Schnelle zu stillen.

Weiblichs hast du nichts. Denn der Weiber Orden
Ist / O Nymph' / an dier umgekehret worden /
Uber die Natur hast du dich erhoben /
    Welches zu loben.

Nicht das Angesicht noch die blassen Wangen
Sahe man an dier mit Zinnober prangen /
Deine werthe Zier / deiner Schónheit Blúhte
    War im Gemúthe.

Zwar wier haben auch hochberúhmte Nymphen /
Die den Durst gelóscht an den Musen-Súmpfen /
Dennoch mússen sie dier den Vorzug geben /
    Und dich erheben.

Weich Andromede / weich vons Nord-Pols Spitzen /
Sappho soll hinfort an demselben sitzen /
Denn sie wird allda mit den Lorbeer-Krántzen
    Herrlicher glántzen.

Also klang mein Rohr an den Bóhmschen Wáldern /
Die / O Lausenitz / nahen deinen Feldern /
Sappho wards gewahr / und zoch mit Getúmmel
    Drauff an den Himmel!

183

Uber Die treffliche Poetinn /
Johannam Elisabetham Westonien aus Engelland.

SO weit der Pindus reicht / so weit reicht auch dein Preiß /
O Nymphe / deren Kunst für uns zu siegen weiß.
Du bist ein Schau der Welt; Ein Wunder deiner Zeiten;
Kein Frauenzimmer mag dier stehen an der Seiten.
Du bist wie Laelia / die Rom so sehr erhebt.
Du bist wie Arete / die bey den Griechen lebt.
Du machst / O Himmels-Dirn / du machst / daß wier
                                           bekennen /
Daß in den Weibern auch der Weißheit Kertzen brennen.

FRIEDRICH SPEE VON LANGENFELD

Die gesponß Jesu klaget
ihren hertzenbrand.

I.

Gleich früh wan sich entzündet
    Der silber weiße tag;
Und uns die Sonn verkündet /
    Waß nachts verborgen lag:
Die lieb in meinem hertzen
    Ein flämlein stecket an;
Daß brint gleich einer kertzen /
    So niemand leschen kan.

II.

Wan schon Ichs schlag in Winde /
    Gen Ost- und Norden brauß;
Doch ruh / noch rast ich finde /
    Last nie sich blasen auß.

184

O wee der qual / und peine!
  Wo soll mich wenden hin?
Den gantzen tag ich weine /
  Weil stâts in schmertzen bin.

III.

Wann wider dann entflogen
  Der Tag zur Nacht hinein /
Und sich gar tieff gebogen
  Die Sonn / und Sonnenschein;
Daß Flâmlein so mich queelet
  Noch bleibt in voller glut;
All stundt / so viel man zehlet /
  Michs je noch brennen thut.

IV.

Daß Flâmlein daß ich meine /
  Ist JESU sûsser nam;
Eß zehret Marck und Beine /
  Frißt ein gar wundersam.
O sûssigkeit in schmertzen!
  O schmertz in sûssigkeit!
Ach bleibe doch im Hertzen /
  Bleib doch in Ewigkeit.

V.

Ob schon in pein / und qualen
  Mein Leben schwindet hinn /
Wan JEsu Pfeil und Stralen
  Durchstreichet Muth und Sinn;
Doch nie so gar mich zehret
  Die Liebe JESU mein /
Alß gleich sie wider nehret /
  Und schenckt auch frewden ein.

VI.

O Flâmlein sûß ohn massen!
  O bitter auch ohn ziel!

185

Du machest mich verlassen
　All ander Frewd / und Spiel;
Du zündest mein gemüthe /
　Bringst mir groß Hertzen leidt /
Du kühlest mein Geblüthe /
　Bringst auch ergetzligkeit.

VII.

Ade zu tausent Jahren /
　O Welt zu guter nacht:
Ade laß mich nun fahren /
　Ich längst hab dich veracht.
In JESU lieb Ich lebe /
　Sag dir von Hertzen grund:
In lauter Frewd Ich schwebe /
　Wie sehr ich bin verwund.

Liebgesang der Gesponß Jesu,
im anfang der Sommerzeit.

I.

Der trübe winter ist fürbey /
　Die Kranich widerkehren;
Nun reget sich der Vogel schrey /
　Die Nester sich vermehren:
Laub mit gemach
　　Nun schleicht an tag;
　Die blümlein sich nun melden.
Wie Schlänglein krumb
　　Gehn lächlend umb
　Die bächlein kühl in Wälden.

II.

Der brünnlein klar / und quellen rein
　Viel hie / viel dort erscheinen /

186

All silber-weiße tôchterlein
    Der holen Berg / und Steinen:
In großer meng
        Sie mit gedreng
    Wie pfeil von Felsen ziehlen;
Bald rauschens her /
        Nit ohn gepleer /
    Und mit den steinlein spielen.

III.

Die jâgerin Diana stoltz /
    Auch wald- und wasser-Nymphen /
Nun wider frisch in grûnem holtz
    Gahn spielen / schertz- und schimpffen.
Die reine Sonn /
        Schmuckt ihre Cron /
    Den kocher fûlt mit pfeilen:
Ihr beste roß /
        Lâst lauffen loß /
    Auff marmer-glatten meilen.

IV.

Mit ihr die kûhle Sommer-wind /
    All jûngling still von sitten /
Im lufft zu spielen seind gesinnt /
    Auff wolcken leicht beritten.
Die bâum und nâst
        Auch thun das best /
    Bereichen sich mit schatten;
Da sich verhalt
        Daß Wild im waldt /
    Wans pflegt von hitz ermatten.

V.

Die meng der Vôglein hôren last
    Ihr Schyr- und Tyre-Lyre;

187

Da sauset auch so mancher nast /
   Sampt er mit musicire.
Die zweiglein schwanck
     Zum vogelsang
Sich auff / sich nider neigen;
Auch hôret man
     Im grünen gahn
Spatziren Laut- und Geigen.

VI.

Wo man nur schawt / fast alle Welt
   Zun frewden sich thut rüsten:
Zum schertzen alles ist gestelt /
   Schwebt alles fast in lüsten.
Nur ich allein /
     Ich leide pein /
Ohn end ich werd gequeelet /
Seit ich mit dir /
     Und du mit mir /
O JEsu / dich vermâhlet.

VII.

Nur ich / o JESU / bin allein
   Mit stâtem leyd umbgeben;
Nur ich / muß nur in schmertzen sein /
   Weil nit bey dir mag leben /
O stâte klag!
     O wehrend plag!
Wie lang bleib ich gescheiden?
Von großem wee /
     Daß dich nit seh /
Mir kombt so schwâres leiden.

VIII.

Nichts schmâcket mir auff gantzer welt /
   Als JESU lieb alleine:

Noch spiel / noch schertz mir je gefelt /
    Biß lang nur Er erscheine:
Und zwar nun frey
        Mit starckem schrey
    Ruff im so manche stunden:
Doch nie kein tritt /
        Sich nahet nit;
    Solt michs nit hart verwunden?

IX.

Was nutzet mir dan schóne zeit?
    Was glantz / und schein der Sonnen?
Waß Báum gar lieblich außgebreit?
    Waß klang der klaren Bronnen?
Waß Athem lind
        Der kúhlen wind?
    Waß Báchlein krum geleitet?
Waß edler Mey /
        Waß vogelschrey?
    Waß Felder grún gespreitet?

X.

Waß hilft all frewd / all spil / und schertz?
    All trost / und lust auff Erden?
Ohn ihn ich bin doch gar in schmertz /
    In leyd und in beschwerden.
Groß hertzen brand
        Mich tódt zuhandt /
    Weil JESU dich nit finde;
Drumb nur ich wein /
        Und heul / und grein /
    Und seufftzer blaß in winde.

XI.

Ade du schóne Frúhlingszeit /
    Ihr Felder / wáld / und wisen /

189

Laub / graß / und blůmlein new gekleid /
  Mit sůßem taw berisen:
Ihr wåsser klar /
    Erd / himmel gar /
  Ihr pfeil der gůlden Sonnen;
Nur pein und qual /
    Bey mir zumahl
  Hat uberhandt gewonnen.

XII.

Ach JEsu / JEsu / trewer heldt /
  Wie krånckest mich so sehre!
Bin je doch hart / und hart gequeelt;
  Ach nit mich so beschwere.
Ja wiltu sehn /
    All pein und peen
  Im augenblick vergangen?
Mein augen beid /
    Nur fůhr zur weid /
  Auff dein so schône wangen.

Ein kurtz Poëtisch Christ-Gedicht,
vom Ochß, und Eselein bey der Krippen.

I.

Der Wind auff låren strassen
  Streckt auß die flůgel sein:
Streicht hin gar scharpff ohn massen /
  Zur Bethlems krippen ein;
Er brummlet hin / und wider
  Der fliegend winter-bott /
Greifft an die gleich / und glieder
  Dem frisch vermenschten Gott.

II.

Ach / ach / laß ab von brausen /
  Laß ab / du schnöder wind:
Laß ab von kaltem sausen /
  Und schon dem schönen kind.
Vielmehr du deine Schwingen
  Zerschlag im wilden Meer /
Alda dich satt magst ringen
  Kehr nur nit wider her.

III.

Mit dir nun muß ich kosen /
  Mit dir / O Joseph mein /
Daß futter misch mit rosen
  Dem Ochß / und Eselein /
Mach deinen frommen Thieren
  So lieblichs misch-gemüß /
Bald / bald / ohn zeit verlieren /
  Mach ihn den athem süß.

IV.

Drauff blaset her / ihr beyden /
  Mit süssem Rosen-wind;
Ochß / Esel wol bescheiden /
  Und wärmets nacket kind.
Ach blaset her / und hauchet /
  Ahà / ahà / ahà.
Fort / fort / euch weidlich brauchet /
  Ahà / ahà / ahà.

JOHANNES KHUEN

Detestantur AEgyptii omnes Pastores
ouium. Genes. 46.
Die Innwohner deß Egyptischen Landts
verhassen alle Schaafhirten. Genes. 46.

Joseph und Maria fliehen mit dem
Jesu Kindlein in Egypten / werden
beglaitet von der schaar der Englen.

1.

KOmb du schöner Fackelwagen /
   Kommt ihr schnelle Schimmel vier
Unser Sonnen fortzutragen /
   Hohen Himmels höchste zier /
Mars mit seinen Hof Trabanten
   Steht im vollen Gegenschein /
Weil Saturnus auch vorhanden
   Uns den Paß zunemmen ein.

2.

Feucht Aurora steht begossen /
   Feucht / von Perlen wolgestalt /
Die verborgen in der Schossen /
   Ihr geliebte Sonnen halt /
Dise vor dem Feind zu retten
   Ist vor allen sie bedacht;
Hitzig / oder kalt Planeten /
   Fort regiren bey der Nacht.

3.

Fahr O Phaebe, fahr von hinnen /
   Daß man dich allhie nit seh /
Laß dein runde Fackel brinnen /
   Die nur sicher in der höh:
Nain / sie will jetzt in der nider /
   Durch bekandten trawren zwang /

Was auch ihr Natur zuwider /
Hie vollendten ihren gang.

4.

Sey mein Sonnen / du zuführen /
Jetzt Josephe / Phaëton
Kanst ja dise Pferdt regiren /
Dir bekandt vor disem schon:
Seynd sie doch gar leicht zu wendten
Alt bekandte Diener noch /
Die deß HErren Kriplein kennten /
Kennen auch sein ringes Joch.

5.

Von dem Himmel kombt entgegen /
Wol bestellt ein Comitat /
Der den Paß dem Feind verlegen
Soll / bereit im willen hat:
Gott willkomb / ihr Mitgeferten /
Habt ihr uns nit anverkündt /
Das je Frid soll seyn auff Erden /
Da sich doch schon Streit befindt?

6.

Frid auff Erden / Ehr hoch oben /
Wir verhofften zum bestand /
Warumb hat sich dann erhoben /
Schon ein Auffruhr hie zu Land?
Hört ihr etwann außzufragen
Hinter uns / den Feind nit weit?
Oder grimmig nacher jagen /
Den gewaffnet blinden Streit?

7.

Grosse Feindschafft wir verlassen /
Fliehen fort in frewd / in layd /
Finden auch die nur verhassen
Uns / hie gleichen unbeschayd:

193

Sollen wir allein beschirmen
  Uns / mit sanffter gegenwart;
Oder hie die Feind auch stůrmen
  Von der alten Schlangen art?

8.

Fraw der Englen / Cron der Kråfften /
  Wir in Wehr / und Waffen stehn /
Gantz ergeben den Geschåfften /
  Die nach deinem Wort ergehn /
Nichts der Schlangen wird erspriessen /
  Die der alten Macht beraubt /
Du mit unverletzten Fůssen
  Wirst erknirschen ihr das Haupt.

9.

Sichstu sie nit forchtsam schleichen
  In die Krůfft als wie die Måuß /
Auff / mit Koth / gefůllten Båuchen /
  Daß doch ihr verschworne Speiß /
Auch die Basilisken krachen /
  Werffen Schwebel auß dem schlund /
Dracken mit sehr weitem Rachen
  Eylen zu der Hőllen grund!

10.

Alle Båumlein / Plåtz und Felder /
  Braiten auff ihr AugenWaid /
Eylen herfůr desto bålder
  In eim grůnen Seydin Klaid /
Gehn mit aller Zier entgegen /
  Machen dir ein Blumen Pan /
Frőlich / grůnend / hohe Bőgen /
  Ein Triumph zustellen an.

11.

Hőr ich nit ein Brőnnlein rauschen /
  Seyn wir nit im Paradeyß?

Last uns unser Land vertauschen /
 Umb so schönes Blumgestreiß:
Riechen auch Engaddi Reben
 Hie bey gutem Sonnenschein /
Wöllen uns zu ruhe begeben
 Joseph hie losier uns ein.

12.

Komb das Thierlein abzuladen
 Hilff / und zieh ihm auff den Gurd
Hie will ich mein Kindlein baden
 Meiner armen süsse Burd:
O mein außerwöhltes Kindel
 O mein allerliebster Schatz /
Da mein Hönigsüsses Mündel
 Pfleg ich forthin deines raths.

DANIEL CZEPKO VON REIGERSFELD

Wende dich zum Beständigen.
An die Eitelkeit.

Der Waßer Blast der geht im Tropffen Falle fort,
Die Tropffen nimmt die Well und schlägt sie an den Port:
Den Wellen geht der Flug des Vogels weit vor hin,
Dem Vogel sucht ein Pfeil der Armbrust vor zu ziehn:
Der Wind gewinnet ab dem Pfeil an Schnelligkeit,
Dem Winde sieget ob die Flucht der raschen Zeit.
Den Zeiten laüfft zuvor der Sinn, den nichts beschleust,
O Mensch, wie flüchtig nun dis alles fleucht und fleust:
Doch kan der Eitelkeit am Fliehn nicht abgewinnen
Blast, Tropffen, Welle, Flug, Pfeil, Winde, Zeiten, Sinnen.

195

Sexcenta Monodisticha Sapientum.
[Das Erste Hundert]

1. α und ω

Anfang   Ende
im
Ende   Anfang.

Das Ende, das du suchst, das schleuß in Anfang ein,
Wilt du auf Erden weis', im Himmel seelig seyn.

2. Nichts ausser Gott.

Wer Gott im Hertzen hat und was dazu begehrt,
Der Mensch verlieret Gott, wird ihm sein Wunsch gewährt

3. Rechter Freund.

Viel näher ist dir, als die Eltern, Gott verwand,
Sie sterben: Gott und du /: glaub es :/ sind ungetrannt.

4. Nicht in dir.

Schau alle Ding in Gott, und Gott in allen an,
Du siehst, daß alles sich in ihm vergleichen kan.

5. Auf ebener Bahn.

Gerad in einem Strich eilt die Natur zu Gott.
Folg ihr. Dein Weg ist Gnad, ihr Weg hingegen Noth.

6. Er ist zu gut.

O Mensch, du bist ja gar zu nahe Gott verwandt.
Er zürnt und strafft dich nicht. Dis thut dein Unverstand.

7. Immerwährendes Werck.

Den Anfang in den Schluß, den Schluß in Anfang binden,
Ists oberst im erwehln, ist unterst' im empfinden.

8. Ie weniger, ie besser.

So viel du nihmst, so viel must du zugleich verlieren,
Wol dem, der nichts bedarff, denn ihn kan nichts berühren.

9. Schau dich nicht umb.

Nur fort. Wo du wilt was in dieser Welt erlangen,
Aufhören heist allhie noch niemals angefangen.

10. Ie gemeiner, ie edler.

Gemeinte sich nicht Gott mit allem, was du siehst,
Spräch ich, Er wäre nicht, was er vor allen ist.

[Das Sechste Hundert]

90. Überall Hölle.
Überall Himmel.

O Ewigkeit! Voll Angst, voll Schmertzen, voll Entsetzen!
O Ewigkeit! Voll Ruh, voll Wonne, voll Ergötzen!

91. Bewegung des Geblüts.

Kein Blutstropff ist, er geht in vier und zwantzig Stunden
Einmal durchs Hertz. O hätt ein ieder Gott gefunden.

92. Seelige Gedancken.

Hast du das Blut des Herrn im Hertzen, das ist gut.
Es weicht, wann es durch geht, dir iedes Tröpflein Blut.

93. Im Blute das Leben.

Mensch opffre Gott dein Blut, er opffert seines dir,
Nihmt er deins an, alsbald quillt ewges Leben für.

94. Überall.

Das Göttlich inner uns ist geistlicher Verstand.
Der geht durch alls, und macht ihm, was er wil, bekant.

95. ICH.

J. Gott. C. Christus. H. Das ist der Heilge Geist:
Mensch, wann du sprichest: ICH: Schau, wo es dich hin weist

96. Zum Gerichte.

Was da? Der Löwe brüllt. Der ausgelaßne Geist
Wacht in den Seelen auf. Kommt? Erd und Himmel reist.

97. Kreistende Natur.

Es ängstet alles sich, die Erde krümt den Rücken,
Macht Platz. Sie übergiebt die Todten, die sie drücken.

98. Letztes Gerichte.

Seht: wie die gantze Welt im Feuer Urtheil steht.
Zur Rechten heist es: Kommt: Zur Lincken heist es: Geht.

99. Alleluja.

Itzt bricht der ewge Reim das Alleluja für:
Hertz auff! Der Himmel wird so zugereimet dir.

100. Ende: Anfang:
Im
Anfang: Ende.

Das End ist hier: doch wer zurücke kehren kan,
Der trifft den Anbegin im Ende wieder an.

Ehrsucht nechster Todtengräber.
Wallsteinischer Tod.

Der alles wust allein, was er durch andre that,
   Und zwar von Friedland kam, doch Krieg und Streit erhaben:
Liegt ohne Titul dar. Fragstu, wer ihn begraben?
Deutsch weiß ich's nicht, sonst heist es la raison d'Estat.

JOHANNES SCHEFFLER

[Aus:]
Geistreiche Sinn- und Schlussreime.

1. Was fein ist daß besteht.

Rein wie daß feinste Goldt / steiff wie ein Felsenstein /
Gantz lauter wie *Crystall* / sol dein Gemüthe seyn.

2. Die Ewige Ruhestådt.

Es mag ein andrer sich umb sein Begråbniß krånken /
Und seinen Madensak mit stoltzen Bau bedenken.
Ich Sorge nicht dafür: Mein Grab / mein Felß und schrein
In dem ich ewig Ruh / sol's Hertze JEsu seyn.

3. GOtt kan allein vergnügen.

Weg weg ihr *Seraphim* ihr kônt mich nit erquikken:
Weg weg ihr *Heiligen* / und was an euch thut blikken:
Ich will nun eurer nicht: ich werffe mich allein
Ins ungeschaffne Meer der blossen GOttheit ein.

4. Man muß gantz Gôttlich seyn.

HErr es genügt mir nicht / daß ich dir Englisch diene
Und in Vollkommenheit der Gôtter für dir Grüne:
Es ist mir vil zuschlecht / und meinem Geist zu klein:
Wer Dir recht dienen wil muß mehr als Gôttlich seyn.

5. Man weiß nicht was man ist.

Ich weiß nicht was ich bin / Ich bin nit was ich weiß:
Ein ding und nit ein ding: Ein stüpffchin und ein kreiß.

6. Du must was GOtt ist seyn.

Sol ich mein letztes End / und ersten Anfang finden /
So muß ich mich in GOtt / und GOtt in mir ergründen.

199

Und werden daß was Er: Ich muß ein Schein im Schein:
Ich muß ein Wort im Wort: (ᵃ) ein GOtt im GOtte seyn.

(ᵃ) Thaul. instit. spir. c. 39.

7. Man muß noch über GOtt.

Wo ist mein Auffenthalt? Wo ich und du nicht stehen:
Wo ist mein letztes End in welches ich sol gehen?
Da wo man keines findt. Wo sol ich dann nun hin?
Ich muß noch (ᵇ) über GOtt in eine wüste ziehn.

(ᵇ) i.e. über alles daß man an GOtt erkennt oder von ihm gedänken kan /
nach der verneinenden Beschawung / von welcher suche Bey den Mijsticis.

8. GOtt lebt nicht ohne mich.

Ich weiß das ohne mich GOtt nicht ein Nu kan leben /
*Werd' ich zu nicht Er muß von Noth den Geist auffgeben.

* Schawe in der Vorrede.

9. Ich habs von GOtt / und GOtt von mir.

Daß GOtt so seelig ist und Lebet ohn Verlangen /
Hat Er so wol von mir / als ich von Ihm empfangen.

10. Ich bin wie GOtt / und GOtt wie ich.

Ich bin so groß als GOtt: Er ist als ich so klein:
Er kan nicht über mich / ich unter Ihm nicht seyn.

11. GOtt ist in mir / und ich in Ihm.

GOtt ist in mir daß Feur / und ich in Ihm der schein:
Sind wir einander nicht gantz inniglich gemein?

12. Man muß sich überschwenken.

Mensch wo du deinen Geist schwingst über Ort und Zeit /
So kanstu jeden blik seyn in der Ewigkeit.

13. Der Mensch ist Ewigkeit.

Ich selbst bin Ewigkeit / wann ich die Zeit verlasse /
Und mich in GOtt / und GOtt in mich zusamen fasse.

14. Ein Christ so Reich als GOtt.

Ich bin so Reich als GOtt / es kan kein stäublein sein /
Daß ich (Mensch glaube mir) mit Ihm nicht hab gemein.

15. Die über GOttheit.

Was man von GOtt gesagt / das gnüget mir noch nicht:
Die über GOttheit ist mein Leben und mein Liecht.

16. Die Liebe zwinget GOtt.

(ª) Wo GOtt mich über GOtt nicht solte wollen bringen /
So will ich Ihn dazu mit blosser Liebe zwingen.

(ª) Vid. no. 7.

17. Ein Christ ist GOttes Sohn.

Ich auch bin GOttes Sohn / ich sitz an seiner Handt:
Sein Geist / sein Fleisch und Blut / ist Ihm an mir bekandt.

18. Ich thue es GOtt gleich.

GOtt liebt mich über sich: Lieb ich Ihn über mich:
So geb ich Ihm so vil / als Er mir gibt auß sich.

19. Das seelige Stilleschweigen.

Wie seelig ist der Mensch / der weder wil noch weiß!
*Der GOtt (versteh mich recht) nicht gibet Lob noch Preiß.

* Denotatur hic Oratio silentij, de qua vide Maximil. Sandae Theol. mystic.
lib. 2. comment. 3.

20. Die Seeligkeit steht bey dir.

Mensch deine Seeligkeit kanstu dir selber nemen:
So du dich nur dazu wilt schiken und bequemen.

Sie fraget bey den Creaturen
nach ihrem Allerliebsten.

1.

WO ist der schönste den ich liebe?
Wo ist mein SeelenBräutigam?
Wo ist mein Hirt' und auch mein Lamm?
Umb den ich mich so sehr betrübe?
Sagt an ihr Wiesen und ihr Matten
Ob ich bey euch ihn finden sol?
Daß ich mich unter seinem schatten
Kan laben und erfrischen wol.

2.

Sagt an ihr Lilgen und Narcissen
Wo ist das zarte LilgenKind?
Ihr Rosen saget mir geschwind
Ob ich ihn kan bey euch geniessen?
Ihr Hyacinthen und Violen /
Ihr Blumen alle mannichfalt /
Sagt ob ich ihn bey euch sol holen /
Damit er mich erquikke bald?

3.

Wo ist mein Brunn ihr kühlen brünne?
Ihr Bäche wo ist meine Bach?
Mein Ursprung dem ich gehe nach?
Mein Quall auff den ich immer sinne?
Wo ist mein Lust-Wald O ihr Wälder?
Ihr ebene wo ist mein Plan?
Wo ist mein grünes Feld ihr Felder?
Ach zeigt mir doch zu ihm die Bahn!

4.

Wo ist mein Täublein ihr Gefieder?
Wo ist mein treuer Pelican
Der mich lebendig machen kan?

Ach daß ich ihn doch finde wieder!
Ihr Berge wo ist meine Höhe?
Ihr Thäler sagt wo ist mein Thal?
Schaut wie ich hin und wieder gehe /
Und ihn gesucht hab überall!

5.

Wo ist mein Leitstern / meine Sonne /
Mein Mond und gantzes Firmament?
Wo ist mein Anfang und mein End?
Wo ist mein Jubel / meine Wonne?
Wo ist mein Tod und auch mein Leben?
Mein Himmel und mein Paradeiß!
Mein Hertz dem ich mich so ergeben /
Daß ich von keinem andren weiß.

6.

Ach Gott wo sol ich weiter fragen!
Er ist bey keiner Creatur.
Wer führt mich über die Natur?
Wer schafft ein Ende meinem Klagen?
Ich muß mich über alles schwingen /
Muß mich erheben über mich;
Dann hoff' ich wird mirs wol gelingen /
Daß ich O JEsu finde dich.

Sie schreyet nach dem Kusse seines Mundes.

1.

ER küsse mich mit seines Mundes Kuß /
Und tränke mich mit seiner Brüste Fluß /
Denn sie schmekken über Wein;
Und sein Mund
Macht zur Stund
Eine Seel voll Freuden seyn.

2.

Ach ach die Lieb ist strenge wie der Tod!
Er kůsse mich der sůsse Liebes-Gott:
Denn mein Hertze flammt und brennt
Důrst und låchtzt /
Seufftzt und åchtzt /
Und das Leben naht zum End.

3.

Wo ist sein Geist der Himmel-sůsse Thaw?
Er lass' ihn doch erkůhln meins Hertzens Aw!
Oder nehme vollends hin
Meinen Geist
Der schon meist
Sich verlohren hat in ihn.

4.

O JEsu / ists daß ich dir bin vertraut /
So komm doch her und kůsse deine Braut!
Denn dein Kuß der ists allein
Den mein Hertz
Sucht mit Schmertz
Uber Gold und Edelstein.

Sie begehret verwundet zu seyn
von ihrem Geliebten.

1.

JEsu du måchtiger Liebes-Gott
   Nah dich zu mir:
Denn ich verschmachte fast biß in Tod
   Fůr Liebs-Begiehr:
Ergreiff die Waffen / und in Eil
Durchstich mein Hertz mit deinem Pfeil /
   Verwunde mich :/:

2.

Komm meine Sonne / mein Lebens-Licht /
  Mein Auffenthalt;
Komm und erwârme mich daß ich nicht
  Bleib ewig kalt:
Wirff deine Flammen in den Schrein
Meins halbgefrohrnen Hertzens ein /
  Entzûnde mich :/:

3.

O allersûsseste Seelen Brunst
  Durch glûh mich gantz:
Und ûberform mich auß Gnad und Gunst
  In deinen Glantz:
Blaß an das Feuer ohn Verdruß /
Daß dir mein Hertz mit schnellem Fluß
  Vereinigt sey :/:

4.

Dann wil ich sagen daß du mich hast
  Erlôst vom Tod
Und als ein lieblicher Seelen-Gast
  Besucht in Noth:
Dann wil ich rûhmen daß du bist
Mein Brâutgam / der mich liebt und kûst /
  Und nicht verlâst :/:

LAURENTIUS VON SCHNÜFFIS

Clorinda bejamert
die abschewliche Finsternuß
Ihres Hertzens /
in welcher sie / dern Gnaden Gottes
beraubt / so lange Zeit gesteckt.

Deus meus illumina tenebras meas.
Psal. 17. v. 29.
O GOtt / erleuchte meine Finsternuß!

1.

FEindliche / trutzige /
Russige / schmutzige /
Häßliche Nacht /
Welche den Raisenden /
Weit herumb kraisenden
Herren / und Knechten /
Edlen / und schlechten
Grosse Forcht macht /
Ja unversehens gar
Stürtzt in deß Todts Gefahr.

2.

Falsche / verdåchtliche /
Schwartze / veråchtliche /
Schelmische Nacht /
Welche die fallende /
Kath-herumb wallende /
Gåntzlich entweegte /
Gfåhrlich versteegte
Menschen außlacht:
Die an Mitleydens-Statt
Nur Frewd an Unglück hat.

3.

Grausame / grewliche /
Fôrchtlich-abschewliche /
    Diebische Nacht /
Welche den Muthigen /
Menschen-mord-bluthigen
    Môrder- und Raubern /
    Hexen / und Zaubern
        Sicherheit macht /
Und gibt zu bôser That
Selbst Ihnen Hilff / und Rath.

4.

Reinigkeit-hassende /
Unschuld verlassende /
    Schandliche Nacht /
Welche den stinckenden /
Tugend-versinckenden
    Venus-Gesellen /
    Wo sie nur wôllen /
        Underschlauff macht:
Verhûllt die gaile Bôck'
Mit ihrer schwartzen Deck.

5.

Neidige / hâssige /
Henckers-Hand-mâssige /
    Bubische Nacht /
Welche der Wâlderen /
Wisen / und Felderen /
    Gârten / und Awen
    Schônes Anschawen
        Frewdenloß macht:
So gar das schônste Gold
Entfârbt die Liechts-Unhold.

6.

Grimmige / leydige /
Freche / meineidige /
　　Gifftige Nacht /
Welche die ruchtbare /
Sonsten gar fruchtbare /
　　Aecker / und Matten
　　Under dem Schatten
　　　Frůchtenloß macht:
Dahero Ihr dann seynd
Vil Lånder Spinnen-feind.

7.

Tågliche / schmertzliche /
Můndliche / hertzliche
　　Klagen man hôrt /
Wie sie die pråchtige /
Weite / großmåchtige
　　Nilische* Haiden /
　　Saaten / und Waiden
　　　Grausamb verstôrt /
Das Land so schwartz bedeckt /
Daß Leuth und Vich verreckt.

*Aegyptische.

8.

Sehet die nåchtige /
Immer Schattåchtige
　　Finnen doch an /
Wie sie mit důnsteren /
Dicken / und finsteren
　　Nebel / und Důfften /
　　Schatten / und Lůfften
　　　Seynd eingethan:
Die Sonne sehen sie
Auch etlich Monat nie.

9.

Trewloß-unârtige /
Bôse leichtfertige
    Schrôckliche Nacht /
Welche die brennende
Feld-herumb-rennende
    Schwûrmische Geister
    Vôllige Meister
        Ihres Reichs macht /
Und reitzt / so vil sie kan /
Sie zu der Boßheit an.

10.

Under der Feindlichen /
Dûrmisch-unfreundlichen
    Nâchtlichen Schaar /
Aerger / gefâhrlicher /
Bôser / beschwerlicher /
    Schâdlicher / Schlimmer /
    Schwârtzer / und timmer
        Keine doch war' /
Als die / so ich stock-blind
An meiner Seel empfind'.

11.

Alle Maeotische /
Wendisch- und Gottische ([a])
    Nâchte seynd nur
Eine noch glântzende /
Morgen-angrântzende /
    Lieblich-bemahlte /
    Sonnen-bestrahlte
        Schatten-Figur / ([b])
Gegen der schwartzen Nacht
So mir die Sûnd gebracht.

([a]) Mittnâchtige Lânder. ([b]) Ob schon der Schatten nicht kan bestrahlt seyn / so ist doch zwischen Tag und Nacht kein so tunckler Schatten / als zu Mitternacht.

12.

Dise verhinderet /
Schwåchet / und minderet
    Allen den Schein /
Welcher / zum anderen
Leben zu wanderen
    Wider die Fålle
    Solte ein' helle
      Fackel mir seyn:
Macht / daß in Finsternuß
Ich immer leben muß.

13.

Alle Gott-zeigende /
Tugend-zuneigende
    Strahlen seynd hin /
Weil ich in allerhand /
(Leyder nicht ohne Schand!)
    Bubische Thaten
    Willig gerathen
      Jederzeit bin
So / daß der Tugend-Glantz
In mir verfinstert gantz.

14.

Dise Heil-flůchtige
Eitelkeit-sůchtige /
    Schådliche Nacht /
Haben die sinnliche /
Eilens-zerrinnliche /
    Eitele / schnôde /
    Himmels-Trost ôde
      Frewden gemacht:
Der schnôde Frewd-Genuß
Bringt nichts / als Finsternuß.

15.

Dise betriegende
Frewden-vorliegende
   Schmeichlende Nacht /
Eh' ich ihr Thun erkennt /
Hatte mich so verblendt /
   Daß ich nachmahlen
   Alle Liecht-Strahlen
     Völlig veracht /
Und mit dem Welt-Gesind
Zu Guttem worden blind.

16.

Dise Nacht schwächet mich /
Dise Nacht macht / daß ich
   Vollens verderb' /
Massen der Gnaden-Schein
Nimmer kan tringen ein
   So / daß ich endlich
   Flammen-erkändtlich
     Tugendloß sterb':
Wo keine Sonn auffgeht /
Der Baum unfruchtbar steht.

17.

Dise verteufflete /
Gnaden-verzweyfflete /
   Höllische Nacht /
Dannoch den Sünderen
Bösen Welt-Kinderen
   Wegen deß Sterbens /
   Seelen-verderbens
     Wenig Forcht macht:
Sie förchten nur das Licht /
Die Finsternuß gar nicht.

18.

Leider diß Eulen-blind
Schwůrmische Nacht-gesind
  Bildet sich ein /
Under den lebenden
Welt-herumb-schwebenden
  Erden-Geschôpffen /
  Sehenden Kôpffen
    Kluegste zu sein:
Vermeinen allezeit
Zu seyn von Blindheit weit.

19.

Dises seynd aber die
Schlimste Nâcht' / welche nie
  Werden erkânnt /
Kônnen vom Gnaden-Licht
Werden vertriben nicht /
  Sonder nur immer
  Aerger / und schlimmer
    Leyder verblendt!
Sie fliehen allen Schein /
Drumb geht das Liecht nicht ein.

20.

Eya dann glântzendes /
Glori-bekrântzendes /
  Gôttliches Licht /
Laß' mich in nâchtlichen /
Also verâchtlichen /
  Schatten der Sûnden /
  Ohne Gnad-finden
    Sterben doch nicht:
Vertreibe mir die Nacht /
Die mich stock-blind gemacht.

SIMON RETTENPACHER

Christi Reich und Geburt.

1.

LObet ihr Meer die streitbare Helden /
   Preiset Chaldeer Semiramis Macht /
Lasset die Rômer von Juliern melden /
   Rûhmen die Griechen ihrn flûchtigen Pracht:
     Es hat kaum angfangen /
     Ist Schnelle vergangen
      Die nichtige Cron.
     Dann wie soll bestehen /
     Nicht stûndlich vergehen
Gleich wie die Rosen ein sterblicher Thron?

2.

Ich will mein Gmûte was hôher erschwingen /
   Und mich verfûgen zu grôsserem Gwalt:
Wiewol von einigem Kinde nur singen /
   Dessen doch Herrlichkeit niemals veralt.
     Die Zeiten verfliessen
     Flûß sich in's Meer giessen /
      Alls suchet sein Grab:
     Diß Kind gebunden
     In Fâschen gewunden
Niemand wird stûrtzen vom Himmel herab.

3.

Das kein Anfang / auch kein Ende nicht schliesset:
   Ehe Sonn und Mond und die funcklente Stern
Leuchteten / war es schon Kônig gegrûsset:
   Dises Reich lânger als die Welt wird wâhren.
     Vor Flutten und Wellen /
     Vor Brunnen und Quellen

Auß ewiger Schoß
Deß Vattern gebohren /
Von selbem erkohren /
Itzt zu uns kommet gantz nackend und bloß.

4.

Sechet die Mutter mit Windeln es decket /
Weinet vor Freud und Hertztringenter Lieb:
Himmlische Schaare die Hirten auffwecket:
Eilet und lauffet / es keiner verschieb /
Das Kinde zu kůssen /
Daß euch will versůssen
Das bittere Leid;
Und sich auch verpfånden
Daß Bôse zuwenden /
Allen zuschencken die ewige Freud.

5.

Schimernde Sterne von Auffgang der Sonne
Fůhret die Weisen in's Jůdische Land:
Embsig sie suchen der Sterblichen Wonne /
Opfferen ihme mit williger Hand
Gold Weyrauch und Myrren /
Wie's wolte gebůhren
Eim Kônig und GOtt
Eim Menschen und HErrn
Der solte vermehren
Englische Zahl / uns erretten vom Todt.

6.

Himmel und Erde den Schôpffer erkennet
Heut an sich nemmen deß Knechte Gestalt /
Gleichwol vom Vattern mit nichtem zertrennet /
Willens zustůrtzen der Schlangen Gewalt.
Die Juden nicht glauben /
Gleich Stummen und Tauben:

Vom Eyffer verblendt.
Den wollen sie bochen /
Der ware versprochen.
GOtt sich deßwegen von ihnen gewendt.

7.

Last uns vor Freude nun jauchzen und singen /
GOtt mit uns: Wer kan zuwider uns seyn?
Auch wie David vor der Lade herspringen;
Lache wer wolle: wir dringen uns ein
Die Fůsse zu kůssen
Die Laster zubůssen
Vorm Himmlischen Kind.
Ein jeder sich freue.
Doch hertzlich bereue
Schwåres Verbrechen / und flieche die Sůnd.

Das Horn der Glükseligkeit.

Schöne Früchte:
Blumen/ Korn/
Kirschen/ äpfel/
Birn/ und Wein/
Und was
sonst mehr
kan seyn/
sind hier
in diesem
HORN/
das Glükk/
auf daß
es uns
erquikk'/
hat selbst
es so
mit hüll
und füll
erfüllt.
wol dem/
dem es
ist
mild.
F

ENOCH GLÄSER

Ode.

IHr Tapfren Våter Ihr / und du gelehrte Schaar
Der Edlen Julien / die långst mein Hertze war /
    Auf die ich stets wil richten
      Wie Sie es würdig ist /
    Mein Schreiben thun und Tichten /
      Sey Tausendmahl gegrüst.
Mit recht / sag ich also / ruff auch zu Zeugen an
Dich / Febus / und dein Cohr / das ich gewiß hieran
    Gantz keine Falschheit übe /
      Ja lebe Freuden-voll /
    Wo ich nur ihrer Liebe
      Noch långer brauchen soll.
Ihr Himmel / die Ihr uns das rechte Glükke spinnet /
Gebt ihr was euer Herr ihr neben mir selbst günnet.
    Verleiht ihr euren Willen
      Das Sie auf festem Fuß
    Ihr' Hauß mit Lust mag füllen
      Und ich stets sagen muß:
Ihr tapfren Våter Ihr / und du gelehrte Schaar
Der Edlen Julien / die långst mein Hertze war /
    Auf die ich stets wil richten
      Wie Sie es würdig ist
    Mein Schreiben / thun und Tichten
      Sey Tausendmahl gegrüst.

GEORG NEUMARK

Loblied / Des Feld- und Waldlebens.
Aus meiner Schäferey Filamon.

1.

WOhl dem / der in den Wäldern lebet /
In unsrer ädlen Schäferlust /
Derselbe stets in Freuden schwebet /
Kein Jammer ist Ihm ie bewust.
Unsterblich ist und bleibet frey
Die Schäfer- und Poeterey.

2.

Was sind doch anders Fürstensachen /
Als lauter Ungemach und Streit /
Allhier ist nichts das uns kan machen
Betrübet: Trotz sey allem Neid'.
Unsterblich ist und bleibet frey
Die Schäfer- und Poeterey.

3.

Die Stadt ist reich von hohen Dingen /
Doch voll von Falschheit und von List /
Wir aber mögen frölich singen /
Biß *Zynthia* aufgangen ist.
Unsterblich ist und bleibet frey
Die Schäfer- und Poeterey.

4.

In unsern Wäldern *Föbus* gläntzet /
In unsern Wäldern *Pallas* lacht /
Manch ädler Schäfer wird bekräntzet
Durch der *Poeten* starke Macht.
Unsterblich ist und bleibet frey
Die Schäfer- und Poeterey.

5.

Bey uns die hohen Bäume prangen /
    Bey uns ist *Floren* Blumenkraft /
Bey uns die schönen äpfel hangen /
    Bey uns ist süßer Bienensaft.
    Unsterblich ist und bleibet frey
    Die Schäfer- und Poeterey.

6.

Drüm wohl dem / der in Wäldern lebet /
    In unser ädlen Schäferlust /
Derselbe stets in Freuden schwebet /
    Kein Jammer ist ihm ie bewust.
    Unsterblich ist und bleibet frey
    Die Schäfer- und Poeterey.

DAVID SCHIRMER

Uber seine Verse.
Madrigal.

ICh halt es nicht dafür.
Wer wolte so die Musen auch verletzen /
Als solten sie im Truncke sich ergetzen.
Wer Ihrer Zunft sich menget ein /
Muß allzeit klug und nüchtern seyn.
Der tolle Schwarm der sauffenden Mänaden
Pflegt den Altar mit Trauben-Blut zu baden.
Wo Othrys blüht / da fleust das Wasser klar.
Laß diesen nur viel nasse Verse schreiben.
Ich wil bey trucknen bleiben.
Denn wo ein Blat Papyr ist voller Wein /
Wie kan ein guter Zug auf selben seyn?

Sie Liebet Ihn.

FUnckelt ihr göldnen Himmels-Sternen!
blitzet ihr hellen Nacht-Laternen!
Jauchtzet ihr Stralen an der Sonnen!
rauschet ihr kühlen Wasser-Bronnen;
Asterie will sich zur liebe verdammen /
die keusche Brust fühlet die blinckenden Flammen;
Tugend und Gunst
mehret die Brunst /
welche die rauchenden Geister anbrennet.
Hertzgen und Mund
stehen verwund /
daß sich Asterie selber nicht kennet.

Brummende Donner / Hagel-Spitzen /
Feuer-bestraltes Wetter-Blitzen /
Krachende Wolcken / harte Schläge /
fliehet Asterien aus dem Wege /
beräumet die weißliche Strasse dort oben /
Asterie bleibet unsterblich erhoben.
bleiche nun gantz /
Luna / dein Glantz
wird die verdüsterten Augen verlassen.
Hinde / spann an /
zeichne die Bahn /
ihre Hand kömmet den Zügel zufassen.

Fahre nun wol aus deinen Tächern
Zu dem vergöldten Liebs-Gemächern /
Sage du wollest aller Enden
Venus gebutzten Leib beschänden.
Erzehle / wie Paris mit Freuden-Gethöne
dir geben den Apffel / das Zeichen der Schöne.
Melde darbey /
Sylvius sey /
Welcher ihn könne durch Tugend erwerben.
Kömstu / mein Glück /
Wieder zurück /
Will ich dein willigster Diener ersterben.

Marnia und ein Buch.

NUn empfind ich keinen Grauen /
daß ich / Phôbus / für und für
bin gesessen neben dir.
Andre môgen ûmb sich schauen /
und bey jenen Springe-Quellen
in den Wiesen sich ergehn /
ich wil bey den Bûchern stehn /
und auf sie mein Tichten stellen.

Artlich lâst es sich studiren /
Wenn man weit vom Ungemach
leitet seinen Lebens-Bach /
er / weil wir ihn weißlich fûhren /
wird kein Theil dem Tode werden /
denn der kluge Geist und Sinn
Schwingt sich durch die Wolcken hin /
und kômmt gar nicht in die Erden.

Holla / Junger / geh und frage /
Wo das beste Buch mag seyn /
laß den Opitz binden ein /
diese Friest der kurtzen Tage /
die wir Menschen auf uns haben /
wil ich in den Bienen-Safft /
den die Musen abgerafft /
tieffer / als in Sand / vergraben.

Kauffe gleichfals andre Sachen /
und vergiß den Tscherning nicht!
schau das keiner dir gebricht.
Jener mag recht thôrlich lachen /
der bey seinen Gold und Schâtzen
tolle sich zu krâncken pflegt /
und ohn Lust sich schlaffen legt /
ich wil mich mit Bûchern letzen.

Bitte die gelehrten Brûder
auf die Music / und auf das /
wobey stets der Plato saß.

221

Bringe mit die schönen Lieder.
Marnia / dich laß ich erben /
bey den Büchern und bey dir
wil ich bleiben für und für /
Bücher lassen keinen sterben.

Seine Schwartze.

IHr schwartzen Augen ihr / und du auch / schwartzes Haar /
nehmt hin von meiner Hand / nehmt hin / was ich euch sende /
durch was ich meine Schuld ein wenig nur verpfände /
das dürstet ietzund noch nach eurer Blicke Schaar.
　　Schwartz lieb ich auf der Welt. Schwartz wil ich immerdar.
schwartz ist mein Ruhestab der fast zu müden Hände /
schwartz ist der beste Glantz. Schwartz macht / daß ich mich
　　　　　　　　　　　　　　　　　　　　wende
zum schwartzen Angesicht / zum schwartzen Augen-Klar.
　　Laß roth / laß weiß / laß blau in seiner Schöne gehen /
und auf des Käysers Haupt ein Gold im Golde seyn /
laß Demant-Farbe blühn / laß ieden Edelstein
sein farbicht Angesicht bey allem Glantz aufblehen.
mein Schwartz vergnüget mich / drümb sprech ich
　　　　　　　　　　　　　　　　　　　　immerdar:
Ihr schwartzen Augen ihr / und du auch / schwartzes Haar!

Uber seine Träume.

SInd Träume lauter nichts / wie daß sie mich bewegen?
sind sie denn Freud und Lust / wie daß ich traurig bin?
sind sie vol Lieblichkeit / wie daß mein toder Sinn
sich muß / O Marnie / zu deinen Füssen legen.
　　Ich sahe heint zu Nacht dich deiner Liebe pflegen.
Du warst es ja gewiß / O schöne Halb-Göttin.

Ein nacket Nymphen-Bild lief zu den Schwanen hin /
zun Schwanen / die im Thal stets ihre Lieder hegen /
   Und kůsset eines Mund. Ich fühlte Sůssigkeit.
Die Liebe stieß alsbald nach meinem krancken Hertzen.
Drauf ließ ich meinen Schlaff. Nichts blieb als tausend
                        Schmertzen /
die ich noch klagen muß bey spåter Abends-Zeit.
   Sie sind nun was sie sind / so gläub in vollen Sorgen /
im Traume-Nebel liegt die Warheit doch verborgen.

JACOB SCHWIEGER

1.

CYnthia du schönstes Licht
gibstu deinen Schein mihr nicht
so werd Ich bald untergehn
und in stetem Dunkkel stehn.

2.

Schau diß Hertz / das dihr ist kund /
ist von deiner Liebe wund /
und du låst in diser Pein
mich so gar ohn Hoffnung sein.

3.

Denkke doch an meine Noht /
die mihr bringen wird den Tod /
wo du ô mein Leben mihr
nicht mit Hülffe kommest für.

4.

Ach du schläfst ohn Ungemach
weil Ich hie mit Schmertzen wach'

und vor deiner Hütten Tühr
meine Klage stoß herfür.

5.

Laß doch deinem Tauben Ohr
diß mein Leiden kommen vor /
und erkenne meinen Sinn
wie Ich so beständig bin.

6.

Ewig dise Schmertzen-Gluht
brenne meinen krankken Muht /
dise Pein ohn' Ende sey
bleib ich dihr nicht ewig treü.

7.

Doch was nützt mein kläglichs Flehn /
wen ich nicht mag Rettung sehn:
Wen ich täglich komm ümsunst
zuerbitten deine Gunst.

8.

Sol dein Sinn und meine Pein
den stets unverändert sein?
Wol / so scheid' ich hiemit ab /
lebe wol / Ich eil ins Grab.

JOHANN GEORG SCHOCH

An seine Verse.

DEr Bauer liebt sein Feld / der Schäffer seine Triften /
Der Schnitter seinen Halm / der Wintzer seinen Berg /

Der Fechter sein Rapier / der Schütze sein Gemerck /
Der Vogler seinen Kautz / die Kloben in den Lüfften /
    Der Knappe sein Metall in den verborgnen Klüfften /
Der Förster seinen Pusch / der Ringer seine Stärck /
Und ich / sol lieben nicht mein Buch / mein eigen Werck?
Und sol gehäßig seyn auch meinen eignen Schrifften?
    Diß muß ich zwar gestehn / daß mancher Fehler mir
Mit durch die Feder rinnt / und mangle weit der Zier.
Doch / wo ist dieser Mann / der ohne Fehl geschrieben?
    Drumb seyd ihr Verse seyd nur nicht zu sehr betrübt /
Ihr müsst / wie schlecht ihr seyd / doch werden noch geliebt /
Und wil es niemand thun / so wil ich euch doch lieben.

An sein Vaterland / als Er bey Candien.

ICh sitze / Candia / bey dir in Ruhe hier /
Und laß' inzwischen dort das höchstbetrengte Meissen /
Mein liebes Vaterland / sich mit sich selbsten schmeissen /
Indem sich Teutschland müht mit emsieger Begier
    Sein Hencker selbst zu seyn. Ich bleibe hier bey dir /
Ein andrer steh für mich in eingeschlossnen Eysen /
Es mag sich auch der Feind umb meine Güter reissen /
Du bist mein Losament / du bist mein Hülff-Quartier /
    Hier such ich meinen Feind / den kan ich recht bekriegen /
Ich kan in deiner Schoß / O schöne Candia!
So wol / und besser noch / als sie zu Felde liegen /
    Ein Kuß ist die Patrol / die Losung eitel Ja /
Die Festung darff bey dir nicht erst beschossen seyn /
Du läst mich durch Acord mit Sack und Back hinein.

Neún Sommer seynd vorbey / seithero ich dich / Schóne /
Nicht einmal nur gesehn; Itzt wúrfft die Lufft umb sich /
Den Schnee das zehnte mal / und rufft mit Freuden mich /
Nach solcher langen Zeit / zu meiner Rosimene.
  Du glåubst nicht / wie ich mich nach deinen Augen sehne /
Ich seh die Spitzen an vom weiten sehniglich /
Und weist mir ieder Thurn fast / Rosimene / dich /
Mich meldt der Elbstrom an durch sein erfreut Gethóne.
  Gott grúß dich Wittenberg! Gott grúß dich edler Strandt!
Ach seyt von mir gegrúßt ihr schónen Najadinnen!
Gott grúß dich / Rosilis / in deinen Mauren drinnen!
  Ich habe mich zu dir nun wieder hergewandt.
Ach laufft ihr Wellen fort; *Ich trage groß Verlangen /*
Nach solcher langen Zeit sie wieder zu umbfangen.

KASPAR STIELER

Ein jeder / was ihm gefållet.

1.

WEr will / kan ein gekróntes Buch
  von schwarzen Krieges-zeilen schreiben:
Ich will auff Venus Angesuch
  ihr süsses Liebes-handwerk treiben:
Ich brenne. Wer nicht brennen kan /
  fang' ein berúhmter Wesen an.

2.

Ich sehe vor mir Blut und Staub /
  und tausent Mann gewaffnet liegen /

ich sehe / wie auff Sieg und Raub
   so viel vergóldte Fahnen fliegen:
doch brenn' ich. Wer nicht brennen kan /
   fang' ein berühmter Wesen an.

3.

Ich hóre der Trommpeten Schall /
   der Paukken Lerm / den klang der Waffen /
der schrekkenden Kartaunen knall /
   der Búchsen und Musketen paffen
und brenne. Wer nicht brennen kan /
   fang' ein berühmter Wesen an.

4.

Ich hátte die Gelegenheit
   ein neues Ilium zumelden:
Es gibt mir Anlaß mancher Streit
   so vieler ritterlichen Helden:
Doch brenn' ich. Wer nicht brennen kan /
   fang' ein berühmter Wesen an.

5.

Ich spúr' auch hier Ulyssens Wizz /
   mich reizen Hektors tapfre Tahten:
Was hilffts? mich lást die Liebes-hizz'
   auff andre Kúnste nicht gerahten.
Ich brenne. Wer nicht brennen kan /
   fang' ein berühmter Wesen an.

6.

Was mein beflammtes Herze hegt /
   zieht meinen Geist von seiner Erden:
hátt' Amors Gluht mich nicht geregt /
   wie wúrd' ich je beschrieen werden?
Nun brenn' ich. Wer nicht brennen kan /
   fang' ein berühmter Wesen an.

7.

Was mir die Venus predigt ein
    samt ihrem lieblichem Empusen /
mag meines Nahmens Lorber sein:
    Sonst brauch' ich keiner andern Musen.
Ich brenne. Wer nicht brennen kan /
    fang' ein berûhmter Wesen an.

8.

Was frag' ich nach der Alten Neid /
    was nach dem stumpfen Tadler-besen!
Es ist genug / wenn nach der Zeit
    mich liebe Jungfern werden lesen.
Ich brenne. Wer nicht brennen kan /
    fang' ein berûhmter Wesen an.

9.

Ich weiß / wenn ich verweset bin /
    wird mich das junge Volk betrauren /
und sagen: Ach / daß der ist hin
    den Venus ewig hiesse dauren!
Wer aber nimmer brennen kan /
    wird keine Venus fangen an.

Der Haß kûsset ja nicht.

1.

DIe ernstliche Strenge steht endlich versûsset /
    die qweelende Seele wird einsten gesund.
Ich habe gewonnen / ich werde gekûsset /
    es schallet und knallet ihr zârtlicher Mund.
        die Dornen entweichen /
        die Lippen verbleichen /
indehm sie die ihre den meinen auffdrûkkt.
Ich werd' auß der Erde zun Gôttern verschikkt.

2.

Ihr klagende Plagen steht jetzo von fernen /
 es fliehe der åchzende kråchzende Neid!
Mein Gang ist gegründet auch über die Sternen
 ich fühle der Seeligen spielende Freud'.
　　　　Es flammen die Lippen.
　　　　Die rößlichte Klippen
 die blühen und ziehen mich lieblich an sich.
Was acht' ich dich Honig! was Nektar-wein dich!

3.

Durch dieses erwieß es ihr süsses Gemühte /
 sie wolle / sie solle die Meinige sein.
Nu höhn' ich der Könige Zepter und Blüte /
 mich nimmet der Vorrath Eufrates nicht ein.
　　　　Kan ich sie nur haben:
　　　　was acht' ich der Gaben
 der siegenden Krieger im Kapitolin
 die durch die bekrånzeten Pforten einziehn!

4.

Ich habe die Schöne mit nichten gewonnen
 mit Solde von Golde / mit Perlenem Wehrt /
und scheinenden Steinen in Bergen geronnen /
 den Tyrischen Purpur hat sie nie begehrt.
　　　　die Zeilen / die süssen
　　　　aus Pegasus Flüssen
 die haben ihr hårtliches Hertze gerührt:
Nu stehet mein Lorber mit Myrten geziert.

Nacht-last / Tages-lust.

1.

　　　　Die Nacht
die sonst den Buhlern fügt und süsse Hoffnung macht
　　　　Die Ruh /

die einem Liebendem sagt alle Wollust zu /
bringt mir nur lauter Schmerzen
und raubet mir das Licht /
das meinem trüben Herzen
des Trostes Straal verspricht.

2.

Der Tag
dem sonst kein Pafos-kind recht günstig werden mag
Die Gluht
der göldnen Strahlen / die der Venus schaden tuht
Erteilt mir lauter Freuden
und gönnet mir das Glükk
die Augen satt zu weiden
in meiner Liebsten Blikk.

3.

Wenn ietzt
Apollens Feuer-gold der Berge Haubt erhizzt
Und nu
die auffgewekkte Welt entsaget ihrer Ruh:
rührt mich Rosillen Wange
mit einem feuchten Kuß'
und dieses währt so lange
biß auff den Hesperus.

4.

So bald
der Sonnen Kerze wird in Thetis Schosse kalt
Laton'
in düstrer Wolken-Lufft führt auff den bleichen Mohn
so weicht mein Licht von hinnen
denn wird mir erst die Nacht
das Kind der Erebinnen
zur rechten Nacht gemacht.

5.

Drum geh
verhaßtes Sternen-Heer gleich nimmer auß der See.
Komm an /
geliebter Lucifer tritt auff Olympens Bahn.
Der Tag der mich so liebet /
soll meine Freude sein.
Die Nacht / die mich betrübet /
weich' in die Höll' hinein.

Nacht-Glükke.

1.

WIllkommen Fürstinn aller Nächte!
Printz der Silber-Knechte /
willkommen / Mohn / aus düstrer Bahn
vom Ozean!
Diß ist die Nacht / die tausend Tagen
Trozz kan sagen:
weil mein Schazz
hier in Priapus Plazz'
erscheinen wird / zu stillen meine Pein.
Wer wird / wie ich / wol so beglükket sein?

2.

Beneidet himmlische Laternen /
weiß-geflammte Sternen /
mit einem schälen Angesicht'
ach! mich nur nicht.
kein Mensch / als ihr nur möget wissen /
wie wir küssen:
alle Welt
hat seine Ruh bestellt /
wir beyde nur / ich und mein Kind / sind wach /
und / Flammen / ihr an Bronteus Wolken-dach'.

231

3.

Es seuselt Zefyr auß dem Weste
durch Pomonen åste /
    es seufzet sein verliebter Wind
    nach meinem Kind'.
Ich seh es gerne daß er spielet
und sie kûhlet /
    weil sie mir
    folgt durch die Garten-Tûhr /
und doppelt den geschwinden Liebes-tritt.
Bring / West / sie bald und tausend Kûsse mit!

4.

Was werd' ich wenn sie kômmt gegangen /
an- doch erstlichst -fangen /
    Kûß' ich die Hand / die Brust / den Mund
    zur selben Stund'?
Ich werd' (ich weiß) kein Wort nicht machen /
so viel Sachen /
    die an Zier
    den Gôttern gehen fûr
und auff diß Schônchen sein gewendet an /
erstaunen mich / daß ich nicht reden kan.

5.

Komm / Flora / streue dein Vermûgen
darhin / wo wir liegen!
    Es soll ein bunter Rosen-hauf'
    uns nehmen auff /
und / Venus du sollst in den Myrten
uns bewirten /
    biß das Blut /
    der Rôht' herfûr sich tuht.
Was Schein ist das? die Schatten werden klar.
Still! Lauten-klang / mein Liebchen ist schon dar.

ADAM KRIEGER

Der Reinsche Wein tantzt gar zu fein.

1. Seht doch! wie der Rein-Wein tantzt
   in den schönen Glase?
   Wie er hin und wieder rantzt /
   und kreucht in die Nase /
   daß man vom Geruche bald /
   dumm und dämsch muß werden /
   mein / was hat er vor Gewalt
   über uns auff Erden?

2. Lieber Rein-Wein küße mich /
   mit verliebten Schertzen /
   Ich hingegen werde dich
   weidlich wieder hertzen /
   drücke doch die beste Krafft /
   von der Berge Klippen /
   nehmlich deinen Reben-Safft /
   dicht an meine Lippen.

3. Du bist doch das beste Gold /
   das man kan recht brauchen /
   darum bin ich dir so hold /
   darum will ich tauchen
   meine Zunge tieff in dich /
   tieff in deine Wellen /
   denn ich weiß schon daß Sie mich /
   wohl zu Frieden stellen..

4. Du durchsuchst die finstre Grufft /
   der subtilsten Glieder /
   und des gantzen Leibes Klufft /
   artig hin und wieder /
   erstlich plumpst du tief hinein /

in des Magens Rantzen /
und wenn wir recht lustig seyn /
fångst du an zu tantzen.

5. Aus den Magen in den Kopf /
springst du so behende /
als in einen hohlen Topf /
kletterst an die Wånde /
und wilst immer oben nauß /
machst ein solches Lermen /
daß bey uns das gantze Hauß /
hebet an zu schwermen.

6. Nun / so tantz mein lieber Wein /
tantz in deinem Glase /
Tantze weil wir lustig seyn /
tantz auch in die Nase /
durch die Nase tantze fort /
wo du hin kanst kommen /
und so wird uns auff dein Wort /
alles Leid entnommen.

CHRISTIAN WEISE

Als er vor betrůbten Liebes-Grillen
nicht schlaffen konte.

1. Itzt ruht und schlåft die gantze Welt /
Was See und Feld
In den verliebten Armen hålt /
Nur ich empfinde keine Ruh /
Und bringe nicht ein Auge zu.
Dann weil der Tag zu Ende geht /

Eh meine Sonne vor mir steht /
So bricht der Abend auch herein /
Und muß gedoppelt finster seyn.

2. Ich habe manche lange Nacht
Umsonst gewacht /
Und meinem Schmertzen nachgedacht /
Wiewol je mehr ich dencken muß
Jemehr empfind ich Uberdruß /
Weil niemand die erwünschte Bahn /
Zu meiner Hofnung finden kan /
Und dannoch hab ich diesen Trieb
Der traurigen Gedancken lieb.

3. Ich bin verliebt in meine Pein /
Und nicht allein
In ihren hochgeschätzten Schein /
Dann wann der Schlaf ein sanftes Ziel
In meinen Sorgen setzen wil /
So stellt sich meine Mattigkeit
Noch immer in den Gegenstreit /
Biß sich ein Traum ins Hertze spielt /
Daß er mir die Gedancken stielt.

4. In diesem Schatten kômmet mir
Die liebste Zier
In ihrer hôchsten Schônheit für /
Und straalt mein Hertz dermassen an /
Daß ich es kaum vertragen kan;
Jedoch wann ich ein gleiches Spiel
Mit meinen Armen machen wil /
So greif ich an die kalte Wand
Und sie entwischt mir aus der Hand.

5. Itzt sehn ich mich nach meiner Ruh /
Und schliesse nu
Die Augen von mir selber zu /

Komm wider / komm du süsser Traum /
Und mache meiner Wollust Raum.
Dann wird der Kummer nicht gestillt
Durch ein erdichtes Schatten-Bild /
So weicht auf eine kleine Zeit
Zum minsten die Empfindligkeit.

6. Ach aber ach es geht nicht an /
Daß ich daran
Ein rechtes Labsal haben kan.
Mein Schmertzen geht mir viel zu nah
Ach wäre nur der Morgen da /
Vielleicht ist diß der liebe Tag
Da ich mich wieder rühmen mag /
Daß eine die mich sonst betrübt
Mir Ruh und Leben wieder gibt.

Ein Abriß der Schönheit selber.

1. ICh weiß ein liebes Schätzgen /
Ein artig Kammer-Kätzgen /
Darüber muß ich mich bemühn /
Und sie auf meinen Schauplatz ziehn.

2. Das Mädgen muß in allen /
Den Leuten wolgefallen /
Und hat auch nicht ein eintzig Glied /
Daß nicht der Schöhnheit ähnlich sieht.

3. Die Haare stehn ihr nette /
Gleichwie mein Stroh im Bette /
Und sind so naturell und krauß /
Wie einer krancken Wasser-Mauß.

4. Sie stutzet mit dem Zopfe /
Auf ihrem kleinen Kopfe /

Du lieber Kopf bist du nicht rund /
Wie meiner Grossemutter Hund.

5. Die auserlesne Stirne /
Sieht fast wie eine Birne /
Die draussen auff dem Miste liegt /
Und hier und da ein Fleckgen kriegt.

6. Die schönen Ohres-Löcher /
Die sind wie zwey Gemächer /
Da Flöh und Läuse bleiben stehn /
Wann sie aufs Häußgen wollen gehn.

7. Die Ohren haben Läppgen /
Als wie die Käse-Näppgen /
Die sind voll Ruß biß oben an /
Daß man ihn fast wegschaufeln kan.

8. Die Augen macht sie helle
Wie eine Pferde-Schelle /
Wann sie ein Blickgen scharff-verliebt /
Als eine tode Ratte gibt.

9. Die Nase steckt im Quarge /
Gleichwie in einem Sarge /
Sonst ist das Leder zart und keusch /
Wie angebranntes Schöpsenfleisch.

10. Das Maul lacht ihr von forne /
Gleichwie der Hund im Borne /
Und wie ein Bauer in der Stadt /
Wann er ein Eisen funden hat.

11. Die wolgestalten Backen /
Wie auch der schöne Nacken /
Die sind wo ichs vergleichen mag /
Wie eines Müllers Kohlen-Sack.

12. In ihrem zarten Kinne /
Hat neulich eine Spinne /
Vier Wochen lang ein Nest gebaut /
Und gleichwol hat ihr nicht gegraut.

13. Die grossen Leder-Flaschen /
Sind wie die Bettel-Taschen /
Und hencken albern vor sich weg /
Als ein gebeitzter Kirschner Fleck.

14. Die wolgeschickten Hånde /
Sind weich wie alte Wånde /
Die Finger sind so zart und frisch /
Wie ein verdorbner Flederwisch.

15. Die Armen sind wie Prügel /
Und wie die Hölle-Riegel /
Die gucken zu den Ermeln raus /
Und sehn wie eine Blutwurst aus.

16. Mehr hab ich nicht gesehen /
Es soll auch nicht geschehen /
Dann wo sie sich nackt sehen låst /
So sterb ich warlich an der Pest.

17. Drum wil ich nur beschliessen /
Weil ich nicht mehr kan wissen /
Doch dieses sey zu guter letzt /
Ihr als ein Wunsch hinzugesetzt.

18. Bestecket sie mit Raute /
Spickt sie mit Sauerkraute /
Und schicket sie mit Haut und Haar /
Dem Hencker zu dem neuen Jahr.

JOHANN THOMAS

Die Schwalbe.

1.

GEstern gieng ich spat zu Bette /
　Schlief drauf biß an Morgen hin /
Daß ich wohl verschlaffen hâtte /
　Wann nicht eine Sångerin
Mir ein Ståndgen hått gemachet /
Daß ich drůber aufgewachet.
　O daß ich so einsam bin!
　Sang die zarte Sångerin.

2.

Vor ein Monat oder sieben
　Ward ich armes Bůrgerskind
Bloß von Haus und Hof vertrieben;
　Was mir die Natur gegůnnt /
(Dann was soll ich mich des schåmen?)
Dorft ich / mehr nicht / mit mir nehmen.
　In der Fremde bin ich so
　Ausgewest / ich weiß nicht wo.

3.

Nun ich wieder heim bin kommen /
　Haben sie mein Haus zerstôrt /
Lehm und Balken weggenommen /
　Nur die Stell ist unversehrt.
Gerne wolt ich wieder bauen /
Wann ich einmal dôrfte trauen.
　Und wie wâr ich dem so hold /
　Der mir bauen helfen wolt?

4.

Ich muß einen Buhlen haben /
　Der es mir zu Liebe thue /

239

Darf nicht tief zum Grunde graben /
  Wann er nur den Lehm trägt zu /
Wird sichs mit dem Bettgen fügen /
Daß wir auch beysammen liegen /
  Und aus eignem Angetrieb
  Uns recht hertzlich haben lieb.

5.

Dann fürwar die Tage steigen
  Und der Frühling sommert sich.
Es ist Zeit zum Kinder zeugen.
  Komm mein Buhle / liebe mich!
Damit schweig das Weiblein stille.
Du schamhaftige Lisille /
  Denkest / wer doch das mag seyn?
  Kennst du wohl die Schwälbelein?

NICOLAUS PEUCKER

Der Drache / In gesundem Verstande
genommen / hält seine Ablage bey
Hn. Joachim Bernhard Didden /
J. U. Lic. und Churfl. Brand.
Cammer-Gerichts-Advocaten / als er zur Ehe
nimmt Jgf. Marien Dorotheen /
Herrn Volrath Drachstets / Saltz-Junckers
und Raths-Verwandtens in Halle
Eheleibliche Tochter / Am 8. November 1664:

1.

DIdden / hast du denn allhier /
Wo Berlin sich prächtig stellet
Keine funden / die sich dir
Hätt im Bette zugesellet?

240

Sind schon alle Jungfern Braut?
Oder hast du nicht recht eben
Acht auf diesem Volck gegeben /
Und dich gnugsam umgeschaut?

2.

Daß von Halle dich der Drach'
Stets hinführo sol vergifften?
Ach! man könte siebenfach
Solche Heyrath hier wol stiften
Wann es Didden / dein Begehr:
Aber einen solchen Drachen
In Berlin und Cölln zu machen /
Fiele noch wol etwas schwer:

3.

Drachen haben die Natur /
Daß sie nicht vergebens kommen:
Wann sie kommen / kömmt auch Fuhr;
Didden hats in acht genommen:
Denn Maria Dorothe
Drachstets / kömmt ihm nicht mit Schaden /
Sondern sie hat Saltz geladen /
Das hoch noth thut in der Eh.

4.

Mit den Leuten / wo der Drach
Stets pflegt aus und einzuziehen /
Hat es gar ein üble Sach:
Diesen Drachen muß man fliehen
Aerger / als die Gift und Pest:
Didden / über deinen Drachen
Magst du dich stets lustig machen
Und ihn halten steif und fest!

5.

Stopf ihm seinen Rachen zu /
Wil er ihn zu weit aufsperren /

So erhålst du Fried und Ruh:
Auch der Drach muß seinem Herren
Stets zu Dienst und Willen stehn.
Drachstets / deinen Didden liebe /
Auch dein Hertz ihm gantz ergiebe /
Wann du wirst zu Bette gehn.

6.

Drachstets / als ein Drach aus Hall /
Fúlle stets mit deinen Trachten
Diddens Hauß / auch Hof und Stall:
Laß heut einen Ochsen schlachten /
Morgen ein paar fette Schwein /
Låst uns Mahomet doch Friede;
Nimm verlieb mit diesem Liede /
Braut / und schlaf nicht mehr allein.

CAROL SEYFFART

Hochzeit-Schrifft.
An Hn. M. Christoph Belauen / Rectorem in Kalbe /
Und seine Hertzgeliebte Braut /
Jungfer Martha Sybillen Lemmerin.

HOchwerther Bråutigam / was soll ich einverleiben
Dem frohen Hochzeit-Fest? Ich wil gar kúrtzlich schreiben:
Weil du an diesen Tag ein Låmgen dir gefreiht /
Wie daß das Låmmer-Vieh sey voller Liebligkeit.

Låmmer die hûpffen / sie lecken sie springen:
  Lemmerin tantzet und springet anitzt.
Låmmer die nutzen vielfältigen Dingen:
  Lemmerin ihrem Hertzliebesten nûtzt.

Låmmer mit Frömmigkeit gehen gezieret:
  Lemmerin schmůcket die Frömmigkeit auch.
Låmmer die folgen dem / welcher sie fůhret:
  Lemmerin heget auch diesen Gebrauch.
Låmmer die tragen schön-weißliche Wolle:
  Lemmerin tråget den schönesten Preiß.
Låmmer sind muthig / nicht frevel / frech-tolle:
  Lemmerin lustig und muthig sich weiß.
Låmmer die haben den eigenen Schåffer:
  Lemmerin ihren auch eigenen sucht.
Låmmer sind ruhig / nicht einsame Schlåffer:
  Lemmerin dieses ist auch nun befugt.
Låmmer die speisen die hungrigen Seelen:
  Lemmerin speiset mit Kůssen und Kuß.
Låmmer den Stall sich zur Herberge wehlen:
  Lemmerin numehr in BettesStall muß.
Låmmer die grasen auf grůnenden Wiesen:
  Lemmerin lebet in grůnender Lust.
Låmmer die werden von allen gepriesen:
  Lemmerin růhmlich ist allen bewußt.

Drům lebe / wehrter Freund / mit solchem LiebesSchåfgen
In voller Frölligkeit / nim wol in acht das Schlåffgen /
  Den ersten LiebesSchlaf / und sonderlich den Traum /
  Was heinte tråumen wird / du wirst aufwachen kaum
So wird es werden wahr. Mein tråumen ist wahr worden /
Mich tråumt als wårest du nunmehr in SchåfferOrden /
  Ich sah das Låmmervieh / kaum war die Rede laut /
  So warest Schåffer du / das Lamb war deine Braut.
Der Himmel sey dir hold / und laß dich so gepaaren /
Daß du als Schåffer kanst nach wenig wenig Jahren /
  Mehr Låmmer fůhren aus. Indessen wie ich sol /
  Wil dein verbleiben ich. Mein Schåffer lebe wol!

243

ERNST STOCKMANN

Auff das Begråbnüß eines vornehmen Cavalliers.

(1.)

HErbey ihr Eysen-fresser!
Schaut diesen Sarg und Leichen-Zierrath an /
Und dencket nach / es geht auch euch nicht besser /
Ihr müsset auch auff diesen Todten-Plan /
Wenn Kraut und Loth / wenn Degen und Pistolen /
Wenn heisses Blut und eine Löwen-Brust
Vorm Tod pastant / so hätte Scipio
Und Hector auch vom Tode nichts gewust /
Ja Hannibal der wåre nicht gewichen /
Und dieser Chevalier auch nicht verblichen /
Drumb ists und bleibet so:
Kommt all' heran / heran auff diesen Plan /
Fürst / König / Edelmann.

(2.)

UNd weil denn nun die strenge Sterbens-Macht
Auch Helden rennet umb /
Wie hoch sie sind geacht /
Und fållt dahin Soldat und Corporal /
Majeur und General /
So dencket drauff bey Zeit /
Wie ihr zugleich auch Christi Ritter seyd /
Kein Chevalier, ein Christe kömt in Himmel /
Drumb flieht das Welt-getümmel!

CATHARINA REGINA VON GREIFFENBERG

Auf meinen bestürmeten Lebens-Lauff.

WIe sehr der Wirbelstrom so vieler Angst und plagen
mich drähet um und um / so bistu doch mein Hort /
mein mittel punct / in dem mein Zirkel fort und fort
mein Geist halb hafften bleibt vom sturm unausgeschlagen.

Mein Zünglein stehet stät / von Wellen fort getragen /
auf meinen Stern gericht. Mein Herz und Aug' ist dort /
es wartet schon auf mich am Ruhe-vollen Port: —
dieweil muß ich mich keck in weh und See hinwagen.

offt will der Muht / der Mast / zu tausend trümmern springen.
Bald thun die Ruder-Knecht / die sinnen / keinen Zug.
Bald kan ich keinen Wind in glaubens-Segel bringen.

jetz hab ich / meine Uhr zu richten / keinen fug.
Dann wollen mich die Wind auf andre zufahrt dringen.
bring' an den Hafen mich / mein GOtt / es ist genug!

In äusserster Widerwärtigkeit.

ACh kanstu auch / mein Herz / den Himmel / ohne weinen /
ohn' innern Herzens-brast / und äussern Thränen See /
ansehen? daß ich nicht vor lauter weh vergeh /
dieweil er gegen mir / ganz stählern ist und steinen!

Ach mag die Sonn' auch was so Elendes bescheinen?
faß dir / mein Herz / ein Herz / und Leuen mütig steh'
im Unglücks-mittel-punct / das jederman dann seh /
wie deine Tugend sich in trübsal pflegt zu feinen.

Halt Gottes willen still! bricht schon das Herz vor schmerz /
wann nur der Wille ganz / ihm treu zu dienen / bleibet.
Streit' / ihm zu Lob / mit dir: daß nicht nur Blut austreibet /

besonder Geist und Krafft / verbrenn die Lebens-Kerz
in seiner treuen Brunst. Denk / löblich ist der Sieg /
wann nur mein GOtt geehrt / wann ich schon unter lieg.

Auf GOttes Herrliche Wunder Regirung.

DEr du mit Weißheits Safft die Sternen kanst befeuchten /
daraus das Schicksel wird; zu zeiten ohn ihr Werk
ein Kunst begebnuß spielst / zu zeigen deine Stårk /
die aller Himmel Kråfft in höchster Demut scheuchten!
   Es pflegt dein herrschungs-Stab von Recht und gůt
                      zuleuchten.
Mit wunder einvermångt die vorsicht ich vermerck /
vom höchsten Welt-geschöpf biß auf die ringe spörk.
der Engel feur-verstånd die lieb-sorg nicht erreichten.
   Du spinnst ein Glůkks-Geweb mit tausend Fåden an:
durch alle Sternen Kreiß / durch alle Ort der Erden
muß Werkzeug zu dem thun / daß du beginnst / bracht
                      werden.
   Dein' AllverschaffungsKrafft macht überall die Bahn.
ziehst du nur diese Schnur / dran alle Herzen hangen /
so ist der Sinn-Entwurf schon in das That-seyn gangen.

Verlangen / nach der herrlichen Ewigkeit.

SChwing dich / meine Seel' / in Himmel / aus der Eitlen
                     Zeitlichkeit!
schwing dich hin / woher du kommst / wo du auch wirst
                     wider bleiben.
Wollst mit sůsser Denke-Lust deine weil dieweil
                     vertreiben:
biß du wirst ergetzt / versetzet in die Zeit-befreyte
                     Zeit.
   Ach ich meyn die Ewig-Ewig-Ewig-Ewig-Ewigkeit /
in die der belebend Tod wird entleibend einverleiben.
Unterdessen soll mein' Hand was von ihrer Hoheit
                     schreiben /
von der nie gefühlten Fůlle / ihrer Erz-Herz-sůssen
                     Freud.

Krafft und Safft der Ewigkeit / die aus und mit dir
entsprungen /
der du Unursprünglich lebest und dahero Ewig bist!
leg die künfftig Wunder-Wonn' in den Mund und auf die
Zungen
daß ich klärlich herrlich schreibe / wie dein will ohn Ziel
dort ist /
uns mit dir / dem höchsten Gut / zu vereinen unverdrungen.
Komme wider / komm hernider / zum Gericht gerüster
Christ!

Uber den gekreutzigten
JESUS.

Seht der König König hängen/
und uns all mit Blut besprengen.
Seine Wunden seyn die Brunnen/
draus all unser Heil gerunnen.

Seht/Er strecket seine Händ aus / uns alle zu umfangen;
hat/an sein liebheisses Hertz uns zu drucken/Lustverlangen.
Ja er neiget sein liebstes Haubt/ uns begiertg mit zu küssen.
Seine Sitten und Gebärden/sind auf unser Heil geflissen.

Seiner Seiten offen = stehen/
macht sein gnädigs Herz uns seh=
wañ wir schauen mit den Sthen/
sehen wir uns selbst darinnen.
So viel Striemẽ/so viel Wundẽ/
als an seinen Leib gefunden/
so viel Sieg=und Segens=Quellen
wolt Er unsrer Seel bestellen.
zwischen Himmel und der Erden
wolt Er aufgeopffert werden:
daß Er GOtt und uns vergliche/
uns zu stärken / Er verbliche:

Ja sein Sterben/ hat das Leben
mir und aller Welt gegeben.
Jesu Christ ! dein Tod und Schmerzen
leb' und schweb mir stets im Herzen!

Auf die Frölich- und Herrliche
Auferstehung Christi.

ENgel! blaset die Trompeten! Seraphinen / singt und
klingt /
Jubil-Jubil-Jubiliret / hoch-erfreuter Himmel-Chor!
Sonn' und Sterne / glånzt und danzet eurem Triumphirer
vor!
Berg' und Hügel / Fels und Thürne / auch in frohen Jauchzen
springt!
ihr für alls beglückte Menschen / weil es euch zu Heil
gelingt /
Lobet / Preiset / Ehret / Danket / und erhebet hoch empor
den / der sich und euch erhebet aus des Todts ins Himmels
Chor.
Dann die Paradeisisch' Unschuld / sein' Erstehung / euch
mitbringt.
Solte wol die Sünden-Macht dessen Allmacht überstreben /
der die selbst' Unendlichkeit? nein sie muß sich ganz ergeben:
sein verdienstes-Meer kan löschen / nicht nur Fünklein /ganze
Feur.
Ach der lang verlangt' Erlöser tödtet alle ungeheur.
Was will Welt / Tod! Teuffel / Höll / einem Christen
abgewinnen?
die sind ganz verstört / verheert: Dieser herrscht im Himmel
drinnen.

GOtt-lobende Frülings-Lust.

JAuchzet / Båume / Vögel singet! danzet / Blumen / Felder
lacht!
springt / ihr Brünnlein! Båchlein rauscht! spielet ihr gelinden
Winde!
walle / Lust-bewegtes Tråid! süsse Flüsse fliest geschwinde!
opffert Lob-Geruch dem Schöpffer / der euch frisch und neu
gemacht!

jedes Blühlein sey ein Schale / drauff Lob-Opffer ihm
gebracht /
jedes Gräslein eine Seul / da sein Namens-Ehr man finde.
an die neu-belaubten Aestlein / GOttes Gnaden-Ruhm man
binde!
daß / so weit sein Gůt sich strecket /werd' auch seiner Ehr
gedacht.
   Du vor alles / Menschen Volck / seiner Gůte Einfluß Ziele!
aller Lieblichkeit Genießer; Abgrund / wo der Wunderfluß
endet und zu gut verwendet seinen Lieb-vergůlten Guß.
GOtt mit Herz / Hand / Sinn und Stimm / lobe / preiße /
dicht' und spiele.
Laß / vor Lieb' und Lobes-Gier / Muht und Blut zu Kohlen
werden /
lege Lob und Dank darauff: Gott zum sůssen Rauch auf Erden.

Auf die Fruchtbringende Herbst-Zeit.

FReud'-erfůller / Frůchte-bringer / vielbeglůckter Jahres-
Koch /
Grůnung-Blůh und Zeitung-Ziel / Werkbeseeltes
Lustverlangen!
lange Hoffnung / ist in dir in die That-Erweisung gangen.
Ohne dich / wird nur beschauet / aber nichts genossen noch.
   Du Vollkommenheit der Zeiten! mache bald vollkommen
doch /
was von Blůh' und Wachstums-Krafft halbes Leben schon
empfangen.
Deine Wůrkung kan allein mit der Werk-Vollziehung prangen.
Wehrter Zeiten-Schatz! ach bringe jenes blůhen auch so hoch /
   schůtt' aus deinem reichen Horn hochverhoffte Freuden-
Frůchte.
Lieblich sůsser Mund-Ergetzer! lab' auch unsern Geist zugleich:
so erhebt mit jenen er deiner Frůchte Ruhm-Gerůchte.
   zeitig die verlangten Zeiten / in dem Oberherrschungs-Reich.

250

Laß die Anlas-Kerne schwarz / Schickungs-Aepffel safftig
werden:
daß man GOttes Gnaden-Frücht froh geniest und isst auf
Erden.

ANTON ULRICH VON BRAUNSCHWEIG-WOLFENBÜTTEL

Gedult-Liedlein.

1. MIt Unmuht schlaff ich ein / erwach mit Unmuht wieder /
Betracht mit Unmuht stets / mein Elend auff und nieder /
    kein Lust noch Frôligkeit
    wil jetzt zu dieser Zeit /
  mein schweres Hertz erleuchten /
Nun heisse Seufftzerlein es innerlich befeuchten.

2. Was mich für dieser Zeit noch kunte Lust erwecken /
das fliehet jetzt von mir / und thut sich all verstecken.
    mein Creutz nimt überhand /
    das mir hat zugesandt
  mein Gott nach seinem Willen /
Solt ich dann in Gedult denselben nicht erfüllen?

3. Gedult kan ja allein das Elend überwinden /
wann ich gedültig bin / muß aller gram verschwinden /
    Ein tapfferes Gemûht /
    ist gleich in schârff und Gût /
  es bleibet standhafft stehen /
und ist bereit im Glûck und Unglûck her zu gehen.

4. Was sorge ich dann viel / was traure ich ohn massen /
Was schwâch ich meinen Leib / da ich es wol kan lassen:
    man muß nicht weichlich seyn /
    und von so schlechter Pein

sich überwunden geben /
ein tapfferes Gemüht / muß so verzagt nicht leben.

5. Verhön dein böses Glück / verlach sein tolles Wüten /
erwarte was es doch / wil endlich aus dir brüten /
  thu ihm den Willen nicht /
  daß du ein saur Gesicht /
  wolltest seinet wegen machen /
bleib stets bey gleichen sein / und thu nur drüber lachen.

6. Wann du nun schlaffen gehst / so leg die Sorgen nieder /
stehst du des Morgens auff / so wirff sie von dir wieder.
  Laß ihnen niemals zu /
  zu wehren deiner Ruh /
  vergebens ist das Klagen /
wann man sein böses Glück nicht weiß hinweg zu jagen.

HANS JACOB CHRISTOFFEL VON GRIMMELSHAUSEN

  KOmm Trost der Nacht / O Nachtigal /
  Laß deine Stimm mit Freudenschall /
  Auffs lieblichste erklingen :/:
  Komm / komm und lob den Schöpffer dein /
  Weil andre Vöglein schlaffen seyn /
  Und nicht mehr mögen singen:
    Laß dein / Stimmlein
      Laut erschallen / dann vor allen
        Kanstu loben
  Gott im Himmel hoch dort oben.

  Ob schon ist hin der Sonnenschein /
  Und wir im Finstern müssen seyn /
  So können wir doch singen :/:

Von Gottes Gût und seiner Macht /
Weil uns kan hindern keine Nacht /
Sein Lob zu vollenbringen.
   Drumb dein / Stimmlein /
     Laß erschallen / dann vor allen
       Kanstu loben /
Gott im Himmel hoch dort oben.

Echo, der wilde Widerhall /
Will seyn bey diesem Freudenschall /
Und lâsset sich auch hôren :/:
Verweist uns alle Mûdigkeit /
Der wir ergeben allezeit /
Lehrt uns den Schlaff bethôren.
   Drumb dein / Stimmlein / etc.

Die Sterne / so am Himmel stehn /
Lassen sich zum Lob Gottes sehn /
Und thun ihm Ehr beweisen :/:
Auch die Eul die nicht singen kan /
Zeigt doch mit ihrem heulen an /
Daß sie Gott auch thu preisen.
   Drumb dein / Stimmlein / etc.

Nur her mein liebstes Vôgelein /
Wir wollen nicht die fâulste seyn /
Und schlaffend ligen bleiben :/:
Sondern biß daß die Morgenrôt /
Erfreuet diese Wâlder ôd /
Im Lob Gottes vertreiben.
   Laß dein / Stimmlein /
     Laut erschallen / dann vor allen
       Kanstu loben /
GOtt im Himmel hoch dort oben.

WOLFGANG HELMHARD VON HOHBERG

Der CXXX. Psalm.
(In vulgatâ Psal. 129.)
GOtt vergibt / wann man Ihn liebt.

ISt ein Buß-Psalm / und hertzliches Gebet / in Nöthen und Anfechtungen /
daß GOtt das Elend ansehen / die Sünde vergeben / und das auf Ihn
gesetzte hertzliche Vertrauen / nicht zu schanden werden lassen wolle.

1. Aus tieffem Abgrund her / ruff' ich / Ach HErr / vernimme
und hör mit Gnaden an / das seufftzen meiner stimme /
    wann ich in ångsten bet' und schrey' in Noth zu dir;
    so laß die Ohren seyn eröffnet gegen mir.

2. Dann wan du straffen wilt / nach gleichheit unsrer Sünden /
Ach HErr / wer wird es seyn / der sich darff lassen finden
    für deinem Angesicht? doch du langmüthig bist /
    und deins Gesetzes Recht mit Forcht zu ehren ist.

3. Ich warte / HErr / auf dich; mein Hertz sich gantz verlasset /
auf dich und auff dein Wort allein sein' Hoffnung fasset /
    auff dich harrt meine Seel' / HErr Gott / und munter macht /
    von frühem morgen an / biß in die spate Nacht.

4. Israel hoff' auf Gott / denn Er wil dir verleihen
erlösung und Genad / der HErr kan wol verzeihen
    was man verbrochen hat / Er rainiget die Seel' /
    und wird aus aller Sünd' erlösen Israel.

JOHANN GEORG ALBINUS

Sturm-Lied.

1. WEil mein Stündlein verhanden ist /
und ich soll gehn zu stürmen /
so wirst du / O HErr JEsu Christ!
Im Anlauff uns beschirmen /
daß wir gewinnen Wall und Stadt /
und was der Ort mehr festes hat /
die Minen laß gerathen.

2. GOTT hör aus deiner Wohnung an
mein kläglich Feld-Geschreye!
ich ruffe was ich ruffen kan /
O grosser Gott befreye!
befreye mich in diesem Sturm /
zerquetsch mich nicht / wie einen Wurm /
der grimmig wird zertreten.

3. Mit dir kan ich / du starcker GOTT /
durch gantze Schlachten dringen /
mit dir kan ich in aller Noth
auch über Mauren springen /
es ist ja eine schöne Bahn /
worauff ein tapffrer Krieges-Mann /
kan nach dem Himmel wandeln.

4. Laß uns auch HErr erschrecken nicht
für unsrer Feinde Menge /
wie solches offtermal geschicht
bey Treffen und Gedrenge.
Halt uns in deiner treuen Hut /
erfrische Leben / Geist und Blut /
wenn wir die Leitern werffen!

5. Und wenn wir auff Batrien stehn /
und sehn der Völcker Haufen /
wie Bienen-Schwärme umb uns gehn /
daß niemand kan entlaufen /
sey Beystand / Helm / Pastey und Schild
wenns blutig sieht / und Mordens gilt /
laß uns / HErr / nicht verzagen.

6. Laß unsre Fahnen frölich auff
bey ihren Mauren stecken /
und durch gefasten Stürmungs-Lauf
den stoltzen Feind erschrecken /
die Feinde laß uns treiben ein /
der Stadt ihr Ober-Meister seyn /
die wir mit Sturm gewonnen.

Obrister Leutenant.

1. ICh bin ein Obrister Leutenant /
bey Piquen und Mußqueten /
mein kühner Muth wird angebrant /
durch Trommeln und Trompeten /
zu Hause seyn ist mein Verdruß /
ich liebe den Canonen-Schuß
und Feuer-volle Bomben.

2. Es führet meine rechte Hand /
wenn Pulver-Tonnen rauchen /
ein Schwerdt / als Ober-Leutenant /
denn laß ich erst mich brauchen.
Wenn alles blutig sieht im Streit /
und wenn es lauter Kugeln schneit
der Zeug zum Sturme stehet.

3. Wenn ietzt die vollen Spiele gehn /
mit einem lauten Lerme /
und beyde Flügel fertig stehn /
bey vollen Kriegs Geschwärme /
wenn hier ein treuer Kammerrad /
bald schiesset und bald wieder lad /
die Feinde zu vertilgen.

4. Ich schreye den Soldaten zu /
fecht ritterlich ihr Brüder!
schiest / hauet / stecht in einem nu /
zertrennt der Feinde Glieder.
Weicht nicht von mir in Treffen ab /
biß daß dieselben sehn ihr Grab /
die uns ermorden wollen.

5. Vor Gottes Ehre wächst mein Muth /
vor Vaterland und Leute /
er ist erhitzt auff lauter Blut /
und auff Frantzosen Beute.
Den Sieg laß Gott doch unser seyn /
die Regiementer büssen ein /
so feindlich auff uns treffen.

Denck-Täffelchen

Zu Veränderung der Andacht anweisende.

Beth in der Noth/ So hört dich GOTT.

```
Be t in der Not so hört dich Got
e Bet in der Not so hört dich Go
t e Bet in de r Not so hört dich G
i t e Bet in de r Not so hört dich
n i t e Bet in d er Not so hört di e
d n i t e Bet i n der Not so hört di
e d n i t e Be t in der Not so hört d
r e d n i t e Bet in der Not so hört
N r e d n i t e Bet in der Not so hör
o N r e d n i t e Bet in der Not so hö
t o N r e d n i t e Bet in der Not so h
s t o N r e d n i t e Bet in der Not so
o s t o N r e d n i t e Bet in der Not s
h o s t o N r e d n i t e Bet in der Not
ö h o s t o N r e d n i t e Bet in der No
r ö h o s t o N r e d n i t e Bet in der N
t r ö h o s t o N r e d n i t e Bet in der
d t r ö h o s t o N r e d u i t e Bet in d e
i d t r ö h o s t o N r e d n i t e Bet in d
e i d t r ö h o s t o N r e d n i t e Bet in
h e i d t r ö h o s t o N r e d n i t e Bet i
Gh e i d t r ö h o s t o N r e d n i te Bet
o Gh e i d t r ö h o s t o N r e d n ite Be
to Gh e i d t r ö h o s t o N r e d n i t e B
```

CHRISTIAN KNORR VON ROSENROTH

Abends-Andacht.

1.

DEr Sonnen-Untergang deß Himmels Abend-Roth /
Das schwartze Kleid der Nacht der Schlaff der halbe Tod;
  Entkleidung Müdigkeit und Hoffnung auffzustehen /
  Diß alles reitzet mich / O Gott vor dich zu gehen.

2.

Die Sonne geht: nicht du! O meiner Seelen-Licht /
O Wärm! O Lebens-Trieb! O Freud! entweiche nicht.
  Laß deines Sohnes Sonn' am Himmel meiner Erde /
  Daß seines Lebens-Tag in mir nie dunckel werde!

3.

Der Seelen-Abend-Roth das Bild der Heucheley /
Da zwar viel bunter Schein / und sonst doch nichts dabey /
  Als Nacht und Finsternis der Straffen wie der Sünden;
  Das laß / O Heuchler-Feind / sich doch in mir nicht finden.

4.

Die Nacht / der Höllen-Art / deß Satans Herschens-Zeit /
Der Träum' und Larven-Spiel; das Bild der Traurigkeit /
  Der Sünden Conterfet / die Blindheit im Gemüthe /
  Treib ferne von mir weg durch steten Tag der Güte.

5.

Und bleibt gleich noch in uns der alte Seelen-Schlaf /
Der durch der Schlangen Gifft in Adam uns betraff:
  So laß das Lebens-Wort doch mich stets auferwecken /
  Wenn andre mit der Welt noch immer Mohn-Safft lecken.

6.

Den bunten Rock der Welt; deß alten Adams Schuh /
Deß Fleisches Camisol als unbequem zur Ruh /

259

Die hab ich abgelegt / die laß ich auch mit Freuden
Und Christi Grabe-Tuch soll mich zu Bette kleiden.

7.

Auch fühlt die Seele zwar deß Leibes-Müdigkeit
In ihrem Wette-Lauff' und langem Christen-Streit /
Und sehnt durch Christum sich nach ihres Tages Ende /
Doch gibt sie sich und diß allein in deine Hände.

8.

Ist dieses denn für sie der Erden letzte Nacht
So hat sie ja genug in Nächten zugebracht /
In Faulheit / Traum und Schlaff': und hofft die Ertz-
Trompete
Der dort versproch'nen Zeit und jene Morgen-Röthe.

9.

Diß ist mein Andachts-Feur / mein Hertz ist dein Altar /
Ich bin das Opffer selbst / hier brenn ich gantz und gar:
Wenn Sonn' / und Abendroth / Nacht / Schlaff / Kleid /
Glied / vergehen /
So laß mein feurig Hertz dort wie die Sonne stehen.

JOHANN GROB

An den Leser.

VErwundre dich ja nicht / daß was ich hier geschrieben /
Nicht zart ist / sondern hart / und gleichsam ungerieben /
Des namen eigenschaft liegt meinem dichten ob /
Es bleibet wol darbei / ich heiß / und schreibe grob.

An einen Deutschen Dichtgesezgeber.

DU lehrest / wie man sol kunstrechte reimen schreiben /
Und wilt den dichtergeist in enge schranken treiben:
Allein ich gebe nicht so bald die freiheit hin /
Weil ich von muht' und blut' ein freier Schweizer bin.

Geringheit des armen Adels.

WAs ein baum ist ohne laub / was ein kirchturn ohne gloken /
Was ein keller ohne wein / eine supe sonder broken:
Was ein schiff ist ohne segel / was ein anker ohne grund:
Was ein Schůze sonder pulver / und ein Jåger ohne hund:
Was ein Weber ohne garn / was ein Schlosser sonder eisen /
Was ein Beker ohne måhl / und ein Garkoch ohne speisen:
Was ein Fuhrmann ohne wagen / und ein Bauer ohne feld:
Diß / und zehen mahl noch minder / ist der Adel ohne geld.

DANIEL GEORG MORHOF

Auff die Zeitung-Schreiber / die ihre Zeitungen mit den Lufft-Gesichtern anfüllen.

MAn holt die Zeitung über Meer /
Von allen Orten / Ecken her.
Man bringet alles an das Licht /
Es decke noch so tieffe Grufft /
Und hat mans von dem Lande nicht:
So greifft mans endlich auß der Lufft.

Auff Marculum.

MArculus der Verse-Hencker /
Pritzschemeister / Reimenschrencker /
Marculus der Musen Hohn
Und der Tichter Huren-Sohn /
Mißt sein liederlich Getichte
Nicht nach Würden und Gewichte /
Sondern nach der Füsse Zahl
Die er doch pflegt allemahl /
Mit Gewalt herbey zu holen /
Meinet denn sie seyn sehr schön /
Da sie doch theils barfuß gehn /
Oder auff geflickten Solen.

MICHAEL KONGEHL

Auff den Palm-Baum.

DEr Palm-Baum steigt empor / ob ihn die Last schon drükket;
So wird ein Tugend-Herz durch keinen Fall zerstükket /
wenn der Begierden Lust / und aller Laster Last
auff solches Herze stoßt / und es mit Macht umfaßt /
so schwingt es sich dennoch aus allem Schand-Getümmel /
und aus dem Laster-Dunst hinauff zum Sternen-Himmel.

An die Soldaten.

SA! tapfere Schaar
komm stelle dich dar;
laß rasseln und prasseln die langen Mußqueten /
laß glizen und blizen die schnellen Raqueten /

            erfülle die Lufft
indem ein jeder VIVAT! rufft.
            Laß glimmen den Dunst /
            laß flammen die Brunst /
laß rauchen und schmauchen die feurige Ballen
laß summen und brummen das grimmige Knallen /
            daß alles erkracht
vom Donner / den die Kunst gemacht.
            Geht hurtig ins Feld /
            es ruffet der Held /
es schallen / erhallen die scharffen Trompeten /
es schreyen Schalmeyen / es klingen die Flöten
            Sa! übet die Rach
würgt eurem *Grossen Führer nach.*

Die verkehrte Schöne.

1.

O schönstes Bild der Schönen /
    du Wunder der Camönen /
    du bist von allen Seiten
    erfüllt mit Treflichkeiten.

2.

Das Gold der Krausen Lokken
    ist gleich dem Flachs am Rokken /
    die Stirn ist schön zerspalten /
    von mehr den hundert Falten.

3.

Die Purpur-Augen funkeln
    wie Mäußchen-Feur im dunkeln;
    Man sieht auf deinen Wangen
    Wachs-gelbe Quitten prangen.

4.

Dein krummes Näschen stuzet /
und selbst dem Adler truzet /
dein Kinnchen gleicht dem Schnabel /
der Halß dem Thurn zu Babel.

5.

Lasur sind deine Lippen /
die / wie die Wellen wippen;
Die Zähnchen sind zu preisen /
die Gold aus Ophir weisen.

6.

Du bist fast gleich zu schauen /
an Fúß' und Stimm / den Pfauen /
bist / gleich in deinem Schwázen /
dem Papagoy zu scházen.

7.

Die Brust ist auffgelauffen
von zweenen Maulwurfs-Hauffen /
die Farb' an deinen Hånden
gleicht schwarz beschmuzten Wånden.

8.

Alecto muß dir weichen
an Gunst- und Liebes-Zeichen;
Nicht ich / nur Mobs / dein Leben /
kan dich / wie recht erheben.

ALBRECHT CHRISTIAN ROTTH

[An eine Braut]

Die stille Blödigkeit /	narratio.
So Purpur dir auf deine Wangen strich /	
Hat / Engel / nun gefangen mich /	
Und meiner Freyheit mich befreyt.	
Der Augen Demuth / so die Fůsse	
Nicht aus dem Ziele schreiten liesse /	
Hat mir zugleich den Strick gelegt /	
Den nun mein Halß mit Willen trågt.	

Es hat nicht falbes Gold	Rat. 1.
Noch eitler Glantz der Ehre mich bethôrt;	
Mich hat kein Silber-Strahl versehrt /	
Als ich zu Netze dir gewolt.	
Drům wirstu dem gefangnem Wilde	Propositio.
Gewogen (hoff ich) seyn und milde /	
Weil es sich selbst ins Garn verfůgt	
Und willig dir zu Fusse liegt.	

Gib deinen weichen Arm	explicatio
(Sol anders ich / mein Kind / gefangen seyn)	prop. per
Zum Fessel her doch ohne Pein;	synon.
Mich binde deiner Kůsse Schwarm /	
So werden alle solche Bande	Ratio expl.
Mir Seiden-Polster seyn zu Lande	
Und auf der See ein festes Boot /	
Ein Labsal bey viel tausend Noth.	

Kein Jåger-Recht gebeut	Ratio 2.
(So viel man nur davon in Schrifften liest)	
Ein Wild / nachdems gefangen ist /	
Zu wůrgen sonder Unterscheid.	
Man låsset theils derselben zåhmen	

265

Und mit zum Spiele nehmen.
Was wird denn meiner Fessel Schrein
Bey dir nun sonst als Spiel-Werck seyn?

QUIRINUS KUHLMANN

Grab Martin Opitzens /
des Schlesiens Homerus.

ES ligt in diser Grufft Apollo selbst versenket
Des Teutschen Helicons / der Schlesien getrånket
Mit seinem gůldnem Mund / und wi ein grosses Meer
Sich in gantz Teutschland hat ergossen hin und her.

Grab Andreas Gryphens /
des Teutschen Sophocles.

MEin Lob und Nahme wird erklingen weit und breit /
So lang' in disem Rund noch herscht die Eitelkeit:
Ich bin dem Opitz gleich / mein Kil hat all' ergetzet /
Mir hat den Lorber-Krantz di Pallas aufgesåtzet.

Grab Friedrichs von Logau /
des Schlesischen Martialens.

ICh bin aus derer Schaar / di von der Wigen an
Mit aller Weißheit sich zuziren Fleiß gethan:
Drum gab der Musen-Printz mir solche Himmels-
                                        Gaben /
So kaum di Meisten halb / ja kaum nur eintzeln haben.

266

Uber den Thránen-wúrdigen Tod des Sohnes Gottes / JEsus.
    ΑΛΗΘΩΣ ΘΕΟΥ ΥΙΟΣ ΗΝ ΟΥΤΟΣ

  Reiß Erde! reiß entzwei! der Printzen printz erblaßt!
Der uns erschaffen hat / ist gantz zerritzt mit streichen!
GOtt / welcher ewig ist / wird nun zu einer Lèichen!
  Es kleidet Purpur an des Leibes Alabast!
  Den nichts umschlússen mag / den hat ein Holtz umfaßt!
Der Berg und Húgel wigt / der wil am Kreutz erbleichen!
Dem Erd und Himmel weicht / der wil dem Kreiß entweichen!
  Des Vaters Lust / GOtt selbst wird Salem eine Last.
Di Sonne fleucht vor uns! der Erden-Marmor zittert!
Di Himmels-Burg erstart! di Felsen stehn zersplittert!
  Di Nacht verjagt den Tag! di Lufft zúrnt ob der Welt!
Der Schwefel-gelbe Blitz entstekket si mit Flammen!
  Daß der am Kreutze hångt / der disen Rund erhålt /
Zeigt Sonn / Erd / Himmel / Felß / Nacht / Lufft und Blitz
                                        zusammen!

Auf Nacht / Dunst / Schlacht / Frost / Wind/

    Folgt Tag / Glantz / Blutt / Schnee / Still/

    Auf Leid / Pein / Schmach / Angst / Krig / Ach /

Wil Freud / Zir / Ehr / Trost / Sig / Rath /

Der Mond / Glunst / Rauch / Gems / Fisch / Gold /

    Libt Schein / Stroh / Dampf / Berg / Flutt /

    Der Schütz / Mensch / Fleiß / Müh / Kunst /

Suchts Zil / Schlaff / Preiß / Lob / Gunst / Zank /

    Was Gutt / stark / schwer / recht / lang / groß / weiß.

Pflegt Böß / schwach / leicht / krum / breit / klein,

    Auch Mutt / lib / klug / Witz / Geist / Seel/

    Wo Furcht / Haß / Trug / Wein / Fleisch / Leib.

Alles wechselt ; alles libet ; alles
Wer nur disem nach wird denken / muß

Menschlicher Sachen.

See/ Hitz/ Süd / Ost / West / Nord / Sonn / Feur
und Plagen/
Land/ Blitz/ Wärmd/ Hitz/ Lust/ Kält/ Liecht/ Brand/
und Noth:
Kreutz / Streit / Hohn / Schmertz / Qual / Lüft/
Schimpff/ als Spott/
Nutz/ Frid / Lohn / Scherz / Ruh / Glück / Glimpf/
stets tagen.
Perl/ Baum/ Flamm/ Storch/ Frosch/ Lam/ Ochs/
und Magen
Glutt/ Schaum/ Fruche/ Asch/ Dach/ Teich/ Feld/
Wiß/ und Brod:
Spil / Schiff/ Mund/ Printz/ Rach/ Sorg/ Geitz/
Treu/ und GOtt /
Port/ Kuß / Thron / Mord / Sarg / Geld/ Hold!
Danksagen
eins /ja / Lüffe/ Feur/ hoch/ weit genennt/

schwarz / drei / Nein / Erd/ Flutt/ tiff/ nah/
zumeiden/
Freund/ Lust/ Zir / Ruhm/ Frid/ Scherz/ Lob
muß scheiden/
Feind / Weh/ Schmach/ Angst/ Streit/ Schmertz/.
Hohn schon rennt
scheinet was zu hassen:
di Menschen Weißheit fassen.

Der 15. Gesang /
Triumffunfzig betittelt über das herrliche Reich
des 7. Jahrtausends / gesungen den
18. (28.) Sept. 1677.

1.

TRiumf! Mein Jesus hat! Triumf! sein Reich bekommen!
Triumf! das Paradis! Triumf! ist eingenommen!
Triumf! drum singt mein Geist! Triumf! mit hohem schall!
Triumf! verbleibet nun! Triumf mein widerhall!

2.

Triumf! wir sehen schon! Triumf! di Heilgen eilen!
Triumf! di Braut des Lamms! Triumf! beginnt zu pfeilen!
Triumf! in voller Lib! Triumf! in voller Pracht!
Triumf! weil Jesus si! Triumf! so herrlich macht!

3.

Triumf! Ein Feur entzůndt! Triumf! mir Leib und Glider!
Triumf! Ich stimme an! Triumf! die Hochzeitlieder!
Triumf! zu ehren Gott! Triumf! und Gottes Sohn!
Triumf! dem Heilgen Geist! Triumf! im Himmels Thron!

4.

Triumf! di Engel sind! Triumf! im triumffiren!
Triumf! weil widerbracht! Triumf! mit grössern ziren!
Triumf! dem Jesuel! Triumf! der Kőnigstuhl!
Triumf! und Lucifer! Triumf! im Schwefelpfuhl.

5.

Triumf! das heilge Licht! Triumf! hat sich belichtet!
Triumf! di heilge Stadt! Triumf ist angerichtet!
Triumf! Gott wird gesehn! Triumf! zu unser Sonn!
Triumf! wir sind verfůllt! Triumf! und lauter wonn!

6.

Triumf! der Erdkristall! Triumf! trágt heilge Frůchte!
Triumf! unsehbar sind! Triumf! di Lichtsgesichte!

Triumf! O Freudenfreud! Triumf! so gar behend!
Triumf! Triumf! Triumf! Triumf! der sonder

E N D.

Des 117. *Kühlpsalmes*

I. HAUPTSCHLUS.

Als er seine 21 kleine Reisen aus dem Amsterdamschen gebite, im
fünfftem mahle, inner 16 Monden mit den 31 Aug. und 7 Sep-
temb. 1685. vollendet, nach 7 mahl 7 Monden 7 tagen des Fatal-
schlusses, und den 8 September der befehl zur 15 Reise nach Paris
vorgefallen war; gesungen zu Amsterdam den 10 Sept. 1685.
gleich 16 Monden nach seinem abfahren mit dem Passagieboot
von Gravesand nach dem Bril.

1. Herr Jesu Christ! Ich glaube an dein Wort,
Das du verhischst, eh du von Uns geschiden;   19980
Ich glaub an dich und fodre deine Werke
Di du auf Erden thatst, das ich si gleichfals thu!
Ich glaube fest und bitte mehr,
Das ich nun thu di Werke, di noch grœsser!
Dein Vater werde recht in seinem Sohn geehrt,   7985
Darzu er dich gesand, das wir durch dich ihn kanten!
Drum bitte ich von dir das allergrœst,
Das du zubitten mir, eh ich war, anbefohlen.

2. Ich libe dich, mein Heiland, unergründt,
Und wil dein wort nach deinem worte halten!   19990
Dein Vater ward durch dich aufs neu mein Vater,
Das seine libe mich gantz unaussprechlich zeucht!
Weil ihr in mir zum Wunder kommt,
Wi solt ich nicht den Erdkreis überwinden?
Drum foder ich di macht, di du vom Vater hast,   7995
Das ich di Heiden weid mit deiner eisern Rutte!

271

Drum bitte ich selbst um den *Morgenstern*,
Den Lucifer verlohr am *Jesuelschem Morgen!*

   3. *Es ist geschehn, was du geordnet hast,*   19999
Du A und Z, du Anfang und du Ende!   20000
Lass schœpffen mich auf ewig lebend Wasser
Aus deinem Wundenfünff mit *nichts* durch dein Verdinst!
Du überwandst und überwindst,
Was du in mir auf ewig wilst ererben!
Du bist mein Herr und Gott, und ich dein neuer Sohn,   8005
Den du so wundertheur mit deinem blutt erlœset!
Mein Herr und Gott! Dein Knechtchen sinkt zu fus,
Und gibt dir seine Kron mit einem ewig geben.

II. HAUPTSCHLUS DES HAUPTSCHLUSSES,

*Nachdem 49 Monden alles an ihme selbsten erfüllet vom 31 Iul.
1681 bis an 31 Aug. 1685. in dem 49 monatlichem Kotterischem
Friderichswunder und er nun mit dem Sonnenengel den sententz
über alle Kaiser, Kœnige und Fürsten der 70 Nationen aussprach
zu Amsterdam den 11 Sept, 1685.*

   Kommt, *Sibzig*, kommt! Kommt auf *das Babel* zu!
Di grosse Stund zum Abendmahl ist kommen!   20010
Fall, *Oesterreich*, mit deinen zehn Gestalten!
Gott gibet *meinem zehn* auf ewig *Cæsars Sonn!*
Fall, *Türkscher Mond!* Fall, *ider Stern!*
Gott gibt mir euch zum .ewigem besitze!
Fresst, *Sibtzig Vœlker*, fresst nun *eure Kœnige!*   8015
Gott gibt euch alle mir zum Jesu Kühlmannsthume!
Ost, West, Nord, Sud ist mein zwœlfeines Reich!
Auf, Kaiser, Kœnige! Gebt her Kron, hutt und Zepter!   20018

JOHANN CASPAR SCHADE

[*Über die Anfangsworte des 63. Psalms*]

GOTT / du bist mein GOTT.
bistu mein GOtt?
Gott du bist mein.
Du GOtt bist mein.
mein GOTT bist DU.

DU GOtt bist mein GOtt.
mein GOtt / bist GOtt.
bist mein GOtt / GOtt.
GOtt / GOtt bist mein.
GOtt mein GOtt BIST.

BIST du GOtt mein GOtt?
mein GOtt / du GOtt.
du mein GOtt / GOtt?
GOtt / du mein Gott.
du GOtt / GOtt MEIN?

MEIN Gott / bistu Gott?
Gott du bist / Gott.
bistu GOtt / GOTT.
Gott / Gott bistu.
Gott / du Gott bist.

GOTT / Gott bistu mein?
mein Gott du bist.
bistu / GOtt / mein?
Gott / du mein bist.
Gott / mein bistu.

AMEN.

EUCHARIUS GOTTLIEB RINCK

Uber Herrn v. Hoffmannswaldau Gedichte.

WEnn ich gestorben bin / so merckt den letzten willen /
   Scharrt mich / wie ihr mich findt / in Hofmanns schrifften
               ein /
Denn dadurch werdet ihr den eintzgen wunsch erfüllen:
   Ich werde aufferweckt und nicht begraben seyn.
Vielleicht wirds ziemlich lang / biß jener tag erscheinet /
   So bleibt mir dieses buch der beste zeitvertreib /
   Der wird mir unrecht thun / der meinen tod beweinet.
Wisst: Hoffmanns hoher geist beseelt den kalten leib.

CHRISTIAN HOFFMANN VON HOFFMANNSWALDAU

Sonnet.
Vergänglichkeit der schönheit.

ES wird der bleiche tod mit seiner kalten hand
Dir endlich mit der zeit umb deine brüste streichen /
Der liebliche corall der lippen wird verbleichen;
   Der schultern warmer schnee wird werden kalter sand /
   Der augen süsser blitz / die kräffte deiner hand /
Für welchen solches fällt / die werden zeitlich weichen /
Das haar / das itzund kan des goldes glantz erreichen /
   Tilgt endlich tag und jahr als ein gemeines band.
Der wohlgesetzte fuß / die lieblichen gebärden /
Die werden theils zu staub / theils nichts und nichtig werden /
   Denn opfert keiner mehr der gottheit deiner pracht.
Diß und noch mehr als diß muß endlich untergehen /
Dein hertze kan allein zu aller zeit bestehen /
   Dieweil es die natur aus diamant gemacht.

274

1.

ALbanie / gebrauche deiner zeit /
Und laß den liebes-lüsten freyen zügel /
 Wenn uns der schnee der jahre hat beschneyt /
So schmeckt kein kuß / der liebe wahres siegel /
 Im grünen may grünt nur der bunte klee.
                                        Albanie.

2.

Albanie / der schönen augen licht /
Der leib / und was auff den beliebten wangen /
 Ist nicht vor dich / vor uns nur zugericht /
Die äpffel / so auff deinen brüsten prangen /
 Sind unsre lust / und süsse anmuths-see.
                                        Albanie.

3.

Albanie / was quälen wir uns viel /
Und züchtigen die nieren und die lenden?
 Nur frisch gewagt das angenehme spiel /
Iedwedes glied ist ja gemacht zum wenden /
 Und wendet doch die sonn sich in die höh.
                                        Albanie.

4.

Albanie / soll denn dein warmer schooß
So öd und wüst / und unbebauet liegen?
 Im paradieß da gieng man nackt und bloß /
Und durffte frey die liebes-äcker pflügen /
 Welch menschen-satz macht uns diß neue weh?
                                        Albanie.

5.

Albanie / wer kan die süßigkeit
Der zwey vermischten geister recht entdecken?
 Wenn lieb und lust ein essen uns bereit /
Das wiederholt am besten pflegt zu schmecken /
 Wünscht nicht ein hertz / daß es dabey vergeh?
                                        Albanie.

6.

Albanie / weil noch der wollust-thau
Die glieder netzt / und das geblüte springet /
So laß doch zu / daß auff der Venus-au
Ein brünstger geist dir kniend opffer bringet /
Daß er vor dir in voller Andacht steh.

Albanie.

Auff den mund.

MUnd! der die seelen kan durch lust zusammen hetzen /
Mund! der viel süsser ist als starcker himmels-wein /
Mund! der du alikant des lebens schenckest ein /
Mund! den ich vorziehn muß der Inden reichen schätzen /
Mund! dessen balsam uns kan stärcken und verletzen /
Mund! der vergnügter blüht / als aller rosen schein.
Mund! welchem kein rubin kan gleich und ähnlich seyn.
Mund! den die Gratien mit ihren quellen netzen;
Mund! Ach corallen-mund / mein eintziges ergetzen!
Mund! laß mich einen kuß auff deinen purpur setzen.

Sonnet.
Beschreibung vollkommener schönheit.

EIn haar so kühnlich trotz der Berenice spricht /
Ein mund / der rosen führt und perlen in sich heget /
Ein zünglein / so ein gifft vor tausend hertzen träget /
Zwo brüste / wo rubin durch alabaster bricht /
Ein hals / der schwanen-schnee weit weit zurücke sticht /
Zwey wangen / wo die pracht der Flora sich beweget /
Ein blick / der blitze führt und männer niederleget /
Zwey armen / derer krafft offt leuen hingericht /

276

Ein hertz / aus welchem nichts als mein verderben quillet /
    Ein wort / so himmlisch ist / und mich verdammen kan /
    Zwey hånde / derer grimm mich in den bann gethan /
Und durch ein süsses gifft die seele selbst umhüllet /
    Ein zierrath / wie es scheint / im paradieß gemacht /
    Hat mich um meinen witz und meine freyheit bracht.

An Lauretten.

    LAurette bleibstu ewig stein?
    Soll forthin unverknüpffet seyn
Dein englisch-seyn und dein erbarmen?
    Komm / komm und öffne deinen schooß
    Und laß uns beyde nackt und bloß
Umgeben seyn mit geist und armen.

    Laß mich auff deiner schwanen-brust
    Die offt-versagte liebes-lust
Hier zwischen furcht und scham geniessen.
    Und laß mich tausend tausendmahl /
    Nach deiner güldnen haare zahl /
Die geister-reichen lippen küssen.

    Laß mich den ausbund deiner pracht /
    Der sammt und rosen nichtig macht /
Mit meiner schlechten haut bedecken;
    Und wenn du deine lenden rührst /
    Und deinen schooß gen himmel führst /
Sich zucker-süsse lust erwecken.

    Und solte durch die heisse brunst /
    Und deine hohe gegen-gunst
Mir auch die seele gleich entfliessen.
    So ist dein zarter leib die bahr /
    Die seele wird drey viertel jahr
Dein himmel-rundter bauch umschliessen.

Und wer alsdenn nach meiner zeit
Zu lieben dich wird seyn bereit /
Und hören wird / wie ich gestorben /
Wird sagen: Wer also verdirbt /
Und in dem zarten schoosse stirbt /
Hat einen sanfften tod erworben.

WO sind die stunden
     Der süssen zeit /
Da ich zu erst empfunden /
     Wie deine lieblichkeit
Mich dir verbunden?
Sie sind verrauscht / es bleibet doch dabey /
Daß alle lust vergänglich sey.

Das reine schertzen /
     So mich ergetzt /
Und in dem tieffen hertzen
     Sein merckmahl eingesetzt /
Läst mich in schmertzen /
Du hast mir mehr als deutlich kund gethan /
Daß freundlichkeit nicht anckern kan.

Das angedencken
     Der zucker-lust /
Will mich in angst versencken.
     Es will verdammte kost
Uns zeitlich kräncken /
Was man geschmeckt / und nicht mehr schmecken
                                                    soll /
Ist freuden-leer und jammer-voll.

Empfangne küsse /
     Ambrirter safft /
Verbleibt nicht lange süsse /

278

Und kommt von aller krafft;
    Verrauschte flússe
Erquicken nicht. Was unsern geist erfreut /
Entspringt aus gegenwârtigkeit.

Ich schwamm in freude /
    Der liebe hand
Spann mir ein kleid von seide /
    Das blat hat sich gewand /
    Ich geh' im leide /
Ich wein' itzund / daß lieb und sonnenschein
Stets voller angst und wolcken seyn.

An die Phillis.

DEr und jener mag vor mir
Das gelobte land ererben;
    Laß mich / Phillis / nur bey dir
Auf den hohen húgeln sterben.

Auff ihre schultern.

Ist dieses schnee? nein / nein / schnee kan nicht flammen fúhren.
    Ist dieses helffenbein? bein weiß nicht weis zu seyn.
    Ist hier ein glatter schwan? mehr als der schwanen schein /
Ist weiche woll allhier? wie kan sich wolle rúhren?
Ist alabaster hie? er wâchst nicht bey saphiren /
    Ist hier ein liljen-feld? der acker ist zu rein.
    Was bist du endlich doch? weil schnee und helffenbein /
Weil alabaster / schwan / und liljen sich verlieren.
    Du schaust nun Lesbie / wie mein geringer mund
Vor deine schultern weiß kein rechtes wort zu finden /
Doch daß ich nicht zu sehr darf hâufen meine súnden /

So macht ein kurtzer reim dir mein gemüthe kund:
Muß Atlas und sein hals sich vor dem himmel biegen /
So müssen götter nur auf deinen schultern liegen.

Auf die bitterkeit der liebe.

DIe nacht Egyptiens / des Aetna wildes feuer /
Das wüten von der see / der wüsten ungeheuer /
Des drachen gelbes gift / der Garamanten sand /
Des neuen Zembles eyß / der höllen heisser brand /
Der Scythen haupt-gefahr / der donner-berge grausen /
Des Caucasus verdruß / des norden kaltes sausen /
Ist nur ein schattenwerck und bild derselben qual /
Damit die Venus hat gezieret ihren saal.

Poetische Grabschriften.

Opitzens.

Mich hat ein kleiner Ort der deutschen Welt gegeben /
Der wegen meiner wird mit Rom die Wette leben.
Ich suche nicht zu viel / ich bin genug gepriesen /
Daß ich die Venus selbst im Deutschen unterwiesen.

Des Ritters Marini.

Ich speisete die Welt mit Amber reicher Kost /
Aus meinen Reimen wuchs das Blumwerck geiler Lust.
Hab' ich die Fleischligkeit zu schlipffrig angerühret /
So dencke Venus selbst hat mir die Hand geführet.

Marien Stuarten.

Mir hat Elisabeth die Freyheit weggenommen /
Ich bin durchs Henckers Hand von meinem Leben kommen.
Was der und jener klagt / ist mehrentheils erdacht.
Mich hat ein guter Kopff umb meinen Kopff gebracht.

Königin Elisabeth.

Ich habe Cron und Schwerd doch keinen Mann getragen /
Es mag mein Königreich von meinen Thaten sagen.
Die Todten reden nicht / wer hört den faulen Leib?
Ich sage nichts als diß: Hier ruht ein Englisch Weib.

Grabschrifft Henrici IV, Königs in Franckreich.

ICh bin durch schimpff und ernst zu meinem reiche kommen /
Ein unerhörter mord hat mir es weggenommen.
Was halff mich / was ich lieb? was halff / was ich gethan?
Nachdem ein messer mehr als eine messe kan.

General Wallensteins.

HIer liegt das grosse haupt / so itzt wird ausgelacht;
Viel wissen mehr von mir / als ich iemahls gedacht.
Doch wust ich / daß ein stein nicht leicht ein stern kan werden /
Ein stein / wie hoch er steigt / fällt endlich zu der erden.

Eines Lasterhafftigen.

Die Leber ist zu Wien / das Glied zu Rom geblieben /
Das Hertz in einer Schlacht / und das Gehirn im Lieben.
Doch daß der Leib nicht gantz verlohren möchte seyn /
So legte man den Rest hier unter diesen Stein.

Mariae Magdalenae.

Hie ruht das schöne Haupt / hie ruht die schöne Schoß /
Auß der die Lieblichkeit mit reichen Strömen floß.
Nach dem diß zarte Weib verließ den Huren-Orden /
So sind die Engel selbst derselben Buler worden.

Auff eine Nonne.

MAn nahm mir meinen schmuck / und ließ nur fleisch und
                                                    blut /
Man schnitt die haare weg / und ließ mir meine glut.
Im beten hat mir stets der glaube sehr behaget /
Weil er von aufferstehn des fleisches etwas saget.

Gedancken bey Antretung des funffzigsten Jahres.

1.

MEin Auge hat den alten Glantz verlohren /
    Ich bin nicht mehr / was ich vor diesem war /
Es klinget mir fast stündlich in den Ohren:
    Vergiß der Welt / und denck auf deine Baar /
Und ich empfinde nun aus meines Lebens Jahren /
Das funfftzig schwächer sind als fünff und zwantzig
                                                    waren.

2.

Du hast / mein Gott / mich in des Vaters Lenden /
  Als rohen Zeug / genädig angeschaut /
Und nachmahls auch in den verdeckten Wånden /
  Ohn alles Licht / durch Allmacht aufgebaut /
Du hast als Steuermann und Leitstern mich gefûhret /
Wo man der Wellen Sturm / und Berge Schrecken
                                        spûret.

3.

Du hast den Dorn in Rosen mir verkehret /
  Und Kieselstein zu Cristallin gebracht /
Dein Seegen hat den Unwerth mir verzehret /
  Und Schlackenwerck zu gleichem Ertzt gemacht.
Du hast als Nulle mich den Zahlen zugesellet /
Der Welt Geprånge gilt nach dem es Gott gefållet.

4.

Ich bin zuschlecht / vor dieses Danck zusagen /
  Es ist zu schlecht was ich dir bringen kan.
Nim diesen doch / den du hast jung getragen
  Als Adlern itzt auch in dem Alter an.
Ach! stûtze Leib und Geist / und laß bey grauen
                                        Haaren /
Nicht grûne Sûndenlust sich meinem Hertzen paaren.

5.

Las mich mein Ampt mit Freudigkeit verwalten /
  Las Trauersucht nicht stören meine Ruh /
Las meinen Leib nicht wie das Eys erkalten
  Und lege mir noch etwas Kråffte zu.
Hielff das mich Siechthum nicht zu Last und Eckel
                                        mache /
Der Morgen mich bewein / der Abend mich verlache.

283

6.

Las mich die Lust des Feindes nicht berücken /
　Die Wermuth offt mit Zucker überlegt /
Verwirr ihn selbst in Garne seiner Tücken /
　Das der Betrug nach seinem Meister schlägt.
Las mich bey guter Sach ohn alles Schrecken stehen /
Und unverdienten Haß zu meiner Lust vergehen.

7.

Verjüng in mir des schwachen Geistes Gaben /
　Der ohne dich ohn alle Regung liegt /
Las mit der Zeit mich diesen Nachklang haben:
　Das Eigennutz mich niemahls eingewiegt /
Daß mir des Nechsten Gutt hat keinen Neid erwecket /
Sein Ach mich nicht erreicht / sein Weinen nicht
　　　　　　　　　　　　　　beflecket.

8.

Hielff / das mein Geist zum Himmel sich geselle /
　Und ohne Seyd und Schmüncke heilig sey;
Bistu doch / Herr / der gute reine Quelle;
　So mache mich von bösen Flecken frey.
Wie leichtlich läst sich doch des Menschen Auge blenden!
Du weist / wie schwach es ist / es kombt aus deinen Hände

9.

Denn führe mich zu der erwehlten Menge /
　Und in das Licht durch eine kurtze Nacht:
Ich suche nicht ein grosses Leichgepränge /
　Aus Eytelkeit / und stoltzer Pracht erdacht.
Ich wil kein ander Wort um meinen Leichstein haben /
Als diß: *Der Kern ist weg / die Schalen sind vergraben.*

Verachtung der Welt.

WAs ist das grosse Nichts / so Welt und Erde heisset /
   Dem der gemeine Geist zu opfern sich befleisset /
   Ihm fetten Weirauch bringt und ihm sich selber schlacht?
   Ein grosser Wunderball mit Eitelkeit erfüllet /
   Ein Brunn aus welchem stets ein Strom der Sünden quillet /
   Ein Mahler / so den Schein zu einem Grunde macht;
Ein Spiel der Sterblichen / von lauter Trauerschlüssen /
   Ein Garten bey der Nacht / von vielen Judasküssen /
   Ein Felsen der uns stets das Schiff der Hoffnung bricht /
   Ein Baum der iederzeit verbotne Früchte zeiget /
   Ein Lehrer / dessen Mund das beste stets verschweiget /
   Ein Licht von Irrwisch und Cometen zugericht;
Ein Glaß von schöner Schrift / so Gift im Busen träget /
   Ein immergrünes Feld / so heisses Wolfskraut heget /
   Ein Uhrwerck das oft steckt / oft zu geschwinde geht /
   Ein weites Freudenmeer voll Syrten und Sirenen /
   Ein alte Mutter reich an tausend bösen Söhnen /
   Ein Greiß der nicht zuweit von seinem Ende steht;
Ein wolgeputzt Spittal / durchbeitzt mit Pest und Seuchen /
   Ein Zeughauß von Verdruß / Betrug und bösen
                                Bräuchen /
   Ein falscher Urtheil-Tisch / der Tugend Laster heist /
   Ein kräftiger Magnet / der Schuld sein Eisen nennet /
   Ein AEtna dessen Brust von heissen Lastern brennet /
   Ein Thier so uns beweint in dem es uns zerreist;
Ein Führer / der mit Lust uns in die Hölle leitet /
   Ein Mörder / so das Gift mit Amber zubereitet /
   Ein Steller / der uns pfeifft / wenn er uns fangen wil /
   Ein rundter Rechentisch / der falsche Müntze leidet /
   Ein Künstler / der uns mehr von Gott als Golde scheidet /
   Ein rechter Wieder-Gott / ein falsches SinnenZiel;
Ein Spiegel ohne Grund / ein Saal von schlechtem Lichte /
   Ein weißgetünchtes Grab / ein stets verkapt Gesichte /
   Ein Kercker / wo man lacht / ein goldnes Würgeband /
   Ein Eiß / darauf man fällt / ein Wohnhauß voller Schrecken /

285

Ein Apfel voll Gewûrm / ein Zeug von tausend Flecken /
Ein goldner Distelstrauch / ein schöner Trûbesand.
Dem allen / werther Freund / ist euer Lieb' entgangen:
Sie hat durch ihren Todt zuleben angefangen.
Man freut sich / wann ein Freund den Hafen hat erreicht /
Dieweil er nun befreut von Klippen / Wind und Wellen /
Schiff / Wahren / Geist und Leib zufrieden weiß zustellen /
Wie daß ein traurig Ach durch euer Hertze streicht?
Was ihr nicht ferner schaut / das heist ja nicht verlohren /
Diß leidet nicht Verlust / was Gott ihm hat erkohren /
Und sich dem Himmel hat durch Zucht gemeß gemacht.
Was zeitlich hat gelernt das reine Werck zuûben /
So nicht nach Erde reucht / und Gottes Geister lieben /
Hat kein verfinstert Grab in sein Gebiethe bracht.
Es fleucht den Erdenkloß / es übersteigt die Sonne /
Und suchet über uns / entbunden / eine Wonne /
Die kein Verhángnûß stört / die keinen Zufall kennt /
Es schwebt in einer Lust / der keine Lust zugleichen /
Und fûhret einen Schein / dem auch die Sternen weichen /
Die oft ein Gegensatz von ihren Strahlen trennt.
Ist diß nun Thránen werth / was sol man Freude heissen?
Last euch den heissen Schmertz das Hertze nicht
                                        durchreissen.
Was Erd' ist / war / und wird / sol mehr als Erde seyn.
Der viel aus nichts gemacht / und Erd' in Fleisch verkehrte /
Und der es so beschloß / daß Erd' auch Fleisch verzehrte /
Fûhrt endlich Seel und Leib verklärt in Himmel ein.
Wo ist ein schöner Trost in allen unsern Nôthen /
Als dieses starcke Wort / der Tod weiß nicht zutôdten?
Die Seele schwebt bey Gott / der Leib hat seine Ruh /
Was habt ihr endlich doch vor euren Schatz zusorgen /
Der in des Hôchsten Hand so sicher ligt verborgen?
Mich deucht er ruffet euch mit diesen Worten zu:
Euch drückt noch Kett' und Band / ich bin dem Joch
                                        entnommen /
Ihr wallet auf der See / ich bin in Hafen kommen:
Ihr schwebt in eitel Noth / ich bin davon befreut /

Ihr lieget in der Nacht / mir leuchten tausend Kertzen /
Ihr seuffzet in der Angst / ich denck an keine Schmertzen /
Ihr tragt den Dornenkrantz / mich krönt die Ewigkeit.

ANONYM

[Grabschrift Lohensteins]

Hier unter diesem Stein wird noch ein Stein gefunden /
Mit dem der schönste Glantz der Poesie verschwunden.
Die deutschen Clarien beweinen diesen Mann /
Und sagen: Keiner hat noch dis / was er gethan.

DANIEL CASPER VON LOHENSTEIN

Umbschrifft eines Sarches.

IRrdisches und Sterblich Volck / lebend-todte Erden-Gåste /
Ihr Verwürfflinge des Himmels / ihr Gespenste dieser Welt /
Denen nichts als falsche Waare / nichts als Rauch und Wind
gefållt /
Nårrsche klettert / und besteigt / die bepalmten Ehren-Aeste /
Setzt euch Seulen von Porphyr mauert euch aus Gold Palåste /
Festigt Tempel euch aus Marmel / der der Zeit die Wage hålt /
Rafft zu euch mit gicht'gen Klauen den verdammten klumpen
Geld /
Macht euch euer stoltzes Lob durch gelehrte Schrifften feste.
  Aber wist: wann das Verhångnüs euer Lebens-Garn reisst ab /
Schwindet Wissenschafft und Kunst / Schåtze / Reichthum /
Ehr und Tittel /

287

Und ihr nehmet nichts mit euch / als den nackten Sterbe-Kittel:
Wo ihr auch noch aus dem allen noch erschwitzet Sarch und
Grab.
Tausend / tausend sind gewest / die mich nicht erlangt noch
haben /
Die die Lüfte / die die Glutt / die der blaue Schaum begraben.

Die Augen.

Last Archimeden viel von seinen Spiegeln sagen
Dadurch geschlieffen Glaß der heissen Sonne Rad
Der Römer Schiff' und Mast in Brand gestecket hat /
Die in der Doris Schoos für Syracuse lagen.
Den Ruhm verdienet mehr der güldnen Sonne Wagen
Als Archimedens Kunst und seines Spiegels Blatt.
Denn diß sein Meisterstück hat nur an Dingen statt
An denen iede Glutt pflegt leichtlich anzuschlagen.
In deinen Augen steckt mehr Nachdruck / Schwefel / Tag /
Als holer Gläser Kunst / der Sonnen-Strahl vermag.
Ja ihr geschwinder Blitz hat vielmehr Macht zu brennen;
Sie zünden übers Meer entfernte Seelen an /
Und Hertzen / denen sich kein Eyß vergleichen kan.
Sol man die Augen nun nicht Brenne-Spiegel nennen?

Das Hertze.

Nicht zürne: daß mein Hertz so heissen Brand ausübet /
Weil deine Schönheit selbst der Flammen Zunder hegt /
Schuld und Entschuldigung in ihren Augen trägt.
Das Meer kan nicht darfür / daß sich der Himmel trübet /
Sich mit den Wolcken armt / der Erde Dünste liebet.
Die Sonn' ists / die das Saltz in allen Dingen regt /
Der Klüffte Glutt beseelt / den Geist der Welt bewegt /
So Schnee als Eise Brand / den Steinen's Leben giebet.

Sol meine Seele nun entseelter als ein Stein /
Mein Hertze fröstiger als Eise-Zapfen seyn?
Es brennt / und ist von Lieb als schmeltzend Ertzt zerronnen /
Denn Lieb' ist ja die Glut der Seelen; sie erfüllt
Mit Feuer unser Hertz / das aus den Augen kwillt;
Die / sind der Liebe Brunn / der Seelen ihre Sonnen.

AUGUST ADOLPH VON HAUGWITZ

An die Sterne.

IHr Lichter dieser Welt / ihr Silber-weissen Sternen /
    Die ihr mit eurem Printz Latonen durch die Nacht
    Gleich als Demante spielt / und diese Welt bewacht /
Ihr Fackeln jener Lufft / Ihr himmlischen Laternen
Wann werd ich doch von hier mich zu euch nauff entfernen?
    Ich der ich euch so offt und vielmahl hab' betracht /
    Und eurer schönen Gluth und Feuer nach gedacht?
Wann werd ich euren Grund und Ursprung recht erlernen?
    Den zwar der Sterbliche bey seinem Namen nennt /
    Und schaut / und mist durch Glas / dennoch nicht recht
                                    erkennt.
Wenn wird es sagt mir's doch / wenn wird es doch geschehen?
    Daß ich mit hell'ren Licht als meine Augen seyn /
    Werd' euren hellen Glantz und wunderbahren Schein /
Von allen Sorgen frey / und unter mir / besehen.

An Sie umb einen Kuß.

DEr Glantz / der Blitz / die Gluth / die Flammen deiner Augen
    Hat mich erschreckt / verblendt / entbrandt und angezündt /

Und einen Durst erweckt / den Hertz und Seel empfindt /
So / daß kein Wasser mehr zum leschen mir wil taugen /
Auch selbst der Thränen nicht so bitter heisse Laugen /
  Die doch stets überhäufft aus meinen Augen rinnt /
  Und meine Wangen netzt. Drum allerliebstes Kind
Laß mich den Honig-Thau von deinen Lippen saugen /
  Der einig ists der mir die heissen Schmertzen kühlt /
  Die mein entbrandte Seel' und rauchend Hertze fühlt.
  Was seumst du? lesche doch / ach lesche doch geschwind
Den Schmertz / den Durst / den Brandt / das Feuer / diese Hitze
Den deiner Augen Glantz / und Gluth / und Flamm / und Blitze
Erweckt / ansteckt / gemacht und in mir angezündt.

Uber das heutige Brüderschafft-Sauffen der Deutschen.

ES richten Freundschafft auff Soldaten durch Gefahr /
  Durch Bücher und durch Schrifft der klugen Geister Schaar /
Und durch Gewinn pflegt sie der Kauffmann zu erkauffen /
Nur unser Deutscher muß dieselbe sich ersauffen.

HEINRICH MÜHLPFORT

Uber die Kaltsinnigkeit der Liebsten.

  DUnckle Hölen / finstre Schatten /
  Meines Lebens Auffenthalt /
  Wüste Felder / stille Matten /
  Einsam und verschwiegner Wald /
  Könnt ihr auch die Seuffzer zehlen /
  Die ich täglich abgeschickt /
  Wenn mein Hertz mit neuem Quählen
  Ein beschwerlich Leyd gedrückt.

Ach ihr Zeugen meiner Schmertzen /
Sagt doch kühnlich was ihr wißt;
Und ihr hellen Sternen-Kertzen /
Suchet wo der Ursprung ist.
Anemonens edle Tugend
Die mein Abgott ist und heist /
Macht / daß Liebe meine Jugend
An die stärcksten Ketten schleust.

Keine hat mich können binden /
Aber dieser Nymfen Zier
Wuste mich bald zu entzünden /
Da sie doch nicht günstig mir.
Ihr sittsamen Geberden
Haben mich genommen ein /
Daß ich ihr verpflicht must werden /
Weil die Geister in mir seyn.

Noch verlacht die Anemone
Mich / daß ich verliebet bin /
Da sie doch die Lebens-Krone
Tag und Nacht mir ligt im Sinn.
Was ich in Gedancken führe
Ist von ihrer Schönheit Pracht.
Wenn ich früh vom Schlaf mich rühre /
Hab ich schon an sie gedacht.

Soll ich denn nun Flammen leiden
Da sie nichts als kaltes Eiß.
Blut das kan den Demant scheiden;
Aber wenn mein Todes-Schweis /
Gleich auff allen Gliedern sässe /
Glaub ich doch nicht / daß ihr Sinn
Lieb und Hulden mir zumässe /
Sondern liesse mich dahin.

Anemone Zeit bricht Eisen
Und zermalmt den Marmelstein.
Willst du dich stets so erweisen
Und wie Stahl und Felsen seyn?
Kan dich nicht mein Flehn erweichen

291

Das unendlich zu dir schreyt /
Ey so muß ich nur verbleichen
In der besten Blůthe-Zeit.
    Doch betrachte daß auf Erden /
So wie ich dich treu geliebt /
Du nicht kanst geliebet werden:
Und ob mich das Glůck betrůbt /
Ey so soll beståndig lieben
Mit mir noch zu Grabe gehn /
Und daß ich umb dich geblieben /
Soll in allen Bůchern stehn.

Sechstinne.
Wett-streit der haare / augen / wangen /
lippen / halß und brůste.

Haare.

WEr sagt / daß unser ruhm nicht gôldne fessel schencket /
Wenn sie ein linder west um beyde brůste schwencket /
Entkerckert frey und loß? hier wird ein geist umschrencket
Mit steter dienstbarkeit / der vor sich weggelencket
Von band und ketten hat. Ein ewig nectar trâncket
Der haare liebes-reitz / der nur auff lust gedencket.

Augen.

WO unser flammen quell nicht heisse strahlen schencket /
Und den entbrandten blitz in hertz und seele schwencket /
So wird kein sterblich mensch mit huld und gunst
                                    umschrâncket /
Hat unser leitstern nicht der liebe glut gelencket /
So wird sie gantz und gar in thrånen-fluth ertrâncket;
Wer ist der jemahls liebt / und unser nicht gedencket?

292

Wangen.

UNs hat Cupido glut / die rose blut geschencket /
Die lilje schnee / der sich um beyde zirckel schwencket /
Hier stehet helffenbein mit purpur rings umschrâncket /
Und manch verliebter mund steht bloß auff uns gelencket /
Wen nicht die liljen-milch und rosen-ôle trâncket /
Der ist ein marmelstein / der nie an lust gedencket.

Lippen.

DEn kôcher voller pfeil hat Venus uns geschencket /
Und ist es wunders werth / daß unsre glut sich schwencket
Biß an das sternen-dach? Hier liegt ein brand versencket /
Der ewig zunder gibt / der mit rubin umschrencket /
Die feuchte sûssigkeit / wenn mund am munde hencket /
Und die vergnûgte seel mit zimmet-sâfften trâncket.

Halß.

SEht meine perlen an / die Venus selbst getrâncket
In ihrem liebes-schoß: Seht was sie mir geschencket /
Als umb der mutter halß Cupido sich geschwencket /
Und seine sûsse pein ins helffenbein versencket;
Hier lieget schnee und glut im gleichen kreyß geschwencket /
Ich bin der thurm / an dem der liebe rûstzeug hencket.

Brûste.

DIß schwesterliche paar / das voll von flammen hencket /
Von aussen vieler hertz mit liebes-ôle trâncket /
Inwendig aber feur als wie ein Aetna schencket /
Da doch das schnee-gebûrg sich von dem athem schwencket /
Und wieder von dem west der seuftzer nieder sencket /
Hâlt alle lust und lieb in seinem platz verschrencket.

Nachklang der Sechstinne.

DEr haare schônes gold / der augen lichter brand /
Der wangen paradieß / der lippen himmel-wein /

293

Hat mit des halses zier / ohn allen zwang / bekannt /
Daß auff den brüsten soll der liebe ruhstatt seyn.

BENJAMIN NEUKIRCH

Uber ihre unempfindligkeit.

SYlvia ist wohl gemacht.
Ihre glieder sind wie ketten /
Und ich wolte sicher wetten /
Daß von hundert Amouretten
Drey nicht ihre schönheit hätten /
   Noch ihr holdes angesicht;
   Nur ihr hertze tauget nicht.

Sylvia ist angenehm.
Ihre lippen sind corallen /
Ihrer brüste zucker-ballen
Und ihr honigsüsses lallen
Gleicht den jungen nachtigallen /
   Die die mutter abgericht;
   Nur ihr hertze tauget nicht.

Sylvia ist voller lust.
Sie verbirget / was sie schmertzet /
Sie ergetzet / wann sie schertzet /
Sie bezaubert / wann sie hertzet /
Lachet / wenn man sie verschwärtzet /
   Und hört alles / was man spricht;
   Nur ihr hertze tauget nicht.

Ach du ungezognes hertz!
Wann du denn allein mißfällest /
Wann du ihren geist verstellest /

Wann du ihren mund vergällest /
Und mit trotze von dir prellest /
Was sich dir und ihr verpflicht;
Warum ándert sie sich nicht?

An Sylvien.

1.

ACh! wirff doch einen blick auff deine silber-ballen /
　　Verstockte Sylvia /
　　Sie sind dem tode nah;
Die spitzen lassen schon die rosen-blûthe fallen /
　Die berge ziehn die stoltzen liljen ein /
　Und werden bald so gleich wie deine wangen seyn.

2.

Wie / sind wir / schreyen sie / dann darum nur erschaffen /
　　Daß uns ein blinder groll
　　In kercker schliessen soll?
Cupido nennet uns ja seine liebes-waffen.
　Was kommet dich dann fûr ein eyffer an /
　Daß du / o Sylvia! uns in den bann gethan?

3.

Ihr mânner helffet uns durch eure macht erretten!
　　Zerreißt das mórder-schloß /
　　Und macht uns wieder loß.
Wir lieben keinen zwang / und leiden keine ketten /
　Und Franckreichs mod' und tolle kleider-pracht /
　Mag seyn fûr wen sie will / nur nicht fûr uns gemacht.

4.

So klagen / Sylvia / die hart-bedrângten Kinder.
　　Ach hôre doch ihr schrey'n /
　　Und hilff sie bald befrey'n /

Wo nicht / so schneid sie ab / und wirff sie vor die rinder.
Dann wenn sie nur im finstern sollen ruhn /
So kan dirs / wann du willst / auch wohl ein schnupftuch
thun.

Auff den König in Franckreich / als er Straßburg. wegnahm.

IHr Deutschen saget doch zu euren nachbarn nicht /
Daß Franckreichs Ludewig den frieden mit euch bricht /
Indem er Straßburg nimmt. Er spricht: Es ist erlogen /
Ich hab euch nicht bekriegt / ich hab euch nur betrogen.

Auff die krönung des Römischen Königs Josephi.

EUropa zanckte sich und wolte gerne wissen /
Wer in Germanien noch würde könig seyn.
Der stoltze Ludewig war äusserst drauff beflissen /
Wie er das deutsche reich möcht auseinander streun:
Drum spahrt' er weder gelt / noch müh und schmeicheleyen /
Und bot sein eignes kind zu einem käyser an:
Wer / sprach er / wird euch mehr als dieser Printz erfreuen /
Der so / wie ich / die kunst sich zu vergrössern kan?
Allein der himmel rieff: Behalte deine Gaben /
Ich will ein Josephs-Hertz und keinen Nero haben.

JOHANN VON BESSER

1.

NIcht schåme dich / du saubere Melinde /
  Daß deine zarte reinligkeit
Der feuchte mond verweist in eine binde /
  Und dir den bunten einfluß dråut.
Der grosse belt hegt ebb' und flut /
Was wunder / wenns der mensch der kleine thut.

2.

Die róthligkeit bei deinen bunten sachen
  Hat niemahls deinen schooß versehrt.
Wie muscheln sich durch purpur theuer machen /
  So macht dein schnecken-blut dich werth.
Wer liebt ein dinten-meer wohl nicht /
Weil man daraus corallen-zincken bricht?

3.

Nur einmahl bringt das gantze jahr uns nelcken /
  Dein blumen-busch bringts monatlich /
Dein rosen-strauch mag nicht verwelcken /
  Sein dorn der hålt bey dir nicht stich /
Denn was die sanfften blåtter macht /
Das ist ein thau von der johannis-nacht.

4.

Kanst du gleich nicht die lenden hurtig růhren /
  Lobt man dich doch im stille stehn /
Der augenblau wird leichtlich sich verlieren /
  Denn wirst du seyn noch eins so schón.
Man sammlet / spricht die gantze welt /
Viel besser frucht / wenn starcke blůte fållt.

5.

Laß mich darum doch keine fasten halten /
  Ein kónig nimmt den schranck zwar ein /

297

Doch muß er fort / wann sich die wasser spalten /
  Der geist muß ausgestossen seyn.
Man geht / wie iedermann bekandt /
Durchs rothe meer in das gelobte land.

OTTO CHRISTOPH ELTESTER

Als sie sich mahlen ließ / und es an rother
farbe gebrach.

WAs? kûnstler / fehlt es dir an farben zu dem munde?
  So rieff ich: als zugleich Aurora sich erbot
  Mit morgen-strahlen ihm zu helffen aus der noth.
Man sah' wie Flora sich mit rosen fertig funde:
Die Thetis holete corallen aus dem grunde:
  Die mûde sonne gab von ihrem abend-roth:
  Die purpur-schnecke gieng freywillig in den todt /
Und opfferte ihr blut noch zu derselben stunde.
Die berge lieferten den schimmer von rubinen:
Und die granate kam mit ihrem safft zu dienen /
  Sie stellten alle sich dem kûnstler selbst zur hand;
Ich aber ließ hierbey mein rothes hertz erblicken /
  Und sprach: hier findestu glut / flammen / feur und
                                             brandt /
Diß wird am besten sich zu deinen farben schicken.

CHRISTIAN HÖLMANN

Abbildungen der Brüste.

AN unsern felsen wetzt Cupido seine pfeile /
Wenn sie der steiffe sinn der Männer stumpf gemacht;
Dadurch wird uns ein ruhm / der ewig grünt / zu theile /
Und der das eigen-lob der vorigen verlacht.
Ist jener ankunfft hoch / so sind wir gleich geschätzet /
Der himmel ist es ja / wo man den Marmel gräbt
Aus welchem die natur hat unser bild gemetzet /
Das sich aus eigner macht bald auff bald nieder hebt.
Wir sind ein Paradieß / wo liebes-äpffel reiffen /
Die süsser noch als die so Abels Mutter aß;
Die Adams-Söhne sind hier meister in dem greiffen /
Und thuns dem Vater nach / da ers verboth vergaß.
Wir sind der schönste brunn / wo kost und nahrung quillet /
Wo milch mit honigseim vermengt nach wunsche fliest /
Womit der jungen welt der hunger wird gestillet /
Wenn ihr noch zarter mund desselben öffnung küst;
Wir sind ein blumen-hauß / wo in den winter-stunden
Narciß' und lilje blühn als wie zur frühlings-zeit;
Ein felß wo Chrysolith und Demant wird gefunden;
Ein fruchtbahr sommer-feld mit hagel überstreut;
Ein berg / auf dem der schnee sich selbst in ballen rollet;
Zwo kugeln / die ein bild des weltgebäudes seyn;
Ein bergschloß / wo man vor gelinde griffe zollet /
Eh' uns die freundligkeit läst in die thäler ein;
Ein atlaß / den kein griff so leichtlich nicht beflecket;
Ein kleinod / das den leib des Frauenzimmers ziert;
Ein thurm / auff dessen höh' ein feuer-zeichen stecket;
Ein briff der allezeit ein rothes siegel führt;
Zwey schilde / deren feld mit lilien beleget;
Ein amboß / wo die macht / so alle lieben heist /
Die pfeil' in grosser zahl geschickt zu schmieden pfleget /
Mit denen sie hernach auch riesen niederschmeist;

Die wolle / draus ihr garn die liebesgöttin spinnet;
Ein netze von der hand der wollust auffgestellt;
Ein Cittadell / das leicht ein lieber feind gewinnet;
Ein schnee der lebend ist und feuer in sich hält;
Die burg die von begier und anmuth auffgebauet /
Und deren wände sind mit marmel überlegt;
Ein stein / den man der milch an farbe gleichen schauet /
Und der dem strahle nach des mondes nahmen trägt;
Ein beete / welches offt mit küssen wird begossen;
Ein bette / wo die lieb auff schwanen federn ligt;
Ein ziel / nach welchem auch mit seufftzen wird geschossen;
Ein bollwerck / dem kein sturm hat schaden zugefügt;
Ein wachhauß / wo nur stets zwo schöne schwestern wachen;
Ein wall / durch den das thal der keuschheit wird beschützt;
Ein heerd / wo lieb und lust nicht selten feuer machen;
Ein doppeltes altan auff zeit und schmuck gestützt;
Ein tisch mit teppichten von atlas überleget;
Ein schönes helffenbein / das alles gold beschämt;
Ein wagen dessen sitz den überwinder träget;
Ein sieger / der die thier' und wilde völcker zähmt;
Ein liebs-gerüst' auff dem man auch zum thale steiget;
Zwo platten die an werth des silbers mächtig sind;
Zwo taffeln welche man nicht leichtlich jedem zeiget;
Zwo trauben / welche man auff keinen stöcken findt;
Die liebe brauchet uns manchmahl zu handgranaten /
Wenn die eroberung durch pfeile mißgelingt /
Und giebt den nahmen uns des werckzeugs ihrer thaten /
Durch die sie alle welt zur übergabe zwingt;
Doch unser ruhm ist schon in Marmel eingegraben /
Und wird durch so ein blat / wie dieses / nur entweiht;
Kein glied des leibes kan vor uns den vorzug haben
Weil keines so wie wir die gantze welt erfreut.
Wie würde deren Creiß noch voller Menschen leben /
Wenn wir als amme nicht dieselbigen getränckt /
Und täglich müssen wir noch diese nahrung geben /
Damit ihr bau sich nicht zum untergange senckt.
Wir sind ein wunderwerck der schönsten liebs-palläste /

Drum geben sich bey uns auch hohe håupter an /
Und bald sind Kônige bald Kåyser unsre Gåste /
Bald komt ein kluger Kopf bald gar ein unterthan;
Doch dessen dûrffen wir uns ebenfals nicht schåmen /
Wir thuns dem himmel nach und machens wie die Welt /
Die zwar die niedrigen in ihre grântze nehmen /
Und doch auch Kônigen zur wohnung sind bestellt.
Wir sind dem hertzen nicht vergebens beygefûget /
Es hieß uns die natur desselben schilder seyn;
Die brustwehr / wo der zeug zu dem beschûtzen lieget /
Drum gab sie uns so nah dabey die wohnung ein.
Wir fûhren wie die welt zwo kugeln in dem Schilde /
Und dieses ists wodurch der mensch das lob erreicht /
Daß er / die kleine welt / der grossen in dem bilde /
Als wie ein Ey dem Ey und in dem wesen gleicht.
Eh nun die grosse welt nach ungewissen Jahren
Mit ihren kugeln wird zerfallen und vergehn /
So wird die liebe vor auff uns zum himmel fahren
Und unsern glantz vielmehr als auff der erd' erhôhn.

1.

NEhmt / ihr grûnen myrten-stråuche /
Nach dem tode meine leiche
   Doch in eure schatten ein!
Lasset kûnftig meinen schatten
Mit dem eurigen sich gatten /
   Und genau vermischet seyn.

2.

Myrten haben mir im leben
Einen himmel abgegeben /
   Myrten lachen mich noch an;
Myrten laben meine glieder /
Wenn mir alles dies zu wieder /
   Was mich sonst erfreuen kan.

3.

Nun ihr grünen myrten-sträuche
Euch befehl ich meine leiche /
Nehmet sie mit willen ein /
Kan ich nur in euren schatten
Mich mit lust und ruhe gatten /
Werd ich wie im himmel seyn.

Die Poesie.

ES wird die gantze welt bald ein Parnassus seyn;
Denn aller orten pflegt es verse her zu schnein.

Die Arme Poesie.

DIe reichen ehren wir mit langen lobgedichten /
Warum? Apollo muß sich nach dem beutel richten.

Die bösen Poeten.

AN tichtern fehlt es nicht bey diesen bösen zeiten /
Es fehlt an denen nur / die vor die wahrheit streiten.

Als Zesens Helicon die Mäuse zubissen.

IHr tichter laufft herzu! schützt euren Helicon /
Die mäuse schleppen sonst den gantzen berg davon /
Laufft zu! wo nicht / so sucht denselben und die lieder /
Nach einer kurtzen zeit im mäuse-kothe wieder.

Des Des-Cartes.

MEin leser! zweifle nicht: ob diß ein grabmahl sey?
Das cogito macht dich von allem zweifel frey.
Nun percipir auch das noch clarè und distinct:
Vom dritten element liegt Cartes hier umringt.

Der jungferschafft.

HIer liegt die jungferschafft. Dieweil sie nichts gewesen /
So kan man auch allhier von ihr nichts weiter lesen.

ANONYMA

Aus der Neukirchschen Sammlung

KOmm braune nacht / umhülle mich mit schatten /
  Und decke den mit deiner schwärtze zu /
Der ungestórt sich will mit sonnen gatten /
  Und im bezirck der engel suchet ruh /
Ja hilff mein ach / eh du noch wirst verschwinden /
Mit linder hand von meiner seele binden.

Wie / hór' ich nicht / willkommen mein verlangen!
  Schon im gemach mit leiser stimme gehn?
Fúhl' ich mich nicht mit lilien umfangen /
  Und meinen fuß auff diesen grentzen stehn /
Wo mir Celinde wird aus thránen lachen /
Aus flammen eiß / aus bette himmel machen.

303

So tilge nun / o heldin! meine schmertzen /
   Wirff mit dem flor die leichte zagheit hin /
Laß meine hand mit deinem reichthum schertzen /
   Und mich entzückt das schône thal beziehn /
Da sich im thau die stummen lûste kûhlen /
Und tag und nacht mit ihren farben spielen.

Dein heisser mund beseele mich mit kûssen /
   Hilff / wenn ich soll an dieser brust versehrn /
Durch linden biß der flûchtigen narcissen
   Mir ausgestreckt die stille freude mehrn /
Und môchtest du ja deinen krantz verlieren /
Solln perlen doch die schônen haare zieren.

Mein wort erstirbt / die seele will entweichen /
   Ach laß sie doch in enge himmel ein /
Laß schiff und mast in deinen hafen schleichen /
   Und deine hand selbst meinen Leitstern seyn /
Du solt alsbald die eingeladne gaben /
Nebst voller fracht statt der belohnung haben.

An die nacht.

1.

KOmm schwartze nacht! umbhûlle mich mit schatten
   Dein flor beziehe meines purpurs glantz /
Weil sich mit mir will eine sonne gatten /
   Vor deren licht erbleicht der sternen krantz /
Laß deinen teppicht meine brust bedecken /
Und meinen sieg in dein gezelt verstecken.

2.

Verbirg in dir den raub geheimer liebe /
   Dein dunckel-seyn umbschliesse meine brust;
Ihr wolcken! eilt und macht den himmel trûbe /
   Befôrdert mir doch meine himmels-lust /

Umbstricket mich geliebte finsternissen
Daß nichts von mir des hofes augen wissen.

3.

Komm Engelsbild! komm laß dich bald umbfangen /
  Dein lippen-Julep kühle meinen brand /
Mein hertze lechst mit feurigem verlangen /
  Biß deine kühlung ihm wird zugesand;
Komm zeuge; daß entzünden und selbst brennen /
Des himmels wahrer vorschmack sey zu nennen.

Allegorisch Sonnet.

AManda liebstes kind / du brustlatz kalter hertzen /
  Der liebe feuerzeug / goldschachtel edler zier /
  Der seuffzer blasebalg / des traurens lösch-papier /
Sandbüchse meiner pein / und baum-öhl meiner
                                        schmertzen /
Du speise meiner lust / du flamme meiner kertzen /
  Nachtstülchen meiner ruh / der Poesie clystier /
  Des mundes alecant / der augen lust-revier /
Der complementen sitz / du meisterin zu schertzen /
  Der tugend quodlibet / calender meiner zeit /
  Du andachts-fackelchen / du quell der fröligkeit /
Du tieffer abgrund du voll tausend guter morgen /
  Der zungen honigseim / des hertzens marcipan /
  Und wie man sonsten dich mein kind beschreiben kan.
Lichtputze meiner noth / und flederwisch der sorgen.

305

CHRISTIAN FRIEDRICH HUNOLD

Er ist glücklich im Schlaffe.

ERwünschte Nacht! ihr angenehmen Schatten!
  Was vor ein Strahl umzircket mein Gezehlt?
Will sich mit mir noch eine Sonne gatten /
  Die sich anitzt zu meinem Bette stellt?
Ach Engels-Kind sey tausendmahl willkommen /
  Wie bin ich doch so unverhofft beglückt?
Wo hast du denn die Gnade hergenommen /
  Daß deine Brust noch meinen Geist erquickt?
Komm lege dich auf dieses sanffte Küssen /
  Hier findest du der Liebe Sammel-Platz.
Dein Zucker soll mir alle Quaal versüssen
  Vergnüge mich du auserwehlter Schatz.
Umarme doch mit wollen weichen Hånden
  Den heissen Leib / der sich nach Kühlung sehnt /
Erhebe dich mit deinen zarten Lenden
  Schau wie die Lust schon alle Glieder dehnt.
Es sind mein Kind zwar allzu enge Schrancken /
  Allein es geht mit süssen Zwang hinein /
Ach Zucker-Kost der kützlenden Gedancken /
  Dabey das Marck muß ausgezehret seyn.
Ach laß uns doch die Freude recht geniessen
  Bemühe dich und förder ihren Lauff.
Itzt wird sich gleich der süsse Thau ergiessen
  Ach Kind! Ach Schatz! thu deine Muschel auf.
Nur noch einmahl . – – Wie bist du gar verschwunden?
  Verfluchter Traum / der mich so sehr betrügt!
Wo bleiben nun die Anmuhts-vollen Stunden?
  Wo ist mein Schatz / der mir in Armen liegt?
Ach alles ist nur Phantasie zu nennen!
  Die führt mich offt auf diese falsche Bahn.
Ach Schönste soll ich stets vergebens brennen?
  Was hat dir doch dein treuer Knecht gethan.

Ich seuffze zwar / alleine gantz vergebens /
    Was hilfft die Nacht / wenn mich die Sonne quält.
Ich sehe schon das Ende meines Lebens /
    Wo mich dein Strahl der Liebe nicht beseelt.

CHRISTIAN WERNICKE

An unsre teutsche Poëten.

IHr Teutschen wenn die Lieb aus eurer Feder quill't /
Ihr eure Buhlschafft wolt mit eurem Vers bedienen /
So kriegt man gleich zu sehn / *ein marmor-weisses Bild;*
Ihr Aug ist von *Achat* / die Lippen von *Rubienen* /
Die Adern von *Türckies* / die Brüst aus *Alabast:*
Die frembde Buhlschafften sind lang nicht so verhaßt.
Der Welsche betet sie als eine Göttin an /
Und sucht so offt er immer kan /
Vor ihr auf seinen Knien zu liegen;
Es macht sie der Frantzos von lauter Witz /
Zur Freundschafft fähig / ja verschwiegen /
Und folgends ein Gefäß ohn eine Ritz;
Der Englische der nichts als was natürlich thut /
Der machet sie von lauter Fleisch und Blut;
Ihr aber woll't *Pigmaljons* alle sein
Und machet sie zu *Bilder* oder *Stein.*

CHRISTIAN GRYPHIUS

Ungereimtes Sonnett.

OB gleich Cloridalis auf ihre Marmor-Kugeln /
   Die / wie ein ieder sagt / der Himmel selbst gewölbt /
   Und auf ihr Angesicht / das Sternen gleichet / trozt /
Ob schon / wie sie vermeynt / des Paris goldner Apfel
Vor sie allein gemacht / ob gleich viel altes Silber
   In ihrem Kasten ruht / doch ists ein eitler Wurf /
   Den sie nach mir gethan; ich bin gleichwie ein Felß /
Und lieb ein kluges Buch mehr als der Venus Gürtel.

Die Liebe reimet sich so wenig mit Minerven /
Als eine Sterbe-Kunst zu Karten und zu Würffeln /
Das Brautt-Bett in die Gruft / Schalmeyen zu der Orgel /
Ein Mägdchen und ein Greiß / als Pferde zu den Eseln /
Als Meßing zum Smaragd / als Rosen zu den Disteln /
Als diese Verse selbst / ja fast noch weniger.

JOHANN GOTTLIEB MEISTER

Ego cogito ergo sum.

Ich dencke / drum bin ich / ließ uns des Cartes lesen /
Mops merckte dieses an / und dachte vielerley:
Daß er gelehrt / beliebt / groß / reich und schöne sey:
Denn hätt ers nicht gedacht / so wär ers nicht gewesen.

Das Kirch-Fahren.

Vor Zeiten war der Weg zum Himmel schmal und schwer /
Als unsre Våter noch zum Gottes Hause gingen:
Doch itzt ist er gebåhnt / man fåhrt auff Polstern her /
Und låst sich mit Plaisir zum Himmelreiche bringen.

HANS ASSMANN VON ABSCHATZ

*Sieghaffte Bestůrm- und Eroberung
des Tůrckischen Lagers bey Senta an der Theisse /
den 11. Septembr. An. 1697.*

Die Donau.

Tôchter / auff Triumph zu singen!
Hebt eur schilfficht Haubt empor /
Lasst der feuchten Nimphen Chor
Siegs- und Freuden-Lieder klingen!
Lasst eur Silber heller fliessen
Pannons Auen zu begiessen.

Oßmann wagt sich / meinen Flutten /
Welche frey in Thetis Reich
Flossen vor und hinter euch /
Zaum und Fåssel anzumutten;
Aber deutsche Helden Sinnen
Halten seinen Hochmutt innen.

Die Teiße.

Schwestern / lasst mich in dem Reyhen
An der ersten Stelle seyn!
Dieser Sieges-Tag ist mein /
Der uns alle kan erfreuen.

309

Von der Túrcken Stoltz und Zagen
Kan ich euch am besten sagen.

Meinen Strom hielt fest gezwungen
Mechmets ungestúmer Schwarm /
Aber kúhner Christen-Arm
Hat den tollen Feind verdrungen:
Seinen unverzagten Streichen
Musten Get und Parthen weichen.

Wall und Gråben sind erstiegen /
Wo der freche Janitschar
Seiner Brust gesichert war /
Sieht man ihn entkråfftet liegen;
So viel Túrcken-Kópff als Fische
Schick ich Hecaten zu Tische.

Die Sau.

Theiße / du warst noch zurúcke:
Nun dir dieser Túrcken-Krieg
Auch gegónnet solchen Sieg /
Wúnsch ich dir von Hertzen Glúcke:
Was ich sah fúr etlich Jahren
Laß uns GOtt noch offt erfahren!

Die Drav.

Temes / schicke dich bey Zeiten
Unserm Großem LEOPOLD /
Der die Fåssel kehrt in Gold /
Furth und Pforten zu bereiten!
Was vergangnes Jahr verschoben
Ist darum nicht auffgehoben.

Die Donau.

Kommt ihr treuen Reichsgenossen /
Fúhrt zum fernen Pont Euxin
Derer Helden Nachruhm hin /

Die für uns ihr Blutt vergossen.
Last mit unsern frischen Wellen
Stets ihr Lob von neuem quellen.

So viel Tropffen in uns fliessen /
So viel Stauden um uns stehn /
So viel Heyl und Wohlergehn
Soll / der uns befreyt / genüssen!
LEOPOLDS und JOSEPHS Glücke
Geh nicht eh als wir zurücke!

Die Schöne Groß-Nase.

In einer See voll Milch und Blutt der frischen Wangen
Ist deiner Nase Thurm zum Pharus ausgestellt.
Damit der Hoffnung Schiff am Felsen nicht zerschellt /
Glänzt ein gedoppelt Licht von oben ausgegangen.
Recht / was dem Himmel schmeckt / muß in die Höhe prangen.
Cupido / der dein Aug als seinen Bogen hält /
Hat ihm so starcken Pfeil mit Fleisse zugesellt /
Daß er uns desto mehr ins Hertze könne langen.
O Nase / werth dem Stirn-Gebürge beyzuwohnen /
Du kanst in dem Gesicht / das aller Hügel rein /
Der Klugheit Wetzstein und der Schönheit Brücke seyn.
Wem deine stoltze Zier in Augen ist ein Dorn /
Der schmäh den Adler auch / das grosse Nasenhorn /
Den Naso / den Nasic / und alle Nasamonen.

Bellhumor im Garten begraben.

Wind-Fänger / Steige-Dach / Teich-Meßer / Enten-Fechter /
Lufft-Springer / Wage-Hals; Grund-Fischer / Flutt-Verächter /
Stein-Träger / Büchsen-Hold / Nacht-Wächter / Bettler-Feind /
Zeit-Kürtzer / Stunden-Dieb / Lust-macher / Gäste-Freund /

Bring-wieder / Trage-nach / Post-Renner / Such-verlohren /
Klug von Verstande / zart von Nas' / und schön von Ohren /
Thür-Oeffner / Sperre-Thor / Feld-Mauser / Schüssel-Held.
Wild-Störer / Katzen-Mord / Wett-Lauffer / Spring ins Feld /
Diß war mein wahrer Ruhm; doch werden die mich missen /
Noch mehr von kluger Treu mir nachzusagen wissen.
Als ich von Jahren satt mein müdes Leben schloß /
Gab mir Pomona selbst ein Grab in ihrer Schoß.

MAGNUS DANIEL OMEIS

Prologus Persii verteutschet.

ES ist kein Tropf aus jenem Pferde-Bronnen /
am Helicon / in meinen Mund geronnen;
ich schlief auch nie auf dem Parnaß erhöht /
und kan daher nicht heißen ein Poët.
Ich überlaß die bleiche Hippocrene /
die Musen-Schaar / den Pindus und Pirene /
der Dichter-Zunft / um derer Statuen
die Lorbeer-Zweig' und Epheu prächtig stehn.
Ich bring hieher nur halb-gelehrte Lieder /
und lege sie bei den Poëten nieder.
Wer hat doch wol den Papagey gelehrt /
wann in die Stadt Augustus wiederkehrt /
aufs artigste den Keiser zu begrüßen?
Wer hat gemacht / daß Dahlen sich befließen
zu reden Wort' / als Menschen-Worte sind?
Der hungrend Bauch / der immer was erfindt.
Wann also nur die Hoffnung Geld zu haben
sich sehen läßt / so müßen Dahl' und Raaben
Poëten seyn; und hält man auch dafür /
daß ihr Gesang sey voller Kunst und Zier.

Editionsbericht

Die vorliegende Sammlung von Gedichten des 17. Jahrhunderts bringt ungekürzte Texte aus einem Zeitraum, der mit Weckherlins und Opitz' ersten Publikationen beginnt und mit der Anthologie Benjamin Neukirchs, in der die Tendenzen der spätbarocken Lyrik zusammengefaßt sind, endet. Den Herausgebern ging es einerseits darum, eine Anthologie zusammenzustellen, die den wachsenden Formenreichtum, die nicht endende Bereitschaft zum literarischen Experiment sowie die damit einhergehende Entwicklung der Dichtersprache erkennen läßt; andererseits sollten auch solche Texte berücksichtigt werden, die historisch, politisch und nicht zuletzt soziologisch von besonderem Interesse sind. Diese doppelte Zielsetzung brachte es mit sich, daß der künstlerische Wert und die dichterische Aussage eines Gedichts nicht das einzige Kriterium für die Aufnahme in die Sammlung sein konnten. Vielmehr lag den Herausgebern daran, neben dem Bemühen um eine Dokumentation künstlerischer ›Spitzenleistungen‹ die verschiedenartigsten literarischen Strömungen im 17. Jahrhundert sichtbar zu machen, wenngleich manche Bereiche – wie etwa die gereimte Gebrauchs- und Erbauungsliteratur – gewiß unterrepräsentiert sind. Lateinische Gedichte wurden allerdings grundsätzlich ausgeklammert, da der Übergang zur deutschen Sprache eines der bedeutsamsten Momente der neuen deutschen Kunstdichtung des 17. Jahrhunderts darstellt und die entscheidenden künstlerischen Leistungen – auch im Selbstverständnis der Barockdichter – nicht mehr in der lateinischen, sondern in der deutschsprachigen Dichtung erzielt wurden. Als Ergänzung sei auf die Anthologie *Lateinische Gedichte deutscher Humanisten* (Reclams Universal-Bibliothek, Nr. 8739 [7]) verwiesen, in der auch Dichter des 17. Jahrhunderts – etwa Jacob Balde, Caspar Barth und Paul Fleming – vertreten sind.

Die Anordnung der Gedichte stellt einen Kompromiß zwischen verschiedenen Möglichkeiten dar. Ziel der Herausgeber war, die geschichtliche Entfaltung der deutschen Lyrik des 17. Jahrhunderts deutlich werden zu lassen, zugleich aber auch eine Übersicht über das Gesamtschaffen einzelner herausragender Dichter zu geben und unterschiedliche Gruppierungen und Strömungen voneinander abzuheben. Mit einer streng chronologischen Folge der einzelnen Gedichte, einer alphabetischen Reihung der Autoren oder einer Gliederung nach soziologischen Gesichtspunkten, Themen und Gattungen wäre es nicht möglich gewesen, den historischen Entwicklungsprozeß und die angedeuteten Zusammenhänge in – auch pädagogisch – sinnvoller Weise sichtbar zu machen. Freilich kann man über Auswahl und Ordnungsprinzipien von Anthologien verschiedener Meinung sein.

Die Wiedergabe der Gedichte erfolgt in der Regel nach Originaldrucken des 17. Jahrhunderts. Nur in Ausnahmefällen, wenn die originalen Texte nicht erreichbar waren, mußte auf moderne Editionen zurückgegriffen werden. Die benutzten Vorlagen sind im »Verzeichnis der Autoren, Gedichte und Quellen« aufgeführt. Orthographie und Interpunktion blieben grundsätzlich gewahrt. Offensichtliche Druckfehler wurden jedoch stillschweigend korrigiert und die Druckfehlerverzeichnisse der Vorlagen berücksichtigt. Die Unterscheidung zwischen Fraktur- und Antiquasatz wurde nicht nachgeahmt; die Texte erscheinen im Neusatz einheitlich in Antiqua. Hervorhebungen durch Fettdruck in den Originaltexten sind durch Kursivdruck wiedergegeben; die Überschriften wurden vereinheitlicht. Die Anthologie unterscheidet zwischen I und J nach Maßgabe der Kleinschreibung und vereinheitlicht die Schreibung von I/J bzw. i/j in den meisten Fällen nach heutigem Gebrauch. Ausgenommen sind Ie/Je bzw. ie/je und die dazugehörigen Zusammensetzungen (z. B. wird *ieder* neben *jeder, ider* oder gar *jder* verwendet). Vereinheitlicht wurde auch die Schreibung von U und V bzw. u und v (U/u vor Konsonanten, V/v vor Vokalen). Für die Wiedergabe der Umlaute war das Verfahren der Originaltexte bestimmend: In der Regel steht also å, ô, ú (auch u) bzw. Ae, Oe und U. (Nur bei Fleming, wo in Überschriften zweimal als erstes Wort ein kleingeschriebenes *über* auftaucht, haben die Herausgeber ein Ú gesetzt). Wo neuere Ausgaben zugrunde gelegt werden mußten, war deren zuweilen modernisierte Schreibweise maßgebend (z. B. bei Czepko). Die Eigenheiten von Kuhlmanns *Kühlpsalter,* der schon im Original in Antiqua gesetzt ist (kursiv und recte) und neben den heutigen Umlautzeichen auch Ligaturen verwendet, blieben erhalten. Im allgemeinen jedoch wurden Ligaturen ebenso wie Abbreviaturen aufgelöst. In Schefflers *Sinn- und Schlussreimen* wurde die inkonsequente Schreibung von *GOtt/Gott* zu *GOtt* vereinheitlicht. Römische Jahreszahlen im Quellenverzeichnis sind mit den heute üblichen Buchstaben wiedergegeben. Auf den Abdruck von Melodien mußte verzichtet werden.

Die Herausgeber schulden zahlreichen Bibliotheken, Kollegen und Freunden Dank für bereitwillig gewährte Hilfe. Nur zwei Fälle sollen stellvertretend hervorgehoben werden: Ohne die Forschungen Dr. Franz Heiduks, Würzburg, wäre manche Lücke in den biographischen Angaben im »Verzeichnis der Autoren, Gedichte und Quellen« geblieben; und ohne das Entgegenkommen der Ratsschulbibliothek Zwickau wäre es nicht möglich gewesen, das von der Zensur unterdrückte Gedicht Harsdörffers auf den schwedischen Reichsmarschall Wrangel zu veröffentlichen.

Glossar

Aufgeführt sind häufiger vorkommende Wörter. Allerdings konnten und sollten nicht alle Abweichungen von den heutigen orthographischen und grammatikalischen Gepflogenheiten berücksichtigt werden. So muß der Leser u. a. darauf vorbereitet sein, daß b und p, d und t, i und ü ausgetauscht werden können, daß Diphthonge und Umlaute in verschiedenen Schreibweisen erscheinen und daß das Reflexivpronomen *sich* im Dativ meist mit *ihm, ihr* oder *ihnen* wiedergegeben wird.

als	wie
Aurora	Göttin der Morgenröte; die Morgenröte
bekleiben	wurzeln, anwachsen, zunehmen, fortdauern
Bisam	begehrter Duftstoff
braun	dunkelfarben, violett
Carthaun	schweres Geschütz
Circe	Zauberin; zeitweilig Geliebte des Odysseus
Cynthia	Diana; der Mond
dann	denn, als
Demant	Diamant
denn	dann, als
Diana	Göttin des Mondes, der Wälder und der Jagd; der Mond
dichten	trachten
dürfen	müssen
Echo	Nymphe; aus Gram über ihre unerwiderte Liebe zu Narziß in Fels versteinert, nur ihre Stimme blieb lebendig
einig	einzig
erst	zuerst
fast	sehr
Flora	Göttin des Frühlings, der Blumen und Blüten
für, für-	vor, vor-
gemein	gemeinsam, allgemein, gewöhnlich
Glück	Geschick, Zufall
Gratien	Grazien: die (drei) Göttinnen der Anmut
Grauß	Schutt
Helfenbein	Elfenbein
Helicon	Berg in Böotien; berühmte Kultstätte der Musen
Helle	Hölle
Israel	das auserwählte Volk Gottes
Luna	Göttin des Mondes; der Mond

maßen	zumal da
meinen	lieben, im Sinn haben, denken an
Marmel,	
Marmol	Marmor
Mars	Gott des Krieges; der Krieg
Minerva	Göttin der Wissenschaften und Künste; der Pallas Athene gleichgesetzt
Mittel	Mitte
Mohn	Mond
Nemesis	Göttin der ausgleichenden Gerechtigkeit; göttliche Gerechtigkeit und Vergeltung
Orpheus	mythischer Sänger; bezauberte durch seine Kunst selbst wilde Tiere und versuchte vergeblich, seine Gattin Eurydike aus der Unterwelt zu befreien
Pallas	Beiname der Athene, der Schutzgöttin der Wissenschaften und Künste
Pan	Gott der Hügel und Wälder; Schutzgott der Hirten und Herden
Parnaß	Gebirgsmassiv in Griechenland; Musensitz; wegen des Apollo-Heiligtums in Delphi wird der Parnaß metaphorisch zum heiligen Berg der Dichtkunst
Phaebus,	
Phoebus	Beiname des Apollo (als Sonnengott)
Phoenix	sagenhafter Vogel, der sich in bestimmten Zeitabständen selbst verbrennt und aus der Asche verjüngt hervorgeht
Plan	Ebene, Fläche
Pomona	Göttin der reifenden Früchte
prallen	prahlen
Schimpf	Scherz
Sion	Zion: Hügel in Jerusalem
sonder	ohne
Syrenen	Sirenen: Mischwesen aus Mädchen- und Vogelleibern, die durch ihren betörenden Gesang Seefahrer anlocken und töten
Schmünke	Schminke
Thetis	Meeresnymphe, Mutter des Achill
Titan	Beiname des Apollo (als Sonnengott)
Urlaub	Abschied, Erlaubnis
vor	für, vorher, ehedem
Vulkan	Gott des Feuers, Schmied der Götter
wann	wenn
weil	während, solange

wenn	wann
Witz	das Vermögen, Beziehungen wahrzunehmen; Verstand, Klugheit
Zefir,	
Zephyr	Zephir: sanfter Wind, bes. Westwind
zu-	zer-

Wort- und Sacherklärungen

5 *PostBott*

Buquoy: Karl Graf von Buquoy (1571–1621), kaiserlicher Heerführer, der in der Schlacht am Weißen Berge (8. November 1620) gemeinsam mit Tilly und Maximilian von Bayern den »newen Kônig«, Friedrich V. von der Pfalz (1596–1632), endgültig besiegte. Friedrich V. war 1619 von den böhmischen Ständen zum König von Böhmen gewählt worden.

all arm: zu den Waffen; Aufruf, sich kampfbereit zu machen.

putzel gsind: Menschenmenge.

Bethlem Gabor: Betlen Gábor (1580–1629), Fürst von Siebenbürgen, unterstützte die böhmischen Landstände im Kampf gegen Kaiser Ferdinand II.

Union: 1609 gegründete Vereinigung protestantischer Fürsten, die bei Ausbruch des Dreißigjährigen Krieges der Katholischen Liga nicht gewachsen war und sich 1621 auflöste.

Hollender Gott: Moritz von Oranien (1567–1625), zu dem Friedrich V. flüchtete.

Heinrich: Prinz Heinrich Friedrich von Oranien (1584–1647).

Winter: Wegen der kaum mehr als einen Winter währenden Regierungszeit (1619–20) wurde Friedrich V. bald als »Winterkönig« verspottet.

Jacobsbrüder: Pilger; insbesondere Wallfahrer nach dem Grab des Hl. Jacob zu Compostela.

Camerari: Ludwig Camerarius (1573–1651), Geheimer Rat am kurfürstlichen Hof, wurde 1619 Leiter der Kriegskanzlei Friedrichs V. in Prag.

Scultet: Abraham Scultetus (1566–1624), calvinistischer Theologe, der ebenfalls im Gefolge des Winterkönigs nach Prag ging.

Fritz: Friedrich V. von der Pfalz.

Der König trinckt: Auch in anderen polemischen Liedern wird darauf verwiesen, daß der »König trinckt« und daß »nach kräfften sauffen« zu seinen »Tugendten« gehöre. Vgl. Rudolf Wolkan (Hrsg.), *Deutsche Lieder auf den Winterkönig*, Prag 1898, S. 115 und 150.

Franckenthal: Stadt in der Unterpfalz, in der Friedrich V. vor allem Glaubensflüchtlinge aus den Niederlanden unterbringen und ansiedeln ließ.

Bettelrichter: Aufseher über das Bettelwesen.

Hosenbandt: Anspielung auf den Hosenbandorden, der Friedrich

319

von seinem Schwiegervater, König Jacob I. von England und Schottland (1566–1625), verliehen worden war.

8 *Lob-gesang Von meiner gnädigen Landsfürstin*
Landsfürstin: Barbara Sophia, Herzogin von Württemberg (1584 bis 1636), Tochter des Kurfürsten Joachim Friedrich von Brandenburg.
gleich-losem: unvergleichlichem.
Delische götin: Der Sage nach wurde Artemis, die griechische Göttin des Mondes, auf Delos geboren.
muter-losen götin witz: die kluge Einsicht der Pallas Athene; der Mythologie nach entsprang Athene dem Haupt des Zeus.
Paphos: Hafenstadt auf Zypern, Lieblingsaufenthalt der Aphrodite.
Printz: Johann Friedrich, Herzog von Württemberg (1582–1628).

10 *Uber den frühen tod ...*
Vgl. S. 44 (Stegmann); S. 112 (Gryphius); S. 195 (Czepko).
Anna Augusta Marggräfin zu Baden: Lebensdaten: 1604–16.
Röhtin: Morgenröte.

11 *Hertzog Christian von Braunschweigs Reim ...*
Christian d. J. von Braunschweig-Wolfenbüttel (1599–1626), protestantischer Heerführer im Dreißigjährigen Krieg.
verbaitzet: angetrieben, aufgereizt.
Doller Bischoff: Christian war seit 1616 lutherischer Bischof von Halberstadt und unter dem Namen »der tolle Christian« oder »der tolle Halberstädter« bekannt.
Mans Feld: Anspielung auf Graf Ernst von Mansfeld (1580–1626), protestantischer Heerführer im Dreißigjährigen Krieg.

13 *Grabschrifft ... H. Bernharden / Hertzogen zu Sachsen ...*
Bernharden: Bernhard von Sachsen-Weimar (1604–39), protestantischer Heerführer im Dreißigjährigen Krieg.

14 *An den Unüberwindlichen König von Schweden ...*
König von Schweden: Gustav II. Adolf (1594–1632); nach siegreichen Kriegen gegen Dänemark, Rußland und Polen griff er 1630 in den Dreißigjährigen Krieg ein und wurde bald als Retter des Protestantismus gefeiert.
wohn: ähnlich dem mhd. *wân:* Hoffnung, unbegründete Meinung; bei Weckherlin auch oft im Sinn von ›Wonne‹.

15 *An H. Martin Opitzen ...*
Das Gedicht bezieht sich auf Opitz' Zusendung seiner 1637 erschienenen *Psalmen Davids.*
wohn: Vgl. Anm. zum vorhergehenden Gedicht.

15 *Sie ist gantz Lieblich und Löblich*
geschmöll: Lächeln.

16 *Venedig gegen seiner Liebsten verglichen*
  Kreutz-geitzig: nach Leid begierig.
  Brent: der norditalienische Fluß Brenta.
  Galleen: Galeeren.
  Marxenplatz: Markusplatz.
  Curtisanen: Höflinge.
  Müntz: Münzanstalt.

18 *Ein Rund-umb ...*
  Vgl. S. 138 (Zesen).
  Rund-umb: Rundgesang.
  F.: Fürstin?

18 *Auff Danielis Heinsii Niederländische Poëmata*
  Heinsii: Daniel Heinsius (1580–1655), Gelehrter und Dichter, dessen *Nederduytsche Poemata* 1616 erstmals erschienen.
  Biß: sei.
  gelehrte Stadt: Leiden, dessen 1575 gegründete Universität bald zu internationaler Berühmtheit gelangte.
  der hohe Geist von Gent: der aus Gent stammende Heinsius.
  Zeitung: Nachricht.
  von der Does: Janus Dousa (1545–1604), in dessen neulateinischen Gedichten Ida als Geliebte besungen wird. – In den folgenden Versen Anspielung auf Dousas Stellung als Festungskommandant von Leiden (1574) während der spanischen Belagerung sowie auf die gezielte Überschwemmung des Landes zur Vertreibung der spanischen Belagerer.
  Gegentheil: die spanischen Belagerer.
  Brennus: Name gallischer Heerführer im 4. und 3. Jahrhundert v. Chr.
  Scaliger: der Franzose Joseph Justus Scaliger (1540–1609); Leiden wurde durch seine Übersiedlung zum Zentrum der Philologie.
  Mantua: Geburtsort des römischen Dichters Vergil (70–19 v. Chr.).
  Tullius: Marcus Tullius Cicero (106–43 v. Chr.), römischer Staatsmann und Schriftsteller.

20 *Echo oder Wiederschall*
  Vgl. S. 133 (Zesen).

21 *Ein Gebet ...*
  Spanier: Als Verbündete des Kaisers besetzten die Spanier unter Spinola im Herbst 1620 große Teile der Pfalz.
  Maranen: Spanier (eigentlich die spanischen Mauren und Juden).
  eisernen Ballonen: Kugeln. – Ballon: eigentlich ein kopfgroßer, luftgefüllter Lederbeutel, der mit Faust oder Schläger geschlagen wurde.
  ungenossen: ungestraft.

21 *Elegie*
Delia: Beiname der Diana.
laß: müde, matt.
23 *Ach Liebste / laß uns eilen ...*
Nach Pierre de Ronsards (1515–85) »Cependant que ce beau mois
dure ...«. – Vgl. S. 85 (Dach); S. 97 (Homburg); S. 106 (Greflinger).
Zeit: geeigneter Zeitpunkt, zu dem etwas geschehen kann oder soll.
23 *Ihr schwartzen Augen / ihr ...*
Vgl. S. 217 (Gläser); S. 222 (Schirmer).
Parcen: Schicksalsgöttinnen.
24 *Ich empfinde fast ein Grawen ...*
Das Gedicht erschien zuerst 1624 im *Buch von der Deutschen Poete-*
rey (Bl. D 4ʳ f.) als Musterbeispiel einer Ode, die »zue der frölgkeit«
anregen soll. Nach Ronsards »J'ai l'esprit tout ennuyé ...«. – Vgl.
S. 221 (Schirmer).
Clotho: Schicksalsgöttin, Spinnerin des Lebensfadens.
26 *Francisci Petrarchae*
Nach Francesco Petrarcas (1304–74) Sonett »S'amor non è . .«. – Vgl.
S. 97 (Homburg); S. 181 (Schwarz); S. 222 (Schirmer).
26 *Aus dem Italienischen der edelen Poetin Veronica Gambara ...*
Veronica Gambara: italienische Dichterin (1485–1550).
Fortun: Glück.
27 *Sonnet über die augen der Astree*
Aus der Schäferei *Hercinie*: Opitz und seine Mitschäfer Buchner,
Venator und Nüßler kommen beim Abstieg vom Kamm des Riesen-
gebirges an einen locus amoenus, in dessen Bäumen sie dieses Sonett
und die auf S. 30 abgedruckte Sestine eingeschnitten finden. – Vgl.
S. 93 (Finckelthaus); S. 133 (Zesen); S. 279 (Hoffmannswaldau).
Astree: Titelheldin des im 17. Jahrhundert vielgelesenen Schäferro-
mans (1607–27) von Honoré d'Urfé (1567–1625).
27 *Ihr / Himmel / Lufft und Wind ...*
Nach Ronsards Sonett »Ciel, air et vents ...«.
28 *An eine Jungfraw*
Nach einer niederländischen Vorlage von Roemer Visscher (1547
bis 1620), die auf das Lied »Pour tous le biens ...« von Clément
Marot (1496–1544) zurückgeht.
Leichnam: Leib, Gestalt.
30 *Sechstine*
Aus der Schäferei *Hercinie* (s. Anm. zu S. 27). – Vgl. S. 292 (Mühl-
pfort).
Pales: italische Hirtengöttin.
Lucifer: Morgenstern.

31 *Auff des Petrarchen Katze*
Noch zu Opitz' Zeiten zeigte man den Besuchern des Hauses in Arquà, wo Petrarca 1374 verstorben war, neben anderen Sehenswürdigkeiten auch »seiner Katze gerippe«. Darauf verweist auch Opitz im Anschluß an die Wiedergabe der lateinischen Vorlage (»In felem Petrarchae«), die der deutschen Fassung vorausgeht. Das lateinische Epigramm soll an einer Wand dieses Hauses gestanden haben.
Laura: Frau, die Petrarca in seinen Dichtungen besang.

32 [*Über die Eroberung der Stadt Magdeburg*]
Magdeburg: Magdeburg wurde am 20. Mai 1631 von den kaiserlichen Truppen unter Johann Tserclaes, Graf von Tilly (1559–1632), erobert. Vgl. auch die Gedichte S. 49 (Werder); S. 53 (Gloger).
Carl: Karl V. (1500–58); römisch-deutscher Kaiser von 1519 bis 1556, bemühte sich im Schmalkaldischen Krieg (1546/47) vergeblich, Magdeburg einzunehmen.
Marg-Graf: Christian Wilhelm von Brandenburg (1587–1665) verließ die Stadt 1625, als Wallenstein in das Gebiet des Stiftes Magdeburg einrückte. Im Sommer 1630 kehrte der Administrator mit schwedischer Hilfe nach Magdeburg zurück und wurde bei der Eroberung der Stadt gefangengenommen.
Gesell: Tilly, der zeitlebens Junggeselle blieb.

32 *Der CXXX. Psalm*
Vgl. S. 59 (Fleming); S. 167 (Bucholtz); S. 254 (Hohberg).

33 *Salomons hohes Lied. Das Siebende Liedt*
Vgl. S. 129 (Zesen).
Wüste: Einsamkeit.
Hesbons … Reiche: Hesbon: berühmte Stadt im Lande Gilead. »Am Bathrabs Thor'« sollen zwei Teiche gelegen haben. – Armon: Sohn des jüdischen Königs Saul.
Libans Thurn: Einige Ausleger des Hohenliedes vermuten, auf dem Libanon habe ein Turm gestanden.
Karmel: Vorgebirge an der Mittelmeerküste Palästinas.
Mittelsee: Mittelmeer.
Sulamithinn: Name der Braut im Hohenlied.
feister: ungestörter.

35 *An Herrn Heinrich Schützen …*
Heinrich Schütz (1585–1672), der bedeutendste deutsche Musiker des 17. Jahrhunderts, verlor seine Frau am 6. September 1625.
Thalia: Muse der heiteren Dichtkunst.
Eägers Sohn: Orpheus.

36 HORATII: *EXEGI monumentum*
EXEGI: Ode 3,30 von Quintus Horatius Flaccus (65–8 v. Chr.).

Aufides: Fluß in Apulien, der Heimat des Horaz.

Daunus: sagenhafter König Apuliens. Text von Opitz ungenau übersetzt: »[...] qua violens obstrepit Aufidus et qua pauper aquae Daunus agrestium regnavit populorum [...]« (»wo der Aufidus wild braust und, an Quellen arm, einst ob ländlichem Volk Daunus geherrscht«).

Melpomene: eine der Musen, meist der Tragödie und klagenden Gesänge.

36 *Uberreime ...*
Uberreime: Widmungsverse.

37 *An die Teutschen*
Lufftpferdts Herberge: Pegasus fand im Palast des Zeus seine »Herberge«, nachdem er diesem Donner und Blitz gebracht hatte. Olymp und Helikon scheinen in Zincgrefs Vorstellung nicht klar geschieden.

37 *Epigramma Vom Thurn zu Straßburg ...*
eingestelt: verhindert.

38 *Teutschland. Emblema*
Aeoli: Aeolus: Beherrscher der Winde.
Castor und Pollux: Söhne des Zeus und der Leda, die – an den Himmel versetzt – zu Schutzherren der Seefahrer wurden.

38 *Von der Zeit*
Neptuns Frewd: Neptun: Gott des fließenden Wassers, später auch des Meeres.

39 *MEin Schifflein lieff im wilden Meer ...*
vovir: gelobe, weihe.

41 *JErusalem du hochgebawte Stadt ...*
Der Text veranschaulicht die Funktion des Kirchenlieds im protestantischen Gottesdienst. Im Original steht das Lied am Ende einer Predigt über die Freuden der ewigen Seeligkeit.
blache: flache, ebene.
Eliae Wagen: In einem feurigen Wagen fuhr der Prophet Elias gen Himmel (2. Kön. 2,11 f.).

44 *Kurtze Reimen / Von Eitelkeit des menschlichen Lebens*
Vgl. S. 10 (Weckherlin); S. 112 (Gryphius); S. 195 (Czepko).

45 *Am H. Christ-Tage ...*
Vgl. S. 113 (Gryphius); S. 190 (Spee); S. 213 (Rettenpacher).

48 *Der Mitternächtische Lewe ...*
Mitternächtische Lewe: König Gustav II. Adolf von Schweden (1594–1632).
PfaffenGasse: Wegbezeichnung für Gustav Adolfs triumphalen Zug durch die Bistümer Bamberg und Würzburg den Main abwärts zum

Mittelrhein. – Pfaffengasse: eigentlich (seit Maximilian I.) Bezeichnung für das linksrheinische Gebiet mit seinen zahlreichen Bistümern.

schnarchen: schmähen, lästern.

Baalspfaffen: einem falschen Gott dienende Priester.

Adler: der Kaiser.

Beer: Maximilian I. (1573–1651), seit 1597 Herzog von Bayern, seit 1623 auch pfälzischer Kurfürst.

49 *TrawerLied ...*

Vgl. S. 32 (Opitz); S. 53 (Gloger).

Magdeburg: Siehe Anm. zu S. 32.

Clio: Muse der Geschichtsschreibung.

drey HöllHuren: die drei Erinyen, Rächerinnen von Bluttaten: Tisiphone, Alekto, Megaira.

Plutons Weib: Persephone, die von Pluton gewaltsam in die Unterwelt entführt wurde.

ALTER KAHLKOPF: Tilly (1559–1632), kaiserlicher Feldherr.

Schiff Charontis: das Boot des Charon, in dem dieser die Toten über die Ströme Acheron und Styx in die Unterwelt fuhr.

Tutten: Zitzen.

Mahlschatz: Verlobungsgeschenk.

Parcae: die Parzen (Schicksalsgöttinnen).

Falckenberg: Dietrich von Falkenberg (1580–1631), seit 1630 schwedischer Kommandant der Stadt Magdeburg.

53 *Generals Tylli drey Tugenden in Laster verkehret*

Vgl. S. 32 (Opitz); S. 49 (Werder).

Tylli: Tilly: Siehe Anm. zu S. 32 und S. 49.

beschryen: bekannt, berühmt.

der Sachsen Magd: Magdeburg; siehe S. 49 (Werder).

54 *Der Jesuiten Monarchi*

vier MonarchienZünffte: Anlaß zu der Vorstellung der vier »Monarchien« der Welt gab ein Traum des Propheten Daniel (Dan. 7), der unterschiedlich gedeutet worden ist, u. a. so, daß auf die vier großen Weltreiche (der Assyrer, Perser, Griechen und Römer) eine fünfte »Monarchie« folgen werde, die sich alle Reiche der Erde untertan mache.

KeyserReuser: Symbol der kaiserlichen Macht; ›Reis‹ in der Bedeutung von ›Herrscherstab, Zepter‹.

Pabst: wohl die Demütigung Heinrichs IV. durch Papst Gregor VII. in Canossa 1077.

Venedig: 1605 wurden die Jesuiten aus Venedig ausgewiesen.

karten: abkarten, hintergehen.

Chur: Bereits am 22. September 1621 hatte Kaiser Ferdinand II. auf Drängen des Papstes die Kurwürde der Pfalzgrafen bei Rhein in einem Geheimschreiben an Maximilian von Bayern übertragen. Die öffentliche Belehnung Maximilians erfolgte erst 1623.

geflohen: vor dem siegreichen Heer Gustav Adolfs.

Ihr Stifft in Augen: etwa: wir, die wir ihnen ein Dorn im Auge sind.

fromme: tüchtige, rechtschaffene.

Râthe: Ratschläge.

55 *Wallensteins Epitaphium*
Seine militärischen Erfolge als kaiserlicher Feldherr im Dreißigjährigen Krieg ermöglichten Albrecht Eusebius von Wallenstein (geb. 1583) den Aufstieg zum Herzog von Friedland (1625) und Mecklenburg (1627). Unstimmigkeiten mit Spanien, den Jesuiten und Maximilian von Bayern führten zu seiner vorübergehenden Absetzung 1630. Unter der Beschuldigung des Hochverrats wurde er 1634 in Eger ermordet. – Vgl. S. 70 (Rist); S. 198 (Czepko); S. 281 (Hoffmannswaldau).

Sporn Kirrn: Wallensteins Überempfindlichkeit gegen Geräusche war den Zeitgenossen allgemein bekannt:

bandisirt: verbannt.

losirt: wohnt.

56 *Herrn Pauli Flemingi ... Grabschrifft ...*
Fleming starb am 2. April 1640.

Klarien: Musen.

59 *Der CXXX. Psalm*
Vgl. S. 32 (Opitz); S. 167 (Bucholtz); S. 254 (Hohberg).

auff eins: auf einmal.

Jacob: Israel (vgl. 1. Mos. 32,22 ff.).

60 *ISt dieses nun das süße Wesen ...*

nichts ümm und an: überhaupt nichts.

61 *Auff die Italiänische Weise: O fronte serena*
O fronte serena: O heitere Stirn.

62 *Wie Er wolle geküsset seyn*

Adonis: Geliebter der Venus.

63 *AUrora schlummre noch ...*
Akrostichon: ANNA. – Zur Erläuterung des biographischen Hintergrunds der Liebesgedichte siehe Paul Flemings *Deutsche Gedichte,* hrsg. von J. M. Lappenberg, Stuttgart 1865, Neudr. Darmstadt 1965, Bd. 2, S. 881–886.

Korilen: Anna Niehusen.

Eas: Eos: Göttin der Morgenröte.

64 *EIN getreues Hertze …*
Akrostichon: ELSGEN; vgl. Lappenberg, Bd. 2, S. 882.
65 *ES ist ümmsonst …*
Akrostichon: ELSABE; vgl. Lappenberg, Bd. 2, S. 882.
68 *Er redet die Stadt Moskaw an …*
Nach dem Bericht von Adam Olearius (1603–71) hielten sich die
Vertreter der holsteinischen Gesandtschaft auf ihrer Reise nach Per-
sien vom 29. März bis zum 30. Juni 1636 und vom 2. Januar bis zum
15. März 1639 in Moskau auf (*Vermehrte Newe Beschreibung Der
Muscowitischen vnd Persischen Reyse*, Schleswig 1656).
Ruthenen: hier: Russen (eigentlich ›Ukrainer‹).
69 *Auff den lustigen Flecken Rubar …*
lustigen: ergötzlichen.
Rubar: Flemings Gedicht und eine genauere Beschreibung des Ortes
bei Olearius, S. 698.
Taurus: Gebirgskette im Süden der Türkei.
Nais: Wassernymphe.
Chloris: Göttin der Blumen, Personifizierung des Frühlings.
Dryaden: Baumnymphen.
Silenus: Satyr, Mischwesen aus Mensch und Pferd.
Osyris: Osiris: ägyptischer Gott, u. a. Gott der Fruchtbarkeit des
Landes.
Oreaden: Bergnymphen.
69 *Über Herrn Martin Opitzen … sein Ableben*
Elyserfeld: Elysium: Gefilde der Seligen.
Maro: Vergil.
70 *Als die wunderbahre … Zeitung erschallete …*
Vgl. S. 55 (Anonym); S. 198 (Czepko); S. 281 (Hoffmanns-
waldau).
Hertzog von Friedland: Siehe Anm. zu S. 55.
FERDINAND: Ferdinand II. (1578–1637), von 1619 an römisch-deut-
scher Kaiser.
77 *An Johann Risten …*
Tichter gekrönt: Als Nachfolger der römischen Imperatoren nahmen
die deutschen Kaiser seit Karl IV. (1355) Dichterkrönungen vor. Rist
wurde 1644 von Ferdinand III. (1608–57, Kaiser seit 1637) zum
Dichter gekrönt.
Ohn ablaß: unablässig.
keinsen: keines Menschen.
79 *Letterwexel …*
Anagramm. Die spielerische Verwendung der in Namen liegenden
anagrammatischen Möglichkeiten stellt eine beliebte Technik der

Gelegenheitsdichtung des 17. Jahrhunderts dar. – Vgl. S. 91 (Kaldenbach).

80 *Auff Hn. Johann Mochingers geliebten Söhnleins ... Begräbnüß ...*
masirten: bunt gefleckten.
Aeol: Beherrscher der Winde.
stertzen: stürzen, eilen.

83 *Klage der Götter ...*
Durch deß Icarus Geflügel: durch die Luft.
Ambrosinen Brod: Götterspeise; metaphorisch für Dichtung, die ebenfalls Unsterblichkeit verleiht.
Buchner: Siehe Anm. zu S. 128.
Bober-Söhne ... gedrittes Lorber-Blat: Buchner und die beiden in Bunzlau am Bober geborenen Dichter Opitz und Tscherning.
jenem Alten: dem Götterschmied Vulkan.
Marsyas: phrygischer Flußgott (Silen), Meister des Flötenspiels.

84 *Horto recreamur amoeno*
Wir erholen uns im lieblichen Garten. – Gemeint ist der vor dem Honigtor gelegene Garten Heinrich Alberts auf der Lomse-Insel im Pregel, wo sich die Königsberger Dichter oft trafen.
Hauß der Reyme: die in Alberts Garten erbaute Hütte.

85 *Mey-Liedchen ...*
Vgl. S. 23 (Opitz); S. 97 (Homburg); S. 106 (Greflinger).
Festinetur ... juventae: Heirate möglichst früh (»Der Gott der Ehe eile, solange du in der Blüte der Jugend stehst«).

86 *Perstet amicitiae semper venerabile Faedus*
Der verehrungswürdige Freundschaftsbund bleibe immer bestehen.

88 *Unterthänigste letzte Fleh-Schrifft ...*
Churfürsten: Friedrich Wilhelm von Brandenburg, der »Große Kurfürst« (1620–88).
Huben: Feldmaß unterschiedlicher Größe von 1/2 bis zu 20 Hektar. – 1657 erhielt Dach ein Stück Land von 10 1/2 Huben (Hufen).

89 *Trewe Lieb' ...*
Löw': Liebe.
Quôm': käme.
by een anger: beieinander.
Vernöttinge: Verknüpfung.
ôm: man.
schluht: schließe.
hartaget: ärgert, zankt.
glihk ... begeyht: sich wie Hunde und Katzen beträgt.
Dühfken ... Hohn: Täubchen, mein Schäfchen, mein Huhn.
Brohk: Hose.

90 *Vivam dum mihi vita datur*
Ich will leben (das Leben genießen), solange mir Leben gegeben ist.
abgeredeten: reiflich überdachten.

91 *Hn. Valentin Baumgarten ...*
Vgl. S. 79 (Schneuber).

92 *Preussisches Valet ...*
Abschied: Im Jahr 1656 folgte Kaldenbach einem Ruf als Professor für Beredsamkeit, Dichtung und Geschichte an die Universität Tübingen. Sein Abschied von Königsberg, wo er als Professor für griechische Sprache gewirkt hatte, fällt zeitlich mit dem Ausbruch des Schwedisch-Polnischen Krieges und dem drohenden Einfall der Schweden in Ostpreußen zusammen (vgl. V. 2).
Churfürst: Friedrich Wilhelm von Brandenburg, der »Große Kurfürst«.
Nachtheil: Innerhalb von drei Monaten hatten die Schweden ganz Polen besetzt.
Trübeln: Verwirrungen, Kriegswirren.
verholen: verborgen.

93 *Uber die Hand der Astree*
Vgl. S. 27 (Opitz); S. 133 (Zesen); S. 279 (Hoffmannswaldau).

95 *Der Soldate*
Kneiff: krummes Schustermesser.

97 *Epigramma*
Vgl. S. 26 (Opitz); S. 181 (Schwarz); S. 222 (Schirmer).

97 *Auff die besagte Sylvia ...*
Vgl. S. 23 (Opitz); S. 85 (Dach); S. 106 (Greflinger).

99 *Schmaus-Lied ...*
Überschrift im Original: »Ein ander Schmaus-Lied«.
Pierinnen: Musen.

100 *Der Autor kans Niemand zu Danck machen*
Momus: personifizierte Tadelsucht. Momus platzte vor Ärger darüber, daß er an Aphrodite nichts auszusetzen fand.
Kalb ins Aug geschmissen: Unwillen erregt.
Fuchs gestrichen: geschmeichelt, geheuchelt.
Ich henge ... Schelle: der Katze die Schelle anhängen: sich zu einem Wagnis hergeben.

102 *Ihm vergnüget nichts denn seine Liebste*
Scharmutzirer: leichtbewaffnete Soldaten.
Castors und Pollux Zunfft: Seefahrer, deren Schutzherren die Dioskuren waren.
Mercurium: Merkur: u. a. Gott des Handels.

Ceres: Göttin des Wachstums und der Ackerfrüchte.

Martis: des Kriegsgottes Mars.

104 *Der Mars ist nun im Ars*

   Lex und Ars: Gesetz und Kunst.

   getrillt: gequält, mißhandelt.

106 *Laß der Jugend brauchen ...*

   Vgl. S. 23 (Opitz); S. 85 (Dach); S. 97 (Homburg).

107 *Hylas wil kein Weib nicht haben*

   kiest: wählt.

   Covent: Kofent: Dünnbier.

   misten: das Haus sauber halten.

   Brug: Hose.

109 *Wider-Ruff*

   vierdthalb: ein Achtel.

   Favore: Schleife, die als Zeichen der Gunst (meist am rechten Ärmel) getragen wurde.

112 *Uber die Nacht meiner Geburt ...*

   hora XII. p. m.: Mitternacht. – Gryphius wurde am 2. Oktober 1616 geboren.

112 *Eitelkeit Menschlichen Lebens*

   Vgl. S. 10 (Weckherlin); S. 44 (Stegmann); S. 195 (Czepko).

113 *Uber die Geburt JEsu*

   Vgl. S. 45 (Heermann); S. 190 (Spee); S. 213 (Rettenpacher).

114 *VANITAS, VANITATUM, ET OMNIA VANITAS ...*

   Der Fassung von 1637 folgt anschließend die von 1663 (»Es ist alles Eitel«).

   Eccl[esiastes]: Prediger Salomo.

   pocht: sich mit übertriebenem Selbstgefühl behauptet (Jacob und Wilhelm Grimm, *Deutsches Wörterbuch*, Leipzig 1854 ff., Bd. 7, Sp. 1955).

115 *Thrånen in schwerer Kranckheit*

   Mauß: Muskel(n).

116 *Trawrklage des verwůsteten Deutschlandes*

   Der Fassung von 1637 folgt anschließend die von 1663 (»Thrånen des Vaterlandes«).

   Korben: aus Körben und Korbgeflecht hergestellte bewegliche Schanze.

   Straßburg: Straßburgs Rücktritt aus der protestantischen Union (1621) führte zu einer vorübergehenden Belagerung.

117 *An die Sternen*

   Vgl. S. 289 (Haugwitz).

119 *Mitternacht*

330

schitternden: schütternden: funkelnden (im 17. Jahrhundert oft bei der Beschreibung von Metall und Diamanten gebraucht).

120 *Als Er aus Rom geschidn*
Gryphius' Rom-Aufenthalt fällt in die erste Hälfte des Jahres 1646.
starck bewehrte Fest: die Engelsburg.
Nadeln: Obelisken.

121 *Der Tod*
Hutt und Krone: Zeichen geistlicher und weltlicher Herrschaft.
Tagus: Tagos: Oberbefehlshaber des thessalischen Heeres.
verstellte: (durch den Tod) veränderte, entstellte.

121 *Das Letzte Gerichte*
Pontus: Königreich und spätere römische Provinz an der Schwarz-meerküste Kleinasiens.

123 *ANDREAS GRYPHIUS. Uber seine Sontag- und FeyrtagsSonnette*
Abas: Schah von Persien, Gegenspieler der Titelheldin in Gryphius' Trauerspiel *Catharina von Georgien* (1657).
Leo: Leo Armenius, Kaiser von Byzanz in Gryphius' gleichnamigem Trauerspiel (1650).

124 *Ruhe des Gemühtes*
pocht: trotzt (Grimm, *Deutsches Wörterbuch*, Bd. 7, Sp. 1958).
hochbegreißten: längst vergangenen.

126 *Psal. LXX. v. 20 ...*
Quantas ... me: »Denn du lessest mich erfaren viel vnd grosse Angst / Vnd machst mich wider lebendig [...]« (Ps. 71 bei Luther, dessen Übersetzung hier zitiert ist).
stätter: stätten?

127 *Uber Nicolai Copernici Bild*
Nikolaus Kopernikus (1473–1543) verdankt die Astronomie die wis-senschaftliche Begründung des heliozentrischen Weltsystems.
pochen: vernichten (Grimm, *Deutsches Wörterbuch*, Bd. 7, Sp. 1960).

128 *MEin liebster Opitius rührte die Seiten ...*
Im Garten ihres Vorwerks spricht die Erzählerin der *Poetischen Ge-danken* mit ihrer dichtenden Freundin über die jüngste Entwicklung in der deutschen Literatur und faßt ihre Gedanken in dem hier abge-druckten Gedicht zusammen.
Caesius: Philipp von Zesen hatte als Schüler von August Buchner in seiner 1640 und 1641 erschienenen Poetik den Gebrauch daktyli-scher und anapästischer Verse gefordert.

128 *Dactylisch Sonnet an ... Herrn August Buchnern ...*
Buchnern: Als Professor an der Universität Wittenberg lehrte Buch-ner (1591–1661) bereits in den dreißiger Jahren den Gebrauch dakty-

lischer und anapästischer Verse; damit setzte er sich über Vorbehalte der Fruchtbringenden Gesellschaft hinweg.

129 *Salomons ... Hohes Lied. Die Siebende Abtheilung*
Vgl. S. 33 (Opitz).
Heßbon ... Karmel: Siehe Anm. zu S. 33.
verzihen: zögern, warten.

131 *Lied / von helden-reimen*
von helden-reimen: in Alexandrinern.
nach-hal: Widerhall, Echo.
lust-kind: Amor.

133 *Auf di Augen seiner Liben*
Aus dem Roman *Adriatische Rosemund:* Ehe Rosemund morgens erwacht, heftet Markhold seine vier neuesten Gedichte »der Rosemund zu ehren« an einige Linden hinter ihrem Garten. Das hier abgedruckte Gedicht ist das dritte dieser »tichtlinge«. – Vgl. S. 27 (Opitz); S. 93 (Finckelthaus); S. 279 (Hoffmannswaldau).
karfunkel: Edelstein, der angeblich die Fähigkeit besaß, im Dunkeln hell zu strahlen.
tahlen: zu Tal sinken, niedersinken, sich senken.

133 *Ein Jambisch Echonisch Sonnet*
Vgl. S. 20 (Opitz).

134 *Meien-Lied ...*
Im Frühjahr 1653 wurde Zesen auf dem Reichstag zu Regensburg von Kaiser Ferdinand III. geadelt.
Eleonoren: Eleonora (1630–86), Tochter Karls II. von Mantua; sie heiratete 1651 Kaiser Ferdinand III.
letzen: erfreuen, vergnügen.

136 *Siegeslied der himmelsflammenden Deutschen Dichtmeister ...*
entpöhret: emporstreckt.
Neidhart: mißgünstiger Mensch, personifizierter Neid.

138 *Ringel-gedichte ...*
Überschrift im Original: »Ein anderes üblichers Ringel-gedichte ...«
Vgl. S. 18 (Weckherlin).
gemeiner ahrt reimen: vers communis (fünfhebige Jamben mit Zäsur).
Holländisch: Zesen lebte viele Jahre in Holland.
zinken: Blasinstrument aus Horn oder lederüberzogenem Holz.

139 *Palm-baum der höchst-löblichen Frucht-bringenden Geselschaft ...*
Figurengedichte: S. 160 (Helwig); S. 216 (Steinmann); S. 248 (Greiffenberg).
Palm-baum: Sinnbild der Fruchtbringenden Gesellschaft.

140 *Newe Bauren-Klag ...*

Bruder Veit: Bezeichnung für Landsknecht.

drüber schmiert: dafür beschimpft (oder schlägt).

Büchsenschäfft: Büchsenschaft: Schulterstütze des Gewehrs.

Breuel: Prügel.

Tröscher pflegel: Dreschflegel.

142 *Eines Schlesischen Bauers vermessene reden ...*

laustern: lauern.

144 *Hofe-Regel*

Non ... Sacerdos: Mir diene kein Arzt, kein Prophet, kein Priester.

144 *Eines Fürsten Amt*

Rieß: sich für den Riß stellen: schützend vor eine Bresche treten, schützend eintreten, schützend wachen für jemanden oder etwas (Grimm, *Deutsches Wörterbuch,* Bd. 8,1, Sp. 1048).

nimmt allen Anlauff an: wehrt jeden Angriff ab.

147 *Vom Könige in Engeland*

drey der Kronen: die Kronen von England, Schottland und Irland, die Karl I. 1649 durch seine Enthauptung verlor.

148 *Da kommet der Karren mit dem Geld ...*

Fried: wohl das Ende des Dreißigjährigen Krieges.

Lauren: Auflaurer, Nachsteller, Straßenräuber.

schällig: zornig.

Merode-Pursch: plündernde und mordende Soldaten.

Frucht nichts gilt: In der Wirtschaftsrezession nach dem Dreißigjährigen Krieg sanken die Lebensmittelpreise rapide.

Kraut und Loht: Pulver und Blei.

Vivres: Lebensmittel, Proviant.

Avisen: Zeitungen, Nachrichtenblätter.

Accis: Umsatzsteuer.

garten: (einzeln) betteln.

Briefe: Pfandbriefe, Wechsel.

diesen Wagen: dem auf dem Flugblatt abgebildeten »Karren«.

Alamodo-Praler: Stutzer.

braviren: großtun, prahlen.

Löffeley: Liebelei.

151 *Lobgesang ... HERRN CARL GUSTAV WRANGEL ... gesetzet*

Lobgesang: Als dieses Gedicht auf den schwedischen Reichsmarschall Carl Gustaf Wrangel (1613–76) trotz des Verbotes der Nürnberger Zensurbehörde erschien, griff der Rat der Stadt ein: Der Drucker mußte zwei Tage in einem Gefängnis verbringen, Harsdörffer wurde unter Hausarrest gestellt. Von dem Gedicht, durch das der Rat seine Neutralitätspolitik gefährdet sah, sind nur noch wenige

Exemplare vorhanden. Als Druckvorlage diente das Exemplar der Ratsschulbibliothek Zwickau.

rüllt: brüllt, schreit.

Femern: die Insel Fehmarn.

Lalandischen Stranden: die dänische Insel Lolland.

daß meinste geblieben: das meiste (auf der Strecke) geblieben.

Sieg: Wrangel, der 1644 zum Admiral befördert worden war, errang im gleichen Jahr einen entscheidenden Sieg über Dänemark.

Brix ... Bregnitz: In der Schlußphase des Dreißigjährigen Krieges eroberten die Schweden unter der Führung Wrangels u. a. Brix und Teplitz in Böhmen und die anschließend genannten Städte und Gebiete Deutschlands. – Bregnitz: Bregenz.

Stücke: Kanonen.

hermen: trauern, betrübt sein.

erstaunen: bedeutet auch: sich fürchten.

Die Donau ... Ulmische Lied: Im März 1647 zwangen Wrangel und die Franzosen den Kurfürsten von Bayern in Ulm zum Abschluß eines Waffenstillstands.

Schweinfurt / und Eger: Schweinfurt fiel am 16. April, Eger am 7. Juli 1647.

der Kaiser: Zur Hebung der Kampfmoral hatte sich der Kaiser zu den Truppen nach Böhmen begeben, wurde aber am 20. Juli 1647 von den Schweden unter Wrangel aus seinem Lager vertrieben.

Bellona: Kriegsgöttin der Römer.

Holtzapffel: Peter Melander Graf von Holzappel (1585–1648) wurde 1647 kaiserlicher Generalfeldmarschall; durch seine Differenzen mit dem bayerischen Feldmarschall Gronsfeld verscherzte er möglicherweise den Sieg, »den Bairischen Krantz«.

Lech ... Ammer: Nach Holzappels Niederlage und Tod bei Zusmarshausen (17. Mai 1648) war der Lech als Verteidigungslinie nicht mehr zu halten.

Christina: Königin von Schweden (1626–89); sie übernahm 1644 die Regierung, dankte jedoch 1654 ab und trat zum Katholizismus über.

154 *Die Welt ...*

Urania: Muse der Astronomie.

sic vos non vobis: so ihr, nicht für euch. – In einem der Manuskripte der Donatus-Vita des Vergil wird von einem Dichterling berichtet, der Vergil-Verse als die seinen ausgab. Diesen stellte Vergil angeblich vor die Aufgabe, den zitierten Halbvers zu vollenden. Vgl. *Vitae Vergilianae recensuit Iacobus Brummer,* Leipzig 1912, S. 30 f.

155 *An die Stadt Nürnberg*

Aus dem *Pegnesischen Schäfergedicht:* Der durch den Krieg aus Meißen vertriebene Schäfer Klajus (Klaj) nähert sich der Stadt Nürnberg und singt, beeindruckt von der Schönheit der Stadt, dieses Sonett.

Nordenheld: Gustav II. Adolf von Schweden (1594–1632). Auf seinem Siegeszug durch Deutschland war er 1631 von den Nürnbergern begeistert empfangen worden.

155 *Hellgläntzendes Silber* ...
Aus dem *Pegnesischen Schäfergedicht:* Vor den Toren Nürnbergs begegnet Klajus dem berühmten Schäfer Strefon (Harsdörffer). Während sie die mit schattigen Linden bepflanzte Hallerwiese überqueren, singt Klajus ein Lied beim Anblick dreier Springbrunnen.
verführt: verrückt, stört.

156 *Vorzug deß Frülings*
Schmerlen: Grundeln, karpfenartige Fische.
Reissen: Reusen.
Haberrohr: Hirtenflöte.
Eiter: Euter.

156 *Vorzug deß Sommers*
Lauer: betrogener Schelm.
Altan: Söller, offener Saal.

157 *Vorzug deß Herbstes*
Wäldner: Waldbewohner.
falbigen: falb: bleich, vergilbt.

158 *Sonnet. Der Norische Parnaß*
Aus der Schäferei *Der Norische Parnaß:* Nachdem Floridan (Birken) im Gespräch mit anderen Pegnitzschäfern den griechischen Parnaß als eine Schöpfung Luzifers, als ein teuflisches Gegenstück zum biblischen Musenberg Sion entlarvt hat, schlägt er vor, den Moritzberg bei Nürnberg, auf dem sich die Schäfer gerade befinden, als »neuen Parnaß« zu betrachten. Dort singt Palämon »wie der Virgilische Tityrus« dieses Sonett.
Norische: Nürnbergische.
Nordgau: das Gebiet zwischen Ingolstadt und Bamberg mit Nürnberg als Mittelpunkt.
Granadill: Name der Passionsblume.

159 *Pegnitzlob*
Aus der *Fortsetzung Der Pegnitz-Schäferey:* Nachdem die Schäfer sich unter einer Linde am Ufer der Pegnitz niedergelassen haben, erinnern sie sich an einen Besuch der Quelle dieses Flusses; diese ergießt sich, wie Floridan (Birken) bemerkt, »unter der Rechten eines alten Steingreisses / (deme die viele der Jahre / und Länge der Zeit / Haar und Bart in Mos und Riedgras verwandelet) aus eines

Felsens kleinem Hügel / der in Form eines Krugs ausgehauen / worauf diese nachdenkliche Worte [...] geschrieben: *Ich netze und nütze* « (S. 81). Auf Drängen der Mitschäfer wiederholt Floridan seine damals gedichteten Verse.

Gespôr: Pfad, Weg (vgl. ›Spur‹).

strampfet: stößt, stampft.

160 *Eine Sanduhr*

Aus der Schäferei *Die Nymphe Noris*: Die Pegnitzschäfer beschließen, »etwas sonders« zu ersinnen (S. 82). So entstehen nach dem Vorbild griechischer Bildgedichte u. a. ein Turm, ein Reichsapfel, eine Orgel, ein Röhrenbrunnen und auch die hier abgedruckte Sanduhr. – Figurengedichte: S. 139 (Zesen); S. 216 (Steinmann); S. 248 (Greiffenberg).

risch: munter, flott.

Zwier: zweifach, zweimal.

164 *Bey Ansehung der Bücher des Seel. Schottelii*

In einer Anmerkung verweist der Verfasser auf die – später doch wohl nicht verwirklichte – Absicht, Schottelius’ Nachlaß der herzoglichen Bibliothek zu Wolfenbüttel einzuverleiben.

Okerstrand: Wolfenbüttel, wo Schottelius bis zu seinem Tode lebte, liegt an der Oker.

Suchenden: Der Suchende: Schottelius’ Name in der Fruchtbringenden Gesellschaft.

Korven: Nachfahre des als Sammler von Handschriften und Frühdrucken berühmten Ungarnkönigs Matthias Corvinus (1458–90)? Zugleich Wortspiel mit lat. corvus ›Rabe‹.

fårtger: färtig: emsig, geschäftig.

Wissenschafft: hier wohl kaum noch in der ursprünglichen Bedeutung von ›Kenntnis‹.

165 *Ode ...*

Glyconischen: Glykoneus: Vers in der Form ⌣⌣‖⌣⌣⌣‖⌣⌣.

Ityphallischen: Ithyphallikus: ein in phallischen Kultliedern üblicher Vers: ‿⌣‿⌣‿‿.

Phaleucischen: nach dem Dichter Phalaikos benannte elfsilbige Verszeile (Hendekasyllabus) von verschiedenartiger Form, u. a.: ‿⌣‿⌣⌣‿⌣‿⌣‿⌣.

Cymbalen: Zimbeln.

166 *Sapphische Ode ...*

Policey: weltliche Obrigkeit.

167 *Der CXXX. Psalm*

Vgl. S. 32 (Opitz); S. 59 (Fleming); S. 254 (Hohberg).

ferren: fern.

176 *Wintergesang*
  Überschrift im Original: »Das ander Wintergesang«.
  scheucht: flieht, scheut.
178 *Lob-Liedlein Zu Ehren der Schwedischen Cronen ...*
  GOTT ... HERRN: Akrostichon.
  KÖNIGIN: Christina, Königin von Schweden (1626–89); nach dem
  Tod ihres Vaters (1632) lagen die Regierungsgeschäfte zunächst in
  den Händen eines Regentschaftsrates unter der Führung Oxenstier-
  nas. Im Entstehungsjahr dieses Gedichts übernahm Christina selbst
  die Regierung. 1654 entsagte sie dem Thron.
181 *ISt Lieb ein Feur ...*
  Vgl. S. 26 (Opitz); S. 97 (Homburg); S. 222 (Schirmer).
  Loorberblätter ... Donnerkeil: Lorbeerblätter standen in der Antike
  in dem Ruf, vor Blitzstrahl zu schützen.
183 *Die berühmte Poetinn Sappho*
  Rohr: Flöte: metonymisch für Dichtung.
  Lesboer-Land: die Insel Lesbos, auf der Sappho um 600 v.Chr.
  lebte.
  Andromede: das Sternbild der Andromeda am nördlichen Himmel.
  Lausenitz: die Lausitz.
184 *Uber Die treffliche Poetinn / Johannam Elisabetham Westonien ...*
  Elizabeth Jane Weston (1582–1612), geniale neulateinische Dichterin, die von Scaliger, Lipsius, Heinsius und Melissus Schede aufs
  höchste bewundert wurde. Als Tochter eines englischen Emigranten
  lebte sie meist in Böhmen. Erstausgabe ihrer Gedichte 1602.
  Pindus: Gebirgszug in Griechenland, Apollo und den Musen gewidmet; steht hier für das Reich der Dichtung.
  Laelia ... Arete: In einer Anmerkung verweist Sieber auf die Röme-
  rin Laelia, deren Reden von ihrem Vater in öffentlichen Versamm-
  lungen verwendet worden seien; ferner zitiert er eine lateinische
  Grabschrift, in der die Griechin Arete verherrlicht wird.
184 *Die gesponß Jesu klaget ihren hertzenbrand*
  gesponß Jesu: die nach ihrem himmlischen Bräutigam Jesus schmachtende menschliche Seele. – *gesponß:* Braut.
186 *Liebgesang der Gesponß Jesu ...*
  nåst: Äste.
  verhalt: zurückhält, aufhält.
  Sampt: als ob.
  schwancke: schwankend, sich hin und her bewegend.
  zuhandt: sofort.
  berisen: berieselt.
  peen: auferlegte Strafe oder Buße.

190 *Ein kurtz Poëtisch Christ-Gedicht ...*
Vgl. S. 45 (Heermann); S. 113 (Gryphius); S. 213 (Rettenpacher).
gleich: Gelenk.
bescheiden: erprobt, erfahren.
192 *Joseph und Maria fliehen mit dem Jesu Kindlein in Egypten ...*
Planeten: Den Planeten wurden zahlreiche Eigenschaften zuge-
schrieben, u. a. Hitze oder Kälte. Als heiß galt z. B. Mars, Saturn als
kalt.
Phaëton: Beiname des Sonnengottes Helios, dann vor allem dessen
Sohn.
ringes: leichtes.
Comitat: Gefolge, Schar.
unbeschayd: Unklugheit, Grobheit.
Basilisken: Fabelwesen mit tödlichem Blick und Gifthauch.
krachen: lärmen, rasseln.
Schwebel: Schwefel.
Pan: Bahn, Weg.
Engaddi: Oase westlich des Toten Meeres, bekannt durch ihre Pal-
men und Weingärten.
losier uns ein: bringe uns unter.
Pfleg ... raths: frage ich dich forthin um Rat.
195 *Wende dich zum Beständigen ...*
Vgl. S. 10 (Weckherlin); S. 44 (Stegmann); S. 112 (Gryphius).
Blast: Wind, Wirbelwind.
196 *Sexcenta Monodisticha Sapientum*
Sexcenta ... Sapientum: Sechshundert Monodistichen der Weisen.
Gemeinte: gemeinen: sich in Gemeinschaft einlassen.
J.: Jehova.
ausgelaßne: (aus dem Leichnam) entwichene.
reist: zerreißt.
Kreistende: kreisten: vor Angst oder Schmerz stöhnen.
198 *Ehrsucht nechster Todtengräber ...*
Vgl. S. 55 (Anonym); S. 70 (Rist); S. 281 (Hoffmannswaldau).
Wallsteinischer Tod: Siehe Anm. zu S. 55.
erhaben: erhoben.
la raison d'Estat: die Staatsräson.
199 *Geistreiche Sinn- und Schlussreime*
stüpffchin: Pünktchen.
Thaul.: Johannes Tauler (gest. 1361), Mystiker. Gemeint ist wohl
die (wahrscheinlich nicht von ihm stammende) Schrift *Divinae insti-
tutiones.*
Vorrede: Scheffler schreibt in der Vorrede, in der Vereinigung mit

Gott und der »einsenckung in GOtt« werde die Seele »über sich selbst in GOtt geführt / und GOtte so gleich / daß wann sie sich selber sähe / sie sich für GOtt würde schätzen: [...] Sinthemal GOtt und die Seele in solcher Vereinigung eines sind« (Bl. A 5ʳ).

blik: Augenblick.

Vid[e]: Siehe.

Denotatur ... 3.: Hierdurch wird die Rede des Schweigens bezeichnet; hierüber siehe Maximilian Sandäus, *Theologia Mystica*, Buch 2, Komment. 3, [1627].

202 *Sie fraget bey den Creaturen nach ihrem Allerliebsten*
   Sie: die nach der Liebesvereinigung mit ihrem himmlischen Bräutigam schmachtende Seele.
   Quall: Quell.
   Pelican: Dem griechischen *Physiologus* zufolge konnte der Pelikan seine von ihm getöteten Jungen nach drei Tagen mit seinem eigenen Blute wieder zum Leben erwecken. Diese Vorstellung wurde in der christlichen Symbolik auf den Opfertod Christi bezogen.

203 *Sie schreyet nach dem Kusse seines Mundes*
   Vgl. Hoheslied 1,1.

206 *Clorinda bejamert die abschewliche Finsternuß Ihres Hertzens ...*
   Kath: Kot.
   ruchtbare: bekannte, berühmte.
   Schattächtige: wohl: im Halbdunkel lebenden.
   dünsteren: dünster (dünstern: ausdünsten) und düster.
   Schwürmische: in Schwärmen umherziehende.
   Dürmisch: grimmig.
   timmer: dunkler, dumpfer.
   Maeotische: Maeotis palus: antiker Name des Asowschen Meeres.

213 *Christi Reich und Geburt*
   Vgl. S. 45 (Heermann); S. 113 (Gryphius); S. 190 (Spee).
   Chaldeer: hier: Untertanen der Semiramis, einer legendären Königin von Assyrien, die gewaltige Bauten in Babylon und Ekbatana errichtet haben soll.
   Juliern: Julier: römisches Patriziergeschlecht, das seine Abstammung auf den mythischen Äneas-Sohn Julus zurückführt; bekannt vor allem durch Gajus Julius Cäsar.
   Fäschen: Windeln.
   David vor der Lade: die Überführung der israelitischen Bundeslade nach Jerusalem (2. Sam. 6,12–17).

216 *Das Horn der Glükkseligkeit*
   Figurengedichte: S. 139 (Zesen); S. 160 (Helwig); S. 248 (Greiffenberg).

217 *Ode*
Aus der *Elmen-Schäferey*: Nachdem der Schäfer Filodorus die
Braunschweiger Herzöge als Gründer und Gönner der Universität
Helmstedt gefeiert hat, singt der Schäfer Amyntas die hier abge-
druckte Ode »zu Ehren der berühmten Julien«, der von Herzog
Julius 1576 gegründeten Universität. – Vgl. S. 23 (Opitz); S. 222
(Schirmer).

219 *Uber seine Verse* ...
Mänaden: ekstatische Frauen im Gefolge des Weingottes Diony-
sos.
Othrys: Gebirgszug im südlichen Thessalien.

220 *Sie Liebet Ihn*
Hinde: Hirschkuh.

221 *Marnia und ein Buch*
Vgl. S. 24 (Opitz).

222 *Seine Schwartze*
Vgl. S. 23 (Opitz); S. 217 (Gläser).

222 *Uber seine Träume*
Vgl. S. 26 (Opitz); S. 97 (Homburg); S. 181 (Schwarz).
heint zu Nacht: vergangene Nacht.

224 *An seine Verse*
Rapier: Fechtwaffe.
Gemerck: Spur, besonders Blutspur des angeschossenen Wildes.
Kautz: häufig als Lockvogel verwendet.
Kloben: Vorrichtung zum Fangen kleinerer Vögel (im Original
»Kolben«).

225 *An sein Vaterland / als Er bey Candien*
Meissen: Zwischen 1640 und 1644 verließ die heimische Bevölkerung
wiederholt die Stadt beim Herannahen schwedischer Truppen.
Losament: Wohnung.
Patrol: Patrouille.
durch Acord: in gegenseitiger Übereinstimmung.

226 *An die Stadt Wittenberg* ...
Najadinnen: Najaden: Wassernymphen.

226 *Ein jeder / was ihm gefället*
Ilium: Troja.
beschrieen: berühmt.
Empusen: Empusa: weibliches Schreckgespenst mit der Fähigkeit,
sich zu verwandeln; hier wohl ironisch für ›Amor‹.

228 *Der Haß küsset ja nicht*
rößlichte: mit Rosen besetzten.
Vorraht Eufrates: der sprichwörtliche Überfluß Mesopotamiens.

Kapitolin: Mons Capitolinus, der Berg Roms, auf dem die Triumph-
züge der in die Stadt zurückkehrenden Sieger endeten.

Tyrischen Purpur: die besonders kostbaren Purpurstoffe aus Tyros.

Pegasus Flüssen: Durch den Hufschlag des Flügelrosses Pegasus entstanden viele Quellen, u.a. auch die Musenquelle Hippokrene auf
dem Helikon.

Myrten: u.a. Attribut der Venus.

229 *Nacht-last / Tages-lust*

Pafos-kind: Amor (nach Paphos, dem Kultort der Venus auf
Zypern).

Hesperus: Abendstern.

Laton': Latona: Göttin der Nacht.

Erebinnen: zu Erebos: die finsteren Tiefen unter der Erde, in die die
Verstorbenen gelangen; Finsternis.

Lucifer: Morgenstern.

231 *Nacht-Glükke*

Priapus Plazz': Garten (Priapus: Gott der Gärten).

Bronteus Wolken-dach': Himmel (Brontes war einer der drei Kyklo-
pen, die für Zeus die Donnerkeile schmiedeten).

Röht': Morgenröte.

233 *Der Reinsche Wein tantzt gar zu fein*

rantzt: schwappt.

236 *Ein Abriß der Schönheit selber*

Vgl. S. 263 (Kongehl).

stutzet: stößt wie mit Hörnern.

Schöpsenfleisch: Hammelfleisch.

Hund im Borne: etwa: einem nassen Hund.

Leder-Flaschen: Brüste.

Kirschner Fleck: Stück Leder.

Flederwisch: Gansflügel zum Abkehren.

240 *Der Drache ...*

Vgl. S. 242 (Seyffart).

J. U. Lic.: juris utriusque licentiatus: Lizentiat beider Rechte.

Saltz-Junckers: Besitzers eines Salzwerkes.

Cölln: Kölln an der Spree.

Fuhr: Wagenladung.

Hall: Halle an der Saale.

Friede: Die Niederlage Mehmeds IV. bei Sankt Gotthart an der Raab
(1. August 1664) führte zehn Tage später zum Friedensschluß von
Vasvár.

242 *Hochzeit-Schrifft ...*

Vgl. S. 240 (Peucker).

Hn. M.: Herrn Magister.

heinte: in dieser Nacht.

244 *Auff das Begråbnüß eines vornehmen Cavalliers*

Eysen-fresser: Prahler, Großsprecher.

Kraut und Loth: Pulver und Blei.

pastant: von ital. *bastante:* ausreichend, genug.

Scipio: Scipio Africanus besiegte Hannibal 202 v. Chr. bei Zama.

Hector: Hauptheld der Trojaner, von Achill getötet.

245 *Auf meinen bestürmeten Lebens-Lauff*

fug: Recht, Befugnis, auch: passende Gelegenheit.

245 *In åusserster Widerwårtigkeit*

brast: schwerer Kummer, Sorge.

feinen: veredeln.

Halt ... still: erdulde Gottes Willen.

246 *Auf GOttes Herrliche Wunder Regirung*

scheuchten: scheuten.

ringe spórk: das Geringste (kleine Unreinigkeit).

246 *Verlangen / nach der herrlichen Ewigkeit*

unverdrungen: ohne gedrängt zu werden, frei.

248 *Uber den gekreutzigten JESUS*

Figurengedichte: S. 139 (Zesen); S. 160 (Helwig); S. 216 (Steinmann).

249 *Auf die ... Auferstehung Christi*

Überschrift im Original: »Auch auf dieselbige«.

249 *GOtt-lobende Frülings-Lust*

Tråid: im Halm stehendes Getreide.

250 *Auf die Fruchtbringende Herbst-Zeit*

Zeitung-Ziel: Zeitung: Zeitigung, Reifung.

252 *KOmm Trost der Nacht / O Nachtigal ...*

Lied des Einsiedlers aus dem *Simplicissimus.*

254 *Der CXXX. Psalm ...*

Vgl. S. 32 (Opitz); S. 59 (Fleming); S. 167 (Bucholtz).

vulgatâ: die in der katholischen Kirche maßgebliche lateinische Bibelübersetzung.

255 *Sturm-Lied*

Batrien: Geschützhügel.

Pastey: Bollwerk.

gefasten: gerüsteten.

256 *Obrister Leutenant*

Zeug: Geschütz, Kriegsausrüstung.

258 *Denck-Tåffelchen ...*

Das »Denck-Tåffelchen« steht im Vorspann des Erstlingswerks des

342

Erbauungsschriftstellers Abraham Klesel (1636–1702). – Vgl. S. 273 (Schade).

259 *Abends-Andacht*
Conterfet: Contrefait: Abbild, Ebenbild.
Mohn-Safft: Opium; seit der Antike in der Medizin u. a. als Schlafmittel und zur Schmerzstillung verwendet.
Camisol: Hemd, Unterhemd.

261 *Auff die Zeitung-Schreiber ...*
Zeitung: Nachricht.

262 *Auff Marculum*
Marculus: deutsch: Hämmerlein; Meister Hämmerlein: inkompetenter Kunstrichter, Gaukler, Hanswurst.
Pritzschemeister: Reimschmied, Dichterling.

263 *Die verkehrte Schöne*
Vgl. S. 236 (Weise).
Camönen: altrömische Quellgöttinnen, später den griechischen Musen gleichgesetzt.
Lasur: lasurblau.
Ophir: nicht lokalisierbares Land in Afrika oder Asien, aus dem Salomon Gold und Edelsteine holen ließ (1. Kön. 9,26–28).
Alecto: eine der Erinyen, der griechischen Rachegöttinnen.
Mobs: grober, träger Mensch; Klotz.

265 *[An eine Braut]*
Das Gedicht dient Rotth als Musterbeispiel dafür, wie ein Verlobter seine Braut durch ein dichterisches Liebesbekenntnis erfreuen könne. Die Randbemerkungen sind ein augenfälliges Zeugnis für den Einfluß der Rhetorik auf Poetik und Dichtung des 17. Jahrhunderts.
Blödigkeit: Scheu, Schüchternheit.
narratio: Darlegung des Sachverhalts.
Rat[io] 1.: hier: Motiv der Handlungsweise.
Propositio: Formulierung des gedanklichen Kerns der narratio.
explicatio prop[ositionis] per synon[yma]: Erklärung der propositio durch Synonyme (sinnverwandte Beispiele).
Ratio expl[icationis]: die sich aus der explicatio ergebende Schlußfolgerung.
Ratio 2.: Folgerung aus Ratio 1.

266 *Grab Friedrichs von Logau ...*
Martialens: Martial: der Klassiker des lateinischen Epigramms (gest. bald nach 100 n. Chr.).
Musen-Printz: Apollo.

267 *Uber den Thränen-würdigen Tod des Sohnes Gottes / JEsus ...*

ΑΛΗΘΩΣ ... ΟΥΤΟΣ: Wahrlich, Gottes Sohn war dieser (Matth. 27,54).

Salem: Jerusalem.

268 *Der Wechsel Menschlicher Sachen*

Unter der Überschrift des Gedichts steht folgendes Zitat des griechischen Kirchenlehrers Gregor von Nazianz (gest. um 390) aus der Rede über die Armen, die man lieben solle: »Gregor. Nazianzenus in Oration. de Pauperibus amandis. Nihil est in rebus humanis Naturâ stabile, nihil aequabile, nihil sufficiens, nihil in eodem statu permanens: sed omnia quadam veluti rotâ circumvoluntur, diversas saepe diebus singulis, atque etiam horis vicissitudines afferente.« (»Nichts ist von Natur aus dauerhaft in menschlichen Dingen, nichts gleichförmig, nichts hinreichend, nichts bleibt in demselben Zustand, sondern alles dreht sich wie ein Rad, das gegensätzliche Veränderungen oft am gleichen Tag und sogar in derselben Stunde bringt.«) – In einer fünfseitigen Anmerkung zu diesem »Wechselsatz« erklärt Kuhlmann, daß sich die »funffzig Wôrter« der ersten vier Zeilen – nach Athanasius Kircher – mehr als 127×10^{64} Mal versetzen lassen, daß er »mit den grôsten Leuten anmerke«, wie »das grôste Theil der Menschen Weißheit in der Verwechselung verborgen« liege. Er stützt seine Behauptung u. a. durch ein Zitat aus Platons *Timaios:* »*Verstehst du di Zahlen* / (nemlich ihr innerliches Wesen) *so verstehst du alles.*« Ferner weist er darauf hin, daß mehr als »ein grosser Hauptband« benötigt würde, um die »Schâtze« dieses Sonetts zu »erôffnen« und es zu »zergliedern«. – Vgl. Walter Dietze, *Quirinus Kuhlmann. Ketzer und Poet. Versuch einer monographischen Darstellung von Leben und Werk,* Berlin 1963, S. 87–89.

Glimpf: Ehre, Ansehen.

Glunst: glimmende Asche, Funke.

270 *Der 15. Gesang ...*

Dieser Gesang wurde später als 15. Kühlpsalter verwendet. Mystische Gedankengänge, verflochten mit religiös-politischen Ideen von einem neuen Weltreich Kuhlmannscher Prägung, verhinderten bereits im 17. Jahrhundert weitgehend den Zugang zur Dichtung dieses genialen Schwärmers. Bis heute hat sich an dieser Situation wenig geändert. Das bisher aufschlußreichste Werk ist die Monographie Dietzes (vgl. die Anm. zum vorhergehenden Gedicht).

zu pfeilen: Liebespfeile abzuschießen.

Jesuel: Jesus-Gott (hebr. *el:* Gott).

271 *Des 117. Kühlpsalmes* I. *HAUPTSCHLUS*

verhischst: verhießest, versprachst.

19980: Der dreiteilige *Kühlpsalter* ist mit einer durchgehenden Vers-

zählung versehen; der dritte Teil, dem der 117. Kühlpsalm entnommen ist, hat außerdem noch seine eigene Zählung.
fodre: fördere, unterstütze.

273 [*Über die Anfangsworte des 63. Psalms*]
Die Überschrift ist den Bemerkungen zu Schades Leben und Schaffen entnommen; diese sind in der Leichenpredigt den autobiographischen und dichterischen Zeugnissen vorangestellt (S. 39). Jacob Spener machte die Anfangsworte des 63. Psalms zum Thema der Leichenpredigt. – Vgl. S. 258 (Klesel).

276 *Auff den mund*
alikant: süßer spanischer Wein.

276 *Sonnet. Beschreibung vollkommener schönheit*
Berenice: Berenike II., Gemahlin des ägyptischen Königs Ptolemäus III. Euergetes, weihte für die glückliche Heimkehr ihres Gatten aus einem Krieg gegen die Syrer (246–241 v. Chr.) der Aphrodite ihr schönes Haupthaar. Das im Tempel verwahrte Haar wurde der Sage nach von den Göttern in den Himmel entführt (Sternbild der Berenike).

277 *An Lauretten*
haut: in der Handschrift M 216 (Sächsische Landesbibliothek Dresden): »hand«.

278 *WO sind die stunden ...*
Ambrirter: ambriert: mit Duftstoff angereichert.

279 *Auff ihre schultern*
Vgl. S. 27 (Opitz); S. 93 (Finckelthaus); S. 133 (Zesen).
Atlas: der den Himmel tragende Titan.

280 *Auf die bitterkeit der liebe*
Garamanten: nomadische Bewohner der mittleren Sahara.
neuen Zembles: Nowaja Semlja, Inselgruppe im Nordpolarmeer.
Scythen: eurasisches Volk, das als tapfer, aber auch als grausam galt.

280 *Des Ritters Marini*
Giambattista Marino (1569–1626), italienischer Dichter.

281 *Marien Stuarten*
Maria Stuart (1542–87) floh 1568 nach ihrer Niederlage im schottischen Bürgerkrieg nach England. Dort wurde sie ohne förmliches Urteil gefangengesetzt, beschuldigt, an der Vorbereitung eines Attentats auf Elisabeth I. beteiligt gewesen zu sein, und schließlich enthauptet.

281 *Königin Elisabeth*
Elisabeth I. (1533–1603), die »jungfräuliche Königin«.

281 *Grabschrifft Henrici IV, Königs in Franckreich*
Heinrich von Navarra (1553–1610), seit 1562 König von Navarra,

wurde 1589 König von Frankreich und beendete mit seinem Über-
tritt zum Katholizismus (»Paris ist eine Messe wert«) 1593 die fran-
zösischen Religionskriege. Von dem religiösen Fanatiker François
Ravaillac wurde er im offenen Wagen in Paris erdolcht.

281 *General Wallensteins*
Vgl. S. 55 (Anonym); S. 70 (Rist); S. 198 (Czepko).
Wallensteins: Siehe Anm. zu S. 55.

282 *Mariae Magdalenae*
Huren-Orden: In der christlichen Tradition wurde Maria Magdale-
na (Luk. 8,2) oft mit der namenlosen »Sünderin« (Luk. 7,37–50)
gleichgesetzt.

282 *Gedancken bey Antretung des funffzigsten Jahres*
Zeug: Stoff, Materie.
Adlern: Man glaubte, daß die Adler ihre Nestlinge nicht schutzlos
im Nest ließen, sondern sie auf ihren Flügeln mit sich führten (Jo-
hann Heinrich Zedler, *Grosses vollständiges Universal Lexicon Aller
Wissenschafften und Künste,* Halle/Leipzig 1732ff., Bd. 1, Sp. 518).

285 *Verachtung der Welt*
Wolfskraut: Name verschiedener Pflanzen, die wegen ihrer Unge-
nießbarkeit oder Schädlichkeit diesen Namen tragen.
Syrten: Teile der nordafrikanischen Küste, die ihrer Sandbänke we-
gen gefürchtet waren.
Trübesand: Treibsand, Mahlsand.

287 [*Grabschrift Lohensteins*]
Clarien: Musen.

287 *Umbschrifft eines Sarches*
Porphyr: Wegen seiner Purpurfarbe galt der Porphyr als ein königli-
ches Gestein.

288 *Die Augen*
Archimeden: Der Sage nach soll Archimedes (gest. 212 v. Chr.) bei
der Belagerung von Syrakus die römische Flotte mit Hilfe von
Brennspiegeln in Brand gesetzt haben.
Doris: Tochter des Meergottes Okeanos; Doris Schoos: das Meer.

288 *Das Hertze*
In der Erstausgabe fehlt die Überschrift.

289 *An die Sterne*
Vgl. S. 117 (Gryphius).
Latonen: Latona: u.a. Göttin der Nacht; hier Apposition zu
»Printz«?

290 *Uber die Kaltsinnigkeit der Liebsten*
Blut: Im Volksglauben galt Bocksblut als das einzige Mittel, Diamanten zu erweichen.

346

292 *Sechstinne* ...
Vgl. S. 30 (Opitz).

294 *Über ihre unempfindlichkeit*
Überschrift im Original: »Ein anders«.
Amouretten: kleine Liebesgötter.

295 *An Sylvien*
Überschrift im Original: »Ein anders«.
gleich: bleich?

296 *Auff den König in Franckreich* ...
Ludewig: Ludwig XIV. (1638–1715, seit 1643 König von Frankreich) ließ im Zuge der »Reunionen« am 30. September 1681 Straßburg besetzen.

296 *Auff die krönung des Römischen Königs Josephi*
1690 wurde Joseph I. (1678–1711) zum römisch-deutschen König
gewählt.
eignes kind: Ludwig XIV. von Frankreich versuchte vergeblich, den
Dauphin auf den deutsch-römischen Königsthron zu bringen.

297 *NIcht schäme dich / du saubere Melinde* ...
schnecken-blut: kostbarer Farbstoff der Purpurschnecke.
thau von der johannis-nacht: galt in der Volksüberlieferung als stär-
kendes Mittel.
augenblau: blutunterlaufenes Auge. »Bisweilen entstehet solches
[...] von innerlichen Ursachen, als Vollblütigkeit, scharffen, hitzigen
und wallenden Geblüte [...] und andern grossen Leibes-Bewegun-
gen« (Zedler, Bd. 40, Sp. 1791).
zwar: noch in der älteren Bedeutung: in der Tat, ja bereits.

298 *Als sie sich mahlen ließ* ...
purpur-schnecke: Schnecke, aus deren Drüsenabsonderung die hoch-
geschätzte Purpurfarbe gewonnen wurde.
granate: Granatapfel.

299 *Abbildungen der Brüste*
der vorigen: Das vorangehende Gedicht handelt von den Lippen.
ankunfft: Herkommen, Abkunft.
Abels Mutter: Eva (1. Mos. 3,6).
Chrysolith: als Amulett geschätzter Schmuckstein.
atlaß: Gewebe mit glatter Oberfläche, oft aus Seide.
Ein stein ... mondes nahmen trägt: Mondmilch (*lac lunae*), ein Feld-
spat von Edelsteinqualität.
zeug: Kriegsmaterial.

301 *NEhmt / ihr grünen myrten-sträuche* ...
myrten-sträuche: In der Antike galt die Myrte als Symbol der Liebe
und Unsterblichkeit; sie war der Venus heilig.

302 *Als Zesens Helicon die Mäuse zubissen*
   Zesens Helicon: eine in vier deutschen und zwei lateinischen Ausgaben (1640–56) erschienene Poetik des Dichters Philipp von Zesen.
   zubissen: zernagten.
303 *Des Des-Cartes*
   Vgl. S. 308 (Meister).
   cogito: In der Philosophie des René Descartes (1596–1650) gilt nur der Satz »Cogito, ergo sum« (»Ich denke, also bin ich«) als unbezweifelbar. Nur das, was so »clarè und distinct« wie jener Satz erkannt werden kann, ist wahr.
   Vom dritten element: Erde. – Descartes ließ nur drei der vier Elemente gelten.
304 *An die nacht*
   Julep: (pers.) Rosenwasser; kühlender Trank, Arzneitrank.
305 *Allegorisch Sonnet*
   baum-öhl: Olivenöl, das auch für Arzneizwecke verwendet wurde.
   alecant: süßer spanischer Wein.
   quodlibet: willkürliche Zusammenstellung, Mischmasch.
   Lichtputze: Licht(putz)schere zum Beschneiden des Kerzendochtes.
   flederwisch: Gänseflügel zum Abkehren.
307 *An unsre teutsche Poëten*
   Pigmaljons: Der sagenhafte zyprische König Pygmalion verliebte sich in eine selbstgefertigte Statue, die Aphrodite auf sein Bitten hin belebte.
308 *Ungereimtes Sonnett*
   des Paris goldner Apfel: Im Streit um den Preis der Schönheit zwischen Hera, Athene und Aphrodite entschied sich Paris für Aphrodite, der er den goldenen Apfel überreichte.
   der Venus Gürtel: In ihrem Gürtel besitzt Venus magische Kräfte, sich die weisesten Männer und selbst Götter gefügig zu machen.
   Sterbe-Kunst: Erbauungsbuch, das den Leser auf ein gottgefälliges Ende vorbereiten sollte.
308 *Ego cogito ergo sum*
   Siehe Anm. zu S. 303. – Vgl. S. 303 (Hölmann).
   Mops: grober, dummer Mensch.
309 *Sieghaffte Bestürm- und Eroberung des Türckischen Lagers …*
   Pannons Auen: Pannonien, römische Provinz zwischen Ostalpen, Donau und Save. – Theiß, Drau und Sau (Save) sind Nebenflüsse der Donau.
   Oßmann: Personifizierung des türkischen (osmanischen) Reiches.
   Mechmets: Mehmed IV. Während seiner Regierungszeit (1648–87)

kämpften die Türken mit wechselndem Erfolg auf dem Balkan und in Ungarn.

Get und Parthen: eigentlich Volksstämme des Altertums an der unteren Donau bzw. im Iran; hier die mohammedanischen Feinde bezeichnend.

Janitschar: Angehöriger der Kerntruppe des türkischen Heeres.

Hecaten: Hekate: hier Königin der Unterwelt (häufig gleichgesetzt mit Persephone).

Temes: Temes oder Temesch: linker Nebenfluß der Donau, entspringt nahe der Porta Orientalis, einer Paßstraße nach Osten.

LEOPOLD: Leopold I. (1640–1705, deutscher Kaiser seit 1658).

Pont Euxin: Pontos Euxeinos: das Schwarze Meer.

JOSEPHS: Joseph I. (1678–1711, Sohn Kaiser Leopolds I., römisch-deutscher König seit 1690, Kaiser seit 1705).

311 *Die Schöne Groß-Nase*
Nach einem Gedicht des italienischen Dichters Lodovico Adimari (1644–1708).

Pharus: im Altertum berühmter Leuchtturm bei Alexandria.

Naso: großnasig; bei den Römern häufiges Individualkognomen, z.B. bei dem Dichter P. Ovidius Naso.

Nasic: Wortspiel mit *Naso*; ebenfalls in römischen Namen, z.B. P.C. Scipio Nasica Corculum.

Nasamonen: Volksstamm Nordafrikas, von Herodot, Plinius u.a. erwähnt.

312 *Prologus Persii ...*
Aulus P. Flaccus Persius (gest. 62 n. Chr.) hinterließ sechs einflußreiche Satiren im Geiste stoischer Moralphilosophie, denen der hier abgedruckte Prolog vorausgeht.

Hippocrene: eine der Quellen, die ihren Ursprung dem Hufschlag des Dichterrosses Pegasus verdankt.

Pindus: Gebirgszug in Griechenland, Apollo und den Musen gewidmet.

Pirene: Peirene: Wasseranlage in Korinth, deren Hauptquelle durch den Hufschlag des Pegasus entstanden sein soll.

Dahlen: Dohlen.

Nachwort

Die deutsche Barockliteratur ist in ihren Anfängen nur im Zusammenhang mit dem Aufstieg der volkssprachlichen Literaturen in den süd- und westeuropäischen Ländern zu verstehen. Gestützt auf antike Vorbilder, erlebte die italienische Dichtung im 14. Jahrhundert mit Dante, Petrarca und Boccaccio ihren ersten, im 16. Jahrhundert mit Ariost und Tasso ihren zweiten Höhepunkt. In Frankreich waren es die Dichter der Pléiade, die auf ähnliche Weise ihrer volkssprachlichen Dichtung zu internationalem Ansehen verhalfen. In Deutschland hatte man dem nichts Gleichwertiges entgegenzusetzen; denn intellektuell und künstlerisch anspruchsvolle Talente dichteten – wie Conrad Celtis und Eobanus Hessus – in lateinischer Sprache. Erst um die Wende zum 17. Jahrhundert erkannten die deutschen Gelehrtendichter in zunehmendem Maße, daß durch die Entwicklung der volkssprachlichen Literaturen in den romanischen Ländern, aber auch in Holland und England, eine tiefgreifende kulturelle Umwälzung stattgefunden hatte, daß man, wie man mit Verlegenheit zugeben mußte, hinter der Zeit zurückgeblieben war. Damit sah man sich vor die Aufgabe gestellt, Versäumtes nachzuholen. Warum sollte es nicht auch in Deutschland möglich sein, nach dem Vorbild der Franzosen und Italiener durch eine sinnvolle Übertragung bewährter Dichtungstheorien auf die Muttersprache die Grundlage für eine deutsche Literatur von übernationaler Bedeutung zu schaffen? Von dieser Überlegung ging zu Beginn des 17. Jahrhunderts auch Theobald Hock in seiner Gedichtsammlung *Schönes Blumenfeld* aus. Unter Hinweis auf die anderen »Nationen«, denen eine Dichtungsreform zu so beneidenswerten literarischen Erfolgen verholfen hatte, erhob er – mit noch sprachlich und rhythmisch auffälliger Unbeholfenheit – die Forderung nach einer neuen Poetik für die deutsche Dichtung:

> Warumb sollen wir den vnser Teutsche sprachen /
> In gwisse Form vnd Gsatz nit auch mögen machen /

Vnd Deutsches Carmen schreiben /
Die Kunst zutreiben /
Bey Mann vnd Weiben.[1]

In den ersten beiden Jahrzehnten des 17. Jahrhunderts wurde gerade diese von Hock aufgeworfene Frage mit zunehmender Dringlichkeit gestellt, bis schließlich 1617 zwei literar- und kulturhistorisch folgenreiche Ereignisse zusammentrafen: die Gründung der Fruchtbringenden Gesellschaft, die programmatisch für die Pflege der Muttersprache und die Bewahrung ›alter deutscher Tugenden‹ eintrat, und – völlig unabhängig davon – der Aufruf des jungen Opitz zur Schaffung einer deutschen Nationaldichtung von europäischem Rang. Allerdings vergingen sieben weitere Jahre, bis Opitz den entscheidenden Schritt tat und – nach dem Vorbild der Niederländer und Franzosen – in seinem *Buch von der Deutschen Poeterey* (1624) eine Poetik vorlegte, die in beispielloser Weise dem Zeitbedürfnis entgegenkam. Wie überfällig ein solches Werk war, zeigt allein die Tatsache, daß es sich trotz der Kriegswirren sehr rasch verbreitete und innerhalb von vierzehn Jahren in sieben Auflagen erschien. Daß Opitz' normative Poetik im katholischen Süden erst später rezipiert wurde und daß eine so eigenwillige und starke Begabung wie Weckherlin zunächst eigene Wege einschlug, beeinträchtigte nicht den durchschlagenden Erfolg dieses Werkes; denn für die Dichtung der nächsten hundert Jahre blieb das *Buch von der Deutschen Poeterey* trotz seiner Kürze und Lückenhaftigkeit weitgehend verbindlich. In knapper und leicht verständlicher Form wurde hier der den deutschen Dichtern noch ungewohnte Zusammenfall von Wortakzent und Versakzent gelehrt, die Reinheit der Reime anhand von Beispielen illustriert und der Gebrauch von Dialekt- und Fremdwörtern aus der Dichtersprache verbannt: Darüber hinaus mochten sich die Anweisungen zur Behandlung gewisser Sujets sowie die

---

1 Theobald Hock: Schönes Blumenfeld. Abdruck der Ausgabe von 1601. Hrsg. von Max Koch. Halle a. S. 1899. (Neudrucke deutscher Literaturwerke des 16. und 17. Jahrhunderts. Nr. 157–159.) S. 31.

knappe Diskussion von Gattungskategorien für den angehenden
Poeten als besonders nützlich erweisen.

Wie scharfsichtig Opitz die Grundvoraussetzungen für eine
volkssprachliche Dichtung erkannt und artikuliert hatte, bezeugt die begeisterte Aufnahme seiner Regeln und die beflissene
Nachahmung seiner Musterbeispiele. Begabte und Unbegabte
folgten ihm zunächst mit gleichem Eifer. Zu seinen wenig origi-
nellen Anhängern gehörten in den zwanziger und dreißiger Jahren Zincgref, Gloger und Apelles von Löwenstern sowie zwei
weitere Poeten, die bei den Zeitgenossen in unverdient hohem
Ansehen standen: der mit Opitz verwandte Andreas Tscherning
und der vielseitige, noch heute als Kirchenlieddichter bekannte
Johann Rist.

Zweifellos sind aber auch die Leistungen der bedeutenden Dichter der dreißiger Jahre des 17. Jahrhunderts ohne Opitz' Vorbild
nicht denkbar. Ob Fleming, ob Gryphius, ob Dach – sie alle
benutzten die von Opitz geschaffene dichtungstheoretische
Grundlage, von der aus sie zu ihrem eigenen, unverwechselba-
ren Stil gelangten. So erreichte der von Opitz eingeführte Petrarkismus bei Fleming seinen ersten künstlerischen Höhepunkt. Gleichzeitig zeigen Flemings petrarkistische Sonette und
Lieder Ansätze zu persönlicher Formgebung und Aussage, die
diesem Dichter bereits im 17. Jahrhundert eine Ausnahmestel-
lung gesichert haben. Bei Gryphius wird die Hinfälligkeit alles
Irdischen, aktualisiert durch die Greuel des Dreißigjährigen
Krieges, zum Zentralthema der Dichtung. Wortgewaltiger und
mit größerer dichterischer Intensität als Opitz macht er vorge-
gebene Formen seinem Ausdruckswillen dienstbar und wirkt als
Dichter der Angst, des Leidens und des religiösen Ringens in
Zeiten der Glaubensspaltung und des Gewissenszwangs weit
über seine Epoche hinaus. Weniger auffällig als bei Fleming
und Gryphius erweist sich bei dem Königsberger Simon Dach
der Unterschied zu Opitz; denn allzu eng lehnt er sich in Form
und Stil an sein Vorbild an. Allerdings läßt die Geschmeidigkeit
seiner Sprache eine über Opitz hinausreichende Entwicklung
sichtbar werden. Völlig eigenständig in seiner nicht auftragsge-
bundenen Dichtung ist ein Zug aufrichtiger Treuherzigkeit und

menschlicher Wärme, wie er in der Literatur des 17. Jahrhunderts nur selten begegnet. Die Vermutung liegt nahe, daß diese liebenswerte Eigenheit nicht zuletzt durch den gesellschaftlichen Rahmen gefördert wurde, in dem Dachs Gedichte entstanden: durch die Vereinigung dichtender und musizierender Künstler in Königsberg, durch einen Freundschaftsbund, dessen vielseitig begabte Mitglieder weitgehend frei von belastendem gesellschaftlichen Zeremoniell ihrer Kunstübung nachgingen. Die Leistungen Dachs und die mit ihm befreundeten Dichter-Komponisten Heinrich Albert sind bis heute für die Literatur- und Musikgeschichte bemerkenswert geblieben.

Natürliche Frische, Übermut und Keckheit bei der Behandlung traditioneller Themen kennzeichnen eine Reihe von Autoren, deren Gedichtsammlungen zwischen 1640 und 1660 erschienen. Zu ihnen gehören Homburg, Schirmer und Schoch. Unverkennbar stehen sie unter dem Einfluß der Studentenlyrik, die Fleming, Finckelthaus und andere unter Anregung von Johann Hermann Schein in den dreißiger Jahren in Leipzig gepflegt hatten. Auffallend an ihnen ist eine erhöhte Freude an Witz und Ironie, die sie veranlaßte, Opitz' bekannteste Oden zu parodieren und gelegentlich auch den Petrarkismus der Lächerlichkeit preiszugeben. Charakteristisch für diese Dichter ist ferner, daß sie nur eine relativ kurze Phase literarischen Schaffens erlebten.

Als Opitz 1639 starb, war das *Buch von der Deutschen Poeterey* immer noch die einzige im Druck erschienene deutsche Poetik. Allerdings wurden bald nach der ersten Welle der Begeisterung kritische Einwände gegen die Begrenzungen dieses Werkes erhoben. Um eine Erweiterung und Differenzierung der Opitzschen Regeln bemühte sich insbesondere August Buchner, dem es vor allem um eine metrisch-rhythmische Bereicherung der Dichtersprache, um die Einführung des von Opitz nur in Ausnahmefällen geduldeten Daktylus ging. Als Professor der Wittenberger Universität benutzte Buchner sein Lehramt zur Vermittlung der von ihm gewonnenen prosodischen Erkenntnisse, ließ sich aber durch die Bedenken der Fruchtbringenden Gesellschaft von der Veröffentlichung seiner Poetik abhalten.

Wenige Jahre später wagte es der junge Zesen, die metrischen Neuerungen seines Lehrers Buchner in einer eigenen Poetik zu publizieren. Das Erscheinen von Zesens *Helicon* – ein Jahr nach Opitz' Tod – markierte in der Tat den Beginn experimentierfreudiger Erweiterungen des Opitzschen Regelsystems. In den vierziger Jahren wurde im Kreis um Zesen und bei den Nürnberger Dichtern der Daktylus als höchste Errungenschaft der deutschen Kunstdichtung gefeiert. Mit Hilfe von Lautmalerei und Binnenreim entstanden daktylische Versgebilde von einer Lebendigkeit und rhythmischen Bewegtheit, wie sie die deutsche Literatur bis dahin nicht gekannt hatte. Das waren in den Augen der Zeitgenossen dichterische Leistungen, die noch wenige Jahre zuvor undenkbar gewesen wären. Aus dieser Situation heraus wird die übersteigerte Selbsteinschätzung der neuen Dichtergeneration begreiflich, einer Gruppe avantgardistischer Talente, die glaubte, im souveränen Spiel mit Klangmalerei, Reimhäufung und daktylischen Metren die dichterischen Leistungen der Antike überflügelt zu haben:

> Nun möcht jhr klugen Griechen
> Vnd jhr aus Latien euch ingesambt verkriechen /
> Es geht euch allen vor die deütsche Nachtigall /
> Die nun so lieblich singt / daß auch jhr süßer schall
> Die andern übertrift.[2]

Opitz' Stellung als bahnbrechender Neuerer blieb aber trotz mancher Vorbehalte auch bei Dichtern wie Zesen, Harsdörffer, Klaj und Birken unangetastet. Was man kritisierte, war die unbesehene Übernahme Opitzscher Regeln und die nicht seltene Idolisierung seiner Person: »[...] als wan er alles gefunden / was darzu gehörete / und was die Dicht-mutter in unser sprache verborgen. O weit gefehlet. Er war ja ein mensch / und darûm konten seine menschliche würkungen zu solcher folkommenheit nicht gelangen [...].«[3]

2 Philipp von Zesen: Deutscher Helicon. Wittenberg 1640. Bl. A 8ᵛ.
3 Philipp von Zesen: Rosen-mând (1651). In: Ph. v. Z.: Sämtliche Werke. Bd. 11. Hrsg. von Ulrich Maché. Berlin / New York 1974. S. 229.

Aus der Menge der Poetiken, die sich bemühten, die neue »folkommenheit« in der Dichtung zu vermitteln, sei hier noch auf den sprichwörtlich gewordenen Nürnberger Trichter verwiesen, ein Werk, das im Titel verhieß, dem Leser die »Teutsche Dicht- und Reimkunst [...] in VI. Stunden einzugiessen«.[4] Etwa zehnmal so umfangreich wie Opitz' *Buch von der Deutschen Poeterey*, brachte Georg Philipp Harsdörffers *Poetischer Trichter* alle von Zesen eingeführten Neuerungen, weckte durch praktische Beispiele die Experimentierfreude angehender Poeten und bot ihnen – alphabetisch geordnet – unter 539 Stichwörtern poetische Wendungen, geflügelte Worte und nachahmenswerte Beschreibungen zeitgenössischer deutscher Dichter. Mit Werken dieser Art hofften die Barockpoetiker jedoch nur das Rüstzeug zu künstlerischem Schaffen bereitzustellen, das man sich, wie Harsdörffer darlegte, »durch beharrte Ubung« aneignen konnte. Zum Dichter wurde man jedoch durch solche Fertigkeiten und Kenntnisse nicht, denn ein Gedicht mit »Feuer und Geist« mußte »von höherer Eingebung herflüssen«.[5] Das war ein Gedanke, der seit der Antike lebendig geblieben war und auch bei Opitz formelhaft wiederkehrte. Wie anregend und fruchtbar eine normative Poetik dennoch sein konnte, bewiesen das *Buch von der Deutschen Poeterey* und die Vielzahl weiterer Regelbücher, die die Dichtung und ihre Theorie bis zu Gottsched hin prägten.

Zu den Dichtern, die nach 1660 zu einer immer schmuckreicheren Sprache und immer kühneren Metaphern greifen und mit neuen sprachlichen Wagnissen das eigentliche Hochbarock verkörpern, gehören zwei außergewöhnliche Begabungen: Catharina von Greiffenberg und Quirinus Kuhlmann. Für Catharina von Greiffenberg, die Wortspiel und Lautsymbolik, sprachschöpferische Gebärde und kühne Metaphorik in den Dienst ihrer komplizierten Reflexionen stellt, ist das Sonett die ihrem

---

4 Georg Philipp Harsdörffer: Poetischer Trichter. [...] Erster Theil. Nürnberg 1650. Fotomech. Nachdr. Darmstadt 1969. Titelblatt.
5 Georg Philipp Harsdörffer: Prob und Lob der Teutschen Wolredenheit. Das ist: deß Poetischen Trichters Dritter Theil. Nürnberg 1653. Fotomech. Nachdr. Darmstadt 1969. Bl.)(2ᵛ.

Aussagewillen gemäßeste Form. Kuhlmann dagegen experimentiert mit verschiedenen Gedichtformen. Dichtung bleibt für ihn nicht bloßer Ausdruck seiner künstlerischen Bemühungen; sie wird für ihn bald ein propagandistisches Mittel zur Verkündigung seiner messianischen Ideen. Darüber hinaus bestärken ihn mystische Gedankengänge und sprachtheoretische Spekulationen in dem Glauben, daß sich »das gröste Theil der Menschen Weißheit« durch ein systematisches Ausschöpfen aller sprachlichen Möglichkeiten eines Gedichts finden ließe.[6] – Neben Kuhlmann und Greiffenberg stehen insbesondere Czepko und Scheffler unter dem Einfluß der Mystik. Auffällig ist das Bemühen dieser Dichter, so modern wie möglich zu erscheinen und mit den raffiniertesten Mitteln der Rhetorik und Poetik die mystischen Gedankengänge Taulers und Böhmes in überspitzte, teils bewußt schockierende Paradoxe zu fassen.

Es mag ungewöhnlich anmuten, daß das Kirchenlied von der zunehmenden Rhetorisierung der Sprache fast unberührt blieb. Daß dies auf eine Grundforderung der Gattung zurückzuführen ist, die durch den gottesdienstlichen Verwendungszweck bestimmt wurde, ergibt sich aus der Tatsache, daß sich auch ›barocke‹ Dichter wie Rist, Zesen und Birken in ihren Kirchenliedern um unkomplizierte Gedankenführung, Schlichtheit der Sprache und leicht sangbare Formen bemühten. So erfuhr diese Gattung im 17. Jahrhundert zwar eine bemerkenswerte sprachliche Glättung – bei Paul Gerhard außerdem eine stark verinnerlichte Glaubenshaltung –, bewahrte aber doch weitgehend die aus dem 16. Jahrhundert übernommenen Konventionen.

Das erregendste Ereignis in der Geschichte der Lyrik der letzten Jahrzehnte des 17. Jahrhunderts war schließlich das Bekanntwerden der Dichtungen Hoffmannswaldaus. Obwohl zum Teil schon in den vierziger Jahren entstanden und handschriftlich verbreitet, erschienen sie erst 1679, dem Todesjahr des Dichters, im Druck. Die *Deutschen Übersetzungen und Gedichte* bestätigten, was vorhergehende, unautorisierte Teilveröffentlichungen nur vermuten ließen: daß die deutsche Literatur in Hoff-

6 Vgl. die Anm. zu dem Sonett »Der Wechsel Menschlicher Sachen«, S. 344.

mannswaldau einen Dichter besaß, der an geistreichen Einfällen und sprachlicher Geschliffenheit alle Vorgänger übertraf. Mit Hoffmannswaldaus gewagteren erotischen Gedichten und seiner Lust am Sinnlichen wurde die literarische Öffentlichkeit erst gegen Ende des Jahrhunderts durch das Erscheinen von Neukirchs mehrbändiger Anthologie *Herrn von Hoffmannswaldau und andrer Deutschen auserlesener und bißher ungedruckter Gedichte* bekannt. Bis weit in die Gottsched-Zeit hinein war sein Name gleichbedeutend mit dem, was Neukirch als die nachahmenswerte »galante« und »liebliche schreib-art« zu rühmen wußte.[7] Hoffmannswaldau blieb das vielbewunderte Vorbild der ›galanten‹ Dichter, bis Gottsched schließlich seine »hochtrabenden Metaphern« diskreditierte und ihm vorwarf, »in die Fußtapfen der geilen Italiener« getreten zu sein und »sehr viel angehende Dichter verderbet« zu haben.[8]

Einen höchst aufschlußreichen Rückblick auf die Entwicklung der deutschen Literatur des 17. Jahrhunderts gibt Benjamin Neukirch in der »Vorrede« zu seiner Anthologie. Im Gegensatz zu den jungen Dichtern um die Jahrhundertmitte, die schon damals glaubten, den Parnaß erklommen zu haben, zeigt sich Neukirch weit realistischer in der Einschätzung des seit Opitz zurückgelegten Weges: »wir [...] werden noch lange klettern müssen«, stellt er fest, »ehe wir auff den Gipfel kommen / auff welchem [...] Homerus [...] und Maro gesessen.«[9] Dennoch ist auch in seinen Augen der Fortschritt der deutschen Literatur des 17. Jahrhunderts beträchtlich. Schon Dachs dichterische Leistung bewertet er höher als die von Opitz. Fleming schätzt er als Dichter mehr als Opitz und Dach, und in Gryphius, Hoffmannswaldau und Lohenstein sieht er die unstreitig größten Dichter des Jahrhunderts. Während Gryphius vor allem als Dramatiker und Lohenstein als Erzähler überrage, sei Hoff-

---

7 Benjamin Neukirchs Anthologie. Herrn von Hoffmannswaldau und andrer Deutschen auserlesener und bißher ungedruckter Gedichte erster theil. Hrsg. von Angelo George de Capua und Ernst Alfred Philippson. Tübingen 1961. (Neudrucke deutscher Literaturwerke. N.F. 1.) S. 19 und 13.
8 Johann Christoph Gottsched: Versuch einer Critischen Dichtkunst. 4. Aufl. Leipzig 1751. Fotomech. Nachdr. Darmstadt 1962. S. 662 und 111f.
9 Benjamin Neukirchs Anthologie I, S. 6.

mannswaldau als Vertreter der Liebeslyrik unübertroffen: »Seine liebeslieder [...] haben ihm nicht allein über alle deutsche / sondern auch über die meisten ausländischen Poeten den sitz erworben / und ich glaube schwerlich / daß ihm denselbigen auch ins künfftige iemand bestreiten wird.«[10]

Wie bereits erwähnt, hatte sich Opitz' Reform in den zwanziger und dreißiger Jahren nur in den protestantischen Gegenden durchgesetzt. So war denn Friedrich Spee von Langenfeld, der bedeutendste Vertreter des katholischen geistlichen Liedes, unbeeinflußt von der neuen Kunstdichtung geblieben. In mehrfacher Hinsicht zeigt es sich aber gerade bei Spee, daß auch er ein feines Gespür für Kommendes besaß. Unabhängig von Opitz forderte er den Zusammenfall von Wort- und Versakzent. Und etwa zur gleichen Zeit, als Opitz bemüht war, durch seine *Hercinie* (1630) die weltliche Schäferdichtung in die deutsche Literatur einzuführen, räumte Spee in seiner *Trutznachtigall* der geistlichen Schäferdichtung breiten Raum ein. Auch kulturpatriotische Bestrebungen spielen bei Spee eine wesentliche Rolle. Wie die »Vorred deß Authoris« zur *Trutznachtigall* erkennen läßt, ging es ihm gleichfalls darum, »zu einer recht lieblichen Teutschen Poetica die baan zu zeigen«[11] und die Ebenbürtigkeit der deutschen mit der lateinischen Sprache zu erreichen. Freilich beschränkt sich Spees Literaturprogramm auf die von ihm gepflegte geistliche Lyrik, und hinsichtlich seiner literarischen Vorbilder begnügt er sich mit einer Anlehnung an das Volkslied und das katholische Kirchenlied. So bezeugen volksliedhafte Wendungen, veraltete Reimwörter und nachgestellte Adjektive den Abstand zur Opitzianischen Kunstdichtung. Das beeinträchtigte jedoch nicht den Erfolg der *Trutznachtigall* als Erbauungsbuch; und auch auf nachfolgende Dichter ist die Wirkung dieses Werkes unverkennbar, namentlich auf Scheffler und Laurentius von Schnüffis. Erneute Anziehungskraft übte Spees Dichtung auf die Romantiker aus. Sein starkes Naturgefühl, ver-

10 Ebd., S. 14.
11 Friedrich Spee: Trutznachtigall. Hrsg. von Gustave Otto Arlt. Halle a. S. 1936. (Neudrucke deutscher Literaturwerke des 16. und 17. Jahrhunderts. Nr. 292–301.) S. 5.

bunden mit inniger Frömmigkeit und volksliednahem Ton, wurde für sie zum Inbegriff des Dichterischen. So war der *Trutznachtigall* in der ersten Hälfte des 19. Jahrhunderts mit zwölf neuen Auflagen ein überraschender Erfolg beschieden.

Weitgehend unbekümmert um Opitz' Reformbemühungen und zum Teil in völliger Unkenntnis der literarischen Tendenzen der Zeit haben unbekannte Verfasser im 17. Jahrhundert eine große Zahl von Gedichten hervorgebracht, die, verbreitet in Flugblättern und Flugschriften, die politischen Ereignisse mißbilligend oder lobend kommentierten, wirtschaftliche und soziale Mißstände rügten oder aber polemisierend zu umstrittenen Glaubensfragen Stellung nahmen. Wie die Flugblätter des 16. Jahrhunderts dienten auch sie dem Zweck unmittelbarer Meinungsbeeinflussung. Die oft unbeholfene Sprache dieser meist anonymen Publikationen und der Mangel an prosodischem Können deuten auf Autoren hin, deren einzige Berührung mit der Literatur ihr sozialkritisches Engagement war.

Die Gedichte des Barock weisen eine außerordentliche Vielfalt an Formen und Inhalten auf. Bei aller Unterschiedlichkeit der Konzeption und Gestaltung sind es aber doch ähnliche künstlerische Voraussetzungen und Ziele, die sowohl von den ›ungelehrten‹ Verfassern der gesellschaftskritischen und politischen Lyrik als auch von den poetae docti geteilt werden; denn Dichtung im 17. Jahrhundert, selbst wo sie die formalen Opitzschen Reformen ignoriert, sucht rhetorisch auf den Leser und Zuhörer einzuwirken. Sie lehrt, »was zu thun oder zulassen sey«,[12] und sieht, wie Martin Opitz schreibt, ihren vornehmsten Zweck in »vberredung vnd vnterricht auch ergetzung der Leute«.[13] Daß eine derartige Zielsetzung nicht zu Pedanterie und trockener Belehrung führen muß, zeigen die vorliegenden Texte, die – ungeachtet der sprachlichen und prosodischen Leistungen – die spannungsreichen sozialen, politischen und religiösen Verhältnisse des 17. Jahrhunderts spiegeln.

12 Augustus Buchner: Anleitung zur deutschen Poeterey. Poet. Hrsg. von Marian Szyrocki. Tübingen 1966. *Poet:* S. 29.
13 Martin Opitz: Buch von der Deutschen Poeterey (1624). Hrsg. von Cornelius Sommer. Stuttgart 1970. (Reclams Universal-Bibliothek. Nr. 8397 [2].) S. 17.

Verzeichnis der Autoren, Gedichte und Quellen

HANS ASSMANN (ERASMUS) VON ABSCHATZ

1646 (Breslau) – 1699 (Liegnitz)

Herrn Hannß Aßmanns Freyherrn von Abschatz [...] Poetische Ubersetzungen und Gedichte. [...] Leipzig und Breßlau / bey Christian Bauch / Buchhändl. ANNO M DCC IV. (1–3; S. 24–26 »Glückwünschungen«, S. 230 »Schertz-Sonnette«, S. 61 »Schertz-Grabschrifften«)

HEINRICH ALBERT

1604 (Lobenstein, Thüringen) – 1651 (Königsberg)

L. H. Fischer (Hrsg.): Gedichte des Königsberger Dichterkreises aus Heinrich Alberts Arien und musicalischer Kürbshütte (1638–1650). Halle: Niemeyer, 1883. (Neudrucke deutscher Literaturwerke des 16. und 17. Jahrhunderts. Nr. 44–48.) (S. 178 f.)

JOHANN GEORG ALBINUS

1624 (Unternessa bei Weißenfels) – 1679 (Naumburg)

[Albinus:] Geistlich-geharnischter Krieges-Held / oder Felderfrischende Soldaten Lieder / Andachten und Gebete / Allen Gottliebenden / Hohen und Niedrigen im Kriege / Officirern und Soldaten bey Anzügen / Treffen / Stürmen / Schlachten / im Marchiren und Qvartieren umb Muth und Trost zu machen [...]. Leipzig / verlegtens Joh. Fuhrmann und Joh. Breuer / druckts Joh. Wittigauens sel. Wittwe. 1675. (1–2; S. 90–93, S. 16–18)

ANGELUS SILESIUS: siehe SCHEFFLER

ANTON ULRICH VON BRAUNSCHWEIG-WOLFENBÜTTEL

1633 (Hitzacker) – 1714 (Salzdahlum)

[Anton Ulrich von Braunschweig-Wolfenbüttel:] Hocherleuchtete Geistliche Lieder / Einer hohen Personen. [...] Gedruckt Im Jahr CHRISTI 1665. (S. 85–88)

MATTHÄUS APELLES VON LÖWENSTERN

1594 (Neustadt, Schlesien) – 1648 (Breslau)

[Matthäus Apelles:] SYMBOLA Oder Gedenck-Sprüche [...]. Zusamt noch etlichen / absonders beygesetzten Geistlichen Oden. [...] o. O. o. J. (1–2; Bl. (2.) 8ᶠ f., Bl. (3.) 5ᵛ – (3.) 6ᵛ)

AUGUST AUGSPURGER

1620 (Prag) – 1675 (Weißenfels)

Augusti Augspurgers Reisende Clio. Abgetheilet In Drey Bücher. Dreßden / Gedruckt vnd vorlegt durch Gimel Bergens S. Erben / 1642. (Bl. C 6ʳ)

JOHANN VON BESSER

1654 (Frauenburg, Kurland) – 1729 (Dresden)

Herrn von Hoffmannswaldau und andrer Deutschen auserlesener und bißher ungedruckter Gedichte erster theil / nebenst einer vorrede von der deutschen Poesie. [...] LEIPZIG / Bey Thomas Fritsch 1697. (S. 35 f.)

SIGMUND VON BIRKEN

1626 (Wildstein bei Eger) – 1681 (Nürnberg)

[Birken:] Fortsetzung Der Pegnitz-Schäferey / behandlend / unter vielen andern rein-neuen freymuhtigen Lust-Gedichten und Reimarten / derer von Anfang des Teutschen Krieges verstorbenen Tugend-berümtesten Helden Lob-Gedächtnisse [...]. Nürnberg / In Verlegung Wolffgang Endters. Im Jahr M.DC.XXXXV. (2; S. 82)
[Birken:] Der Norische Parnaß und Irdische HimmelGarten: welchen der Norische Fôbus / als deren Besitzer / verwechslet mit dem Himmelischen Sion und Ewigem Paradeis [...]. Nürnberg / gedrukt bey Christof Gerhard / im 1677 Christgeburt-Jahr. (1; S. 8)

ANDREAS HEINRICH BUCHOLTZ

1607 (Schöningen, Braunschweig) – 1671 (Braunschweig)

ANDR. HENR. Bucholtz Geistliche Teutsche Poëmata in zween Theile gefasset. Vor diesem absonderlich heraußgegeben / jetzo von neuen übersehen / verbessert und theils vermehret / Auch auff Begehren andächtiger Hertzen zum andern Druk befodert. Braunschweig / Bey Christoff-Friederich Zilligern Im Jahr M DC LI. (S. 267f.)

CASPER: siehe LOHENSTEIN

DANIEL CZEPKO VON REIGERSFELD

1605 (Koischwitz bei Liegnitz) – 1660 (Wohlau, Schlesien)

Daniel von Czepko: Geistliche Schriften. Hrsg. von Werner Milch. Breslau: Priebatsch's Buchhandlung, 1930. (1–2; S. 20f., S. 220f., S. 276f.)
Daniel von Czepko: Weltliche Dichtungen. Hrsg. von Werner Milch. Breslau: Priebatsch's Buchhandlung, 1932. (3; S. 367)

SIMON DACH

1605 (Memel) – 1659 (Königsberg)

L. H. Fischer (Hrsg.): Gedichte des Königsberger Dichterkreises aus
Heinrich Alberts Arien und musicalischer Kürbshütte (1638–1650).
Halle: Niemeyer, 1883. (Neudrucke deutscher Literaturwerke des 16.
und 17. Jahrhunderts. Nr. 44–48.) (1–3; S. 212f., S. 130f., S. 49f.)
Simon Dach: Gedichte. Bd. 2: Weltliche Lieder. Gedichte an das kur-
fürstliche Haus. Dramatisches. Hrsg. von Walther Ziesemer. Halle: Niemeyer, 1937. (4; S. 262)

JOHANN MICHAEL DILHERR

1604 (Themar, Thüringen) – 1669 (Nürnberg)

[Dilherr:] Augen- und Hertzens-Lust. Das ist / Emblematische Fürstel-
lung der Sonn- und Festtåglichen Evangelien. [...] In Verlegung Johann
Andreas Endtern / und Wolffgang deß Jüngern Seel. Erben. M.DC.LXI.
(2; S. 208)
[Dilherr:] Heilig-Epistolischer Bericht / Licht / Geleit und Freud. Das
ist: Emblematische Fürstellung / Der Heiligen Sonn- und Festtåglichen
Episteln [...]. Nürnberg / In Verlegung Johann Andreas Endtern / und
Wolffgang deß Jüngern Seel. Erben. M.DC.LXIII. (1; S. 131)

OTTO CHRISTOPH ELTESTER

1666 (Kleve) – 1738 (Berlin)

Herrn von Hoffmannswaldau und anderer Deutschen auserlesener und
bißher ungedruckter Gedichte anderer Theil. [...] LEIPZIG / bey Thomas
Fritsch. 1697. (S. 34)

GOTTFRIED FINCKELTHAUS

1614 (Leipzig) – 1648 (Bautzen)

Gottfriedt Finckelthausens Deutshe [!] Gesänge. [...] HAMBURG. Beÿ Tobias Gunderman. [um 1640.] (1–3; Bl. H 6ʳf., G 1ʳ – G 2ʳ, H 6ᵛ)
G. F. Dreyssig Teutsche Gesånge / Zum dritten mahl übersehen vnd auffgelegt. Leipzig / Bey Heinrich Nerlichen. 1642. (4; Bl. B 1ʳf.)

PAUL FLEMING

1609 (Hartenstein, Sachsen) – 1640 (Hamburg)

Davids / Des Hebreischen Kŏnigs vnd Propheten Buszpsalme / Vnd Manasse / des Kŏnigs Juda Gebet / als er zu Babel gefangen war. Durch Paull Flemmingen in deutsche Reyme gebracht. [am Ende:] Leipzig / In Verlegung Elias Rehefelds / Gedruckt bey Friederich Lanckischen sel. Erben. Im Jahr 1631. (5; Bl. B 3ᵛf.)
D: Paul Flemings Teütsche Poemata. Lübeck In Verlegung Laurentz Jauchen Buchhl. [1646.] (1–4, 6–18; S. 670, S. 32f., S. 576, S. 283, S. 522–524,

PAUL GERHARDT

1607 (Gräfenhainichen, Sachsen) – 1676 (Lübben an der Spree)

PAULI GERHARDI Geistliche Andachten Bestehend in hundert und zwan-tzig Liedern / Auff Hoher und vornehmer Herren Anfoderung in ein Buch gebracht [...]. Hervor gegeben und verlegt Von JOHAN GEORG EBELING [...]. BERLIN / Gedruckt bey Christoff Rungen / ANNO M DC LXVII. (1–3; S. 20f., S. 108f., S. 202f.)

ENOCH GLÄSER

1628 (Landeshut, Schlesien) – 1668 (Helmstedt)

Der Elmen-Nymffen Immer-grünendes Lust-Gebäu / nach art eines Schäffer-Getichts / unlängst beschrieben / und numehr auf Gutachten dem offenem Liechte gezeiget von Enoch Gläsern [...]. Wulffenbüttel / gedrukt durch Johan Bismark / im Jahr 1650. (S. 73–75)

GEORG GLOGER

1603 (Habelschwerdt, Schlesien) – 1631 (Leipzig)

G. G. DECAS LATINO-GERMANICORUM EPIGRAMMATUM. Zehen Lateini-sche vnd Deutsche Epigrammata. 1631. (Bl. B 1ʳ)

GEORG GREFLINGER

um 1620 (bei Regensburg) – um 1677 (Hamburg)

[Greflinger:] SELADONS Beständtige Liebe. Franckfurt am Mayn / Verlegt von Edouard Schleichen Buchhåndlern. M.DC.XLIV. (2–3; S. 103, S. 31 f.)

[Greflinger:] SELADONS Weltliche LIeder. Nechst einem Anhang Schimpff- vnd Ernsthaffter Gedichte. Franckfurt am Mayn / In Verlegung / Caspar Wåchtlern / Gedruckt / bey Matthaeo Kåmpffern / Im Jahr Christi / M.DC.LI. (1,4–5; S. 171–173, S. 18–22, S. 22–24)

CATHARINA REGINA VON GREIFFENBERG

1633 (Schloß Seisenegg bei Amstetten, Niederösterreich) – 1694 (Nürnberg)

Geistliche Sonnette / Lieder und Gedichte / zu Gottseeligem Zeitvertreib / erfunden und gesetzet durch Fråulein Catharina Regina / Fråulein von Greiffenberg / geb. Freyherrin von Seyßenegg: Nunmehr Ihr zu Ehren und Gedåchtniß / zwar ohne ihr Wissen / zum Druck gefördert / durch ihren Vettern Hanns Rudolf von Greiffenberg [...]. Nůrnberg / In Verlegung Michael Endters. Gedruckt zu Bayreuth bey Johann Gebhard. Im M.DC.LXII. Jahr. (1–8; S. 58, S. 62, S. 16, S. 248, S. 403, S. 170, S. 225, S. 243)

HANS JACOB CHRISTOFFEL VON GRIMMELSHAUSEN

1621/22 (Gelnhausen, Hessen) – 1676 (Renchen, Baden)

[Grimmelshausen:] Der Abentheurliche SIMPLICISSIMUS Teutsch / Das ist: Die Beschreibung deß Lebens eines seltzamen Vaganten / genant

Melchior Sternfels von Fuchshaim / wo und welcher gestalt Er nemlich in diese Welt kommen / was er darinn gesehen / gelernet / erfahren und außgestanden / auch warumb er solche wieder freywillig quittirt. [...] Monpelgart / Gedruckt bey Johann Fillion / Im Jahr M DC LXIX. (S. 26f.)

JOHANN GROB

1643 (Enzenschwyl, Schweiz) – 1697 (Herisau, Schweiz)

[Grob:] Dichterische Versuchgabe Bestehend In Teutschen und Lateinischen Aufschriften / Wie auch etlichen Stimmgedichten oder Liedern. [...] Gedrukt zu Basel / Bei Johann Brandmüller / Im Jahr 1678. (1–2; S. 91, S. 54)
[Grob:] Reinholds von Freientahl Poetisches Spazierwåldlein / Bestehend in vielerhand Ehren- Lehr- Scherz- und Strafgedichten. Gedrukt im Jahr 1700. (3; S. 97)

ANDREAS GRYPHIUS

1616 (Glogau) – 1664 (Glogau)

ANDREAE GRYPHII, Sonnete. [*am Ende:*] Gedruckt zur Polnischen Lissa /
durch Wigandum Funck. [1637.] *Zitiert nach:* Andreas Gryphius: So-
nette. Hrsg. von Marian Szyrocki. Tübingen: Niemeyer, 1963. (Gesamt-
ausgabe der deutschsprachigen Werke. Bd. 1.) (5, 9; S. 7f., S. 19)
ANDREAE GRYPHII Freuden und Trauer-Spiele auch Oden und Sonnette.
In Breßlau zu finden Bey Veit Jacob Treschern / Buchhåndl. Leipzig /
Gedruckt bey Johann Erich Hahn. Im Jahr 1663. (4, 6–8, 10–24; S. 664,
S. 666f., S. 667, S. 668, S. 676f., S. 681, S. 691, S. 691f., S. 692, S. 692f.,
S. 694, S. 713, S. 715f., S. 716, S. 716f., S. 717f., S. 776f., S. 564–566,
S. 547f.)
ANDREAE GRYPHII EPIGRAMMATA Oder Bey-Schrifften. Breßlau /
Bey Veit Jacob Dreschern / Buchhåndl. Im Jahr M.DC.LXIII. (1–2, 25; S. 12,
S. 15, S. 19f.)
Himmel Steigente HertzensSeüfftzer Ubersehen und mit newen Reimen
gezieret von ANDREA GRYPHIO. Breßlau bey Veit Jacob Treschern. ANNO
1665. (3; S. 916–918)

CHRISTIAN GRYPHIUS

1649 (Fraustadt, Schlesien) – 1706 (Breslau)

Christiani Gryphii Poetische Wålder. [. . .] Franckfurt und Leipzig / Verlegts Christian Bauch. Anno 1698. (S. 688)

ISAAC HABRECHT

1589 (Straßburg) – 1633 (Straßburg)

MARTINI OPICII. Teutsche Pöemata vnd ARISTARCHVS Wieder die verachtung Teutscher Sprach, Item Verteutschung Danielis Heinsij Lobgesangs Iesu Christi, vnd Hymni in Bachum Sampt einem anhang Mehr
auserleßener geticht anderer Teutscher Pöeten. Der gleichen in dieser
Sprach Hiebeuor nicht auß kommen. Straszburg In verlegung Eberhard
Zetzners. Anno 1624. (S. 162)

GEORG PHILIPP HARSDÖRFFER

1607 (Nürnberg) – 1658 (Nürnberg)

Lobgesang Dem Hoch- Wolgebornen HERRN HERRN CARL GVSTAV WRAN-
GEL / HERRN zu SchogKloster und Roßtorp / etc. Der Königl. Majest
und Reiche Schweden Reichsrath / Generaln und Feld-Marschalln in
Teutschland / etc. Seinem gnädigen HERRN / Zu unterthäniger Ehrbezeu-
gung gesetzet von Georg Philip Harsdörffern. und in die Music gebracht
durch Sigmund Theophilum Staden Nürnberg / Gedruckt durch Hein-
rich Pillenhofer. M.DC.XLVIII. (1)
[Harsdörffer:] NATHAN und JOTHAM: Das ist Geistliche und Weltliche
Lehrgedichte / Zu sinnreicher Ausbildung der waaren Gottseligkeit / wie
auch aller löblichen Sitten und Tugenden / vorgestellet […]. Zweyter
Theil […]. Gedruckt zu Nürnberg / in Verlegung Michael Endters. Im
Jahr 1651. (2; Bl. N 1ʳ)

AUGUST ADOLPH VON HAUGWITZ

1647 (Uebigau bei Bautzen) – 1706 (Uebigau)

[Haugwitz:] PRODROMUS POETICUS, Oder: Poetischer Vortrab / beste-
hende aus unterschiedenen Trauer- und Lust-Spielen / Sonnetten / Oden /
Elegien / Bey- oder Uberschrifften und andern Deutschen Poetischen
Gedichten […]. M DC LXXXIV. DRESDEN / Druckts und verlegts Christian Bergen. (1–3; S. 21, S. 53, S. 127)

JOHANNES HEERMANN

1585 (Raudten, Schlesien) – 1647 (Lissa)

Sontags- vnd Fest-Evangelia / durchs gantze Jahr / Auff bekandte Weisen gesetzt / Von Johann. Heerman / Pfarrn zu Kôben. Leipzig / In Verlegung David Müllers / Buchhândlers in Breßlaw. ANNO M DC XXXVI. (S. 13–16)

JOHANN HELWIG

1609 (Nürnberg) – 1674 (Regensburg)

[Helwig:] Die Nymphe NORIS IN Zweyen Tagzeiten vorgestellet; DArbey mancherley schône Gedichte / und warhafte Geschichte / nebenst unterschiedlichen lustigen Râtzeln / Sinn- und Reimenbildern / auch artigen Gebânden mitangebracht [...]. Nürnberg. Gedrukt und verlegt bey Jeremia Dûmler. Im Jahr 1650. (S. 90)

CHRISTIAN HÖLMANN

1677 (Breslau) – 1744 (Breslau)

Herrn von Hoffmannswaldau und andrer Deutschen auserlesener und bißher noch nie zusammen-gedruckter Gedichte Vierdter Theil. Glückstadt / Verlegts Gotthilff Lehmann / Buchhândler / 1704. (1–2, 6; S. 11–13, S. 176; S. 287)
Herrn von Hoffmannswaldau und andrer Deutschen bißher noch nie zusammen-gedruckter Gedichte Fünffter Theil. Glückstadt und Leipzig / Verlegts Gotthilff Lehmann / Kônigl. privil. Buchhândler. MDCCV. (3–5; S. 341, S. 349, S. 349)

Herrn von Hoffmannswaldau und andrer Deutschen auserlesener und
bißher ungedruckter Gedichte sechster Theil, nebenst einer Vorrede wider die Schmeichler und Tadler der Poesie. [...] Leipzig, bey Thomas
Fritsch, 1709. (7–8; S. 83, S. 84)

CHRISTIAN HOFFMANN VON HOFFMANNSWALDAU

1616 (Breslau) – 1679 (Breslau)

[Hoffmannswaldau:] C. H. V. H. Deutsche Vbersetzungen Und Gedichte. Mit bewilligung deß Autoris. In Breßlau / Verlegts Esaias Fellgi-
bel Buchhåndl. daselbst / 1679. – *Diese Sammlung enthält u. a. (mit je-
weils eigener Blatt- bzw. Seitenzählung):* Begråbnůß Gedichte. – Vermischte Gedichte. – Poetische GRABSCHRIFTEN. Leipzig und Breßlau / In
Verlegung Jesaiae Fellgiebels / Buchhåndlers. Im Jahr 1680. (10–13,
16–17, 19–20; Bl. a6ᵛ, Bl. a6ᵛ, Bl. a8ʳ, Bl. a8ʳ, Bl. b2ʳ, Bl. a7ʳ »Grabschriften«, S. 3–5 »Vermischte Gedichte«, S. 50–53 »Begråbnůß Gedichte«)
Herrn von Hoffmannswaldau und andrer Deutschen auserlesener und
bißher ungedruckter Gedichte erster theil / nebenst einer vorrede von der
deutschen Poesie. [...] LEIPZIG / Bey Thomas Fritsch 1697. (1–6, 14–15,
18; S. 14, S. 36f., S. 39, S. 50f., S. 340f., S. 366f., S. 86f., S. 87, S. 88)

Herrn von Hoffmannswaldau und anderer Deutschen auserlesener und bißher ungedruckter Gedichte anderer Theil. [...] LEIPZIG / bey Thomas Fritsch. 1697. (7–9; S. 10, S. 13, S. 76)

WOLFGANG HELMHARD VON HOHBERG

1612 (Lengenfeld, Niederösterreich) – 1688 (Regensburg)

[Hohberg:] Lust- und Artzeney-Garten des Königlichen Propheten Davids. Das ist Der gantze Psalter in teutsche Verse übersetzt / samt anhangenden kurtzen Christlichen Gebetlein. [...] Gedruckt in Regenspurg bey Christoff Fischern. In Verlegung Georg Sigmundt Freysingers des ältern / und Joh: Conrads / Emmrichs beeder Burger und Buchhändler daselbst. Anno M.DC.LXXV. (S. 467f.)

ERNST CHRISTOPH HOMBURG

1605 (Mihla bei Eisenach) – 1681 (Naumburg)

E. C. Homburgs Schimpff- vnd Ernsthaffte CLIO Erster [-Ander] Theil. Zum andern mal vmb die Helffte vermehret / so viel müglich / verbessert / vnd heraus gegeben. Gedruckt zu Jehna / bey Blasio Lobenstein / im Jahr M DC XLII. In Verlegung Zachariae Hertels / Buchhändlern in Hamburg. (1–4; Bl. V 4ᵛf., Bl. M 7ʳ – M 8ʳ, Bl. L 3ʳf., Bl. Cc 1ᵛ)

ANNA OWENA HOYERS

1584 (Koldenbüttel, Schleswig) – 1655 (Gut Sittwick bei Stockholm)

ANNAE OVENAE Hoijers Geistliche und Weltliche POEMATA. Amsteldam / Beij Ludwig Elzevieren. A°. 1650. (S. 276–278)

HENRICH HUDEMANN

um 1595 (Beidenfleth, Holstein) – 1628 (Wewelsfleth, Holstein)

HENRICI HUDEMANNI, F. HOLSATI, DIVITIAE POETICAE. HAMBURGI EX officinâ Typographicâ PAULI LANGII, ANNO M DC XXV. (1–2; S. 203 f., S. 208)

CHRISTIAN FRIEDRICH HUNOLD

1681 (Wandersleben, Thüringen) – 1721 (Halle)

[Hunold:] Die Edle Bemühung müssiger Stunden / In Galanten, Verliebten / Sinn- Schertz- und Satyrischen Gedichten / Von Menantes. HAMBURG / Verlegts Gottfried Liebernickel / Buchhändler im Thum. 1702. (S. 52 f.)

CHRISTOPH KALDENBACH

1613 (Schwiebus, Schlesien) – 1698 (Tübingen)

Christoph Kaldenbachs Deutsche Lieder und Getichte / In gewisse Bücher eingetheilet. [...] Tübingen / Gedruckt bey Martin Rommey / 1683. (1–2; S. 505 f., S. 43 f.)

JOHANNES KHUEN

1606 (Moosach bei München) – 1675 (München)

[Khuen:] GAVDIA PASTORVM, SchäfferFrewd / Oder Triumph der Geistlichen Schäfferey / Von vilerley Newen Gesänglein. [...] Getruckt zu München / bey Luca Straub / In Verlegung Johann Wagners Buchhandlers. ANNO M.DC.LV. (S. 61–65)

JOHANN KLAJ

1616 (Meißen) – 1656 (Kitzingen)

[Harsdörffer – Klaj:] PEGNESISCHES SCHAEFERGEDICHT / in den BERI-
NORGISCHEN GEFILDEN / angestimmet von STREFON und CLAJVS. Nürn-
berg / bey Wolfgang Endter. M.DC.XXXXIV. (1–2; S. 8, S. 20)
[Klaj:] Geburtstag Deß Friedens / Oder rein Reimteutsche Vorbildung /
Wie der großmächtigste Kriegs- und Siegs-Fürst MARS auß dem längst-
bedrängten und höchstbezwängten Teutschland / seinen Abzug genom-
men [...]. Nürnberg / In Verlegung Wolffgang Endters / 1650. (3–6;
S. 7f., S. 8, S. 9, S. 9f.)

DAVID KLESEL

1631 (Tiefhartmannsdorf, Schlesien) – 1687 (Schlichtingsheim, Schlesien)

[Abraham Klesel:] Vergiß mein nicht / Oder Jesus-süsse Andachten Auff
Sonn- und Fest-Tage / item sonderliche Zeit und Fälle / und zwar der
Gestalt / eingerichtet Daß Sie / nach Belieben / können gebethet und [...]
gesungen werden [...]. Zur Lissa Gedruckt durch Michael Vucken / Im
Jahr des Heils 1675. (Bl.):(7ʳf.)

CHRISTIAN KNORR VON ROSENROTH

1636 (Alt-Raudten, Schlesien) – 1689 (Sulzbach, Oberpfalz)

[Knorr von Rosenroth:] Neuer Helicon mit seinen Neun Musen Das ist:
Geistliche Sitten-Lieder / Von Erkåntniß der wahren Glückseligkeit /
und der Unglückseligkeit falscher Güter; dann von den Mitteln zur wahren Glückseligkeit zu gelangen / und sich in derselben zu erhalten. [...]
Nürnberg / Verlegts Joh. Jonathan Felßecker / 1684. (S. 161–163)

MICHAEL KONGEHL

1646 (Kreuzburg, Ostpreußen) – 1710 (Königsberg)

[Kongehl:] Belustigung bey der Unlust aus allerhand Geist- und Weltlichen Gedicht-Arten. Stettin / Zu finden bey Joh. Adam Plener / Buchhåndler. 1683. *Die beiden Teile der Gedichtsammlung haben zusätzliche Titelblätter, der zweite Teil hat eigene Seitenzählung.* (1–2; I, S. 327, II, S. 32f.)

[Kongehl:] Lust-Quartier / neben dem Cypressen-Håyn / auß Allerhand Lust-Gedichten / wie auch Geistlichen und Weltlichen EPIGRAMMATIBUS, Bey- oder Uber-Schrifften [...]. DANZIG / Verlegt durch Martin Hallervord / Buchhåndlern in Königsberg / Drukts David Friedrich Rhet / 1694. (3; S. 132–134)

ADAM KRIEGER

1634 (Driesen, Neumark) – 1666 (Dresden)

Herrn Adam Kriegers [...] Neue ARIEN / In 5. Zehen eingetheilet [...]. So nach seinem Seel. Tode erst zusammen gebracht / und zum Druck befördert worden [...]. I. VOCE. Dreßden / In Wolffgang Seyfferts Druckerey / Anno 1667. (Bl. R 2ʳ = Nr. V,3)

QUIRINUS KUHLMANN

1651 (Breslau) – 1689 (Moskau)

A. Z! Qvirin Kuhlmanns Unsterbliche Sterblikeit Oder Hundert Spilersinnliche Virzeilige Grabe-schrifften / Zum zweitenmahl gedrukkt. Zu JENA / Drukts Samuel Adolph Müller 1671. (1–3; S. 14)
A. Z! Qvirin Kuhlmanns Breßlauers Himmlische Libes-küsse / über di fürnemsten Oerter Der Hochgeheiligten Schrifft / vornemlich des Salomonischen Hohenlides wi auch Anderer dergleichen Himmelschmekkende Theologische Bücher Poetisch abgefasset. Zu JEHNA Drukkt Samuel Adolph Müller Im Jahr 1671. (4–5; S. 41, S. 53–55)
[Kuhlmann:] A. Z! D. Funffzehn Gesänge. o. O. [um 1677.] (6; S. 42f.)
[Kuhlmann:] A. Z! Des KÜHLPSALTER DRITTER THEIL. AMSTERDAM, Im Jahre Jesu Christi, 1686. (7; S. 43f.)

LAURENTIUS VON SCHNÜFFIS

1633 (Schnifis, Vorarlberg) – 1702 (Konstanz)

1. Clorinda bejamert die abschewliche Finsternuß Ihres Hertzens 206

[Laurentius von Schnüffis:] Mirantisches Flötlein. Oder Geistliche Schäferey / In welcher Christus / under dem Namen Daphnis / die in dem Sünden-Schlaff vertieffte Seel Clorinda zu einem bessern Leben aufferweckt / und durch wunderliche Weis / und Weeg zu grosser Heiligkeit führet. [...] Gedruckt zu Costantz / In der Fürstl. Bischöffl. Druckerey / Bey David Hautt / Anno 1682. In Verlegung Johann Jacob Mantelin Burgern / und Handelsmann zu Lauffenburg. (S. 54–62)

FRIEDRICH VON LOGAU

1604 (Brockuth bei Nimptsch, Schlesien) – 1655 (Liegnitz)

[Logau:] Salomons von Golaw Deutscher Sinn-Getichte Drey Tausend [...] Breßlaw / In Verlegung Caspar Kloßmanns / Gedruckt in der Baumannischen Druckerey durch Gottfried Gründern. [1654.] (1–22; I,2,68; I,3,60; I,5,1; I,9,71; I,9,75; II,1,100; II,2,52; II,2,75; II,3,8; II,8,77–80, II,9,69; II, Zugabe, 49; II, Zugabe, 133; III,1,1; III,5,56; III,6,26; III, Zugabe, 178; I,6,4; II,2,87)

DANIEL CASPER VON LOHENSTEIN

1635 (Nimptsch, Schlesien) – 1683 (Breslau)

Daniel Caspers von Lohenstein Blumen. Breßlau / Auf Unkosten JEsaiae Fellgibels / Buchhändlers alldar. 1680. (1–3; S. 64 f. »Hyacinthen«, S. 141, S. 142 »Rosen«)

JOHANN GOTTLIEB MEISTER

1665 (Mühlau bei Burgstädt, Sachsen) – 1699 (Leipzig)

[Meister:] Unvorgreiffliche Gedancken Von Teutschen EPIGRAMMATIBUS, In deutlichen Regeln und annehmlichen Exempeln / nebst einen Vorbericht von dem Esprit der Teutschen / abgefaßet von M. M. Leipzig / bey Martin Theodor Heybey. 1698. (1–2; S. 223, S. 217)

JOHANN MATTHÄUS MEYFART

1590 (Jena) – 1642 (Erfurt)

[Meyfart:] TUBA NOVISSIMA, Das ist / VOn den vier letzten dingen des Menschen / nemlich / von dem Todt / Jůngsten Gericht / ewigen Leben vnnd Verdamniß / Vier vnterschiedliche Predigten / gehalten zu Coburgk bey gegebener Gelegenheit [...]. Gedruckt zu Coburgk in der Fůrstl. Druckerey / durch Johann Forckel / in Verlegung Friderich Gruners / Buchhåndlers daselbst / im Jahr 1626. (S. 85–88)

DANIEL GEORG MORHOF

1639 (Wismar) – 1691 (Lübeck)

Daniel Georg Morhofen Teutsche Gedichte. KIEL / Gedruckt und verlegt durch Joachim Reuman / Acad. Buchdr. im Jahr 1682. (1–2; S. 361, S. 372)

HEINRICH MÜHLPFORT

1639 (Breslau) – 1681 (Breslau)

Heinrich Mühlpforths Teutsche Gedichte. Breszlau / Verlegts Johann Georg Steckh / Buchhåndler. Franckfurt am Mayn / Druckts Johann Philipp Andreå / 1686. (1; S. 19f. »Vermischte Gedichte«)
Herrn von Hoffmannswaldau und anderer Deutschen auserlesener und bißher ungedruckter Gedichte anderer Theil. [...] LEIPZIG / bey Thomas Fritsch. 1697. (2; S. 303–305)

BENJAMIN NEUKIRCH

1665 (Roniken, Schlesien) – 1729 (Ansbach)

Herrn von Hoffmannswaldau und andrer Deutschen auserlesener und
bißher ungedruckter Gedichte erster theil / nebenst einer vorrede von der
deutschen Poesie. [...] LEIPZIG / Bey Thomas Fritsch 1697. (1–4; S. 329 f.,
S. 31 f., S. 90, S. 93 f.)

GEORG NEUMARK

1621 (Langensalza, Thüringen) – 1681 (Weimar)

G. Neumarks [...] Fortgepflantzter Musikalisch-Poetischer Lustwald /
In dessen erstem Theile / so wohl zu Aufmunterung Gottseeliger Gedan-
ken / und zur Erbauung eines Christlichen Tugendsamen Lebens anfüh-
rende Geist- und Weltliche Gesänge; Als auch zu keuscher Ehrenliebe
dienende Schäferlieder [...] enthalten sind. Im Zweiten / so wohl Geist-
als Weltliche weitläuftigere Poetische Gedanken / Glückwünschungen /
Lobschriften / Leichreden / Trauer- und Hochzeitsversche begriffen. Im
Dritten / sind allerhand kurtze Getichte [...] zu befinden. JEHNA /
Drukkts und verlegts Georg Sengenwald / im 1657sten Jahre.
(S. 354–360)

MAGNUS DANIEL OMEIS

1646 (Nürnberg) – 1708 (Altdorf)

[Omeis:] Gründliche Anleitung zur Teutschen accuraten Reim- und
Dicht-Kunst / durch richtige Lehr-Art / deutliche Reguln und reine Ex-
empel vorgestellet [...]. Hierauf folget eine Teutsche Mythologie / darinnen die Poetische Fabeln klärlich erzehlet / und derer Theologisch- Sitt-
lich- Natürlich- und Historische Bedeutungen überall angefüget werden;
wie auch eine Zugabe von etlich-gebundenen Ehr- Lehr- und Leich-
Gedichten. [...] Nürnberg / in Verlegung Wolfgang Michahelles und
Johann Adolph / Buchhändll. Gedruckt zu Altdorf / durch Heinr. Mey-
ern / Acad. Buchdr. A. 1704. (S. 340 f. »Teutsche Mythologie«)

MARTIN OPITZ VON BOBERFELD

1597 (Bunzlau) – 1639 (Danzig)

MARTINI OPITII HIPPONAX AD ASTERIEN puellam formae & animi dotibus longè amabilissimam. Item Germanica quaedam ejusdem argumenti. GORLICII IohannIs RhaMbae typI eXCVDebant. [1618.] (2; Bl. C 2ʳ)

MARTINI OPICII. Teutsche Pöemata vnd ARISTARCHVS Wieder die verachtung Teutscher Sprach, Item Verteutschung Danielis Heinsij Lobgesangs Iesu Christi, vnd Hymni in Bachum Sampt einem anhang Mehr auserleßener geticht anderer Teutscher Pöeten. Der gleichen in dieser Sprach Hiebeuor nicht auß kommen. Straszburg In verlegung Eberhard Zetzners. Anno 1624. (3; S. 104)

MARTINI OPITII Acht Bücher, Deutscher Poematum durch Ihn selber heraus gegeben / auch also vermehret vnnd übersehen / das die vorigen darmitte nicht zuuergleichen sindt. Inn Verlegung Dauid Müllers Buchhandlers Inn Breßlaw. 1625. (1, 4–11, 13–14, 17; S. 239f., S. 153f.,

381

S. 185f., S. 186f., S. 200f., S. 201f., S. 207, S. 214, S. 214f., S. 221, S. 147f., S. 236)

Martin Opitzen Schäfferey Von der Nimfen Hercinie. Gedruckt zum Brieg / In verlegung David Müllers Buchhandlers in Breßlaw. 1630. (12, 15; S. 58f., S. 57f.)

Die Psalmen Davids Nach den Frantzösischen Weisen gesetzt. Durch Martin Opitzen. [...] Dantzigk / Gedruckt vnd verlegt durch Andream Hünefeldt / Buchhåndler / 1637. (19; S. 374f.)

MARTINI OPITII Geistliche Poëmata, Von jhm selbst anjetzo zusammen gelesen / verbessert vnd absonderlich herauß gegeben. In Verlegung David Müllers Buchhåndlers S. Erben. M.DC.XXXVIII. (20; S. 31f.)

FLORILEGII VARIORVM EPIGRAMMATVM LIBER ALTER. MART. OPITIVS ex vetustis ac recentioribus Poetis congessit et versibus Germanicis reddidit. [...] GEDANI, Typis ac sumptibus Andreae Hünefeldii. Anno M DC XXXIX. (16; S. 39)

MARTINI OPITII Weltliche Poëmata. Der Ander Theil. Zum vierdten mal vermehret vnd vbersehen herauß gegeben. Franckfurt / In Verlegung THOMAE MATHIAE Götzen / Im Jahr M.DC.XXXXIV. (21–22; S. 155f., S. 64)

[Erdmann Neumeister:] DE POËTIS GERMANICIS Hujus seculi praecipuis DISSERTATIO COMPENDIARIA. [...] ANNO M.DC.XCV. (18; S. 78)

NICOLAUS PEUCKER

um 1620 (Kolbnitz bei Jauer, Schlesien) – 1674 (Kölln an der Spree)

NICOLAI Peuckers [...] wolklingende / lustige Paucke Von 100. Sinnreichen Schertz-Gedichten / Theils der Hohen Herrschaft in tiefster Unterthånigkeit / theils vielen Hoch-Adelichen / und andern vornehmen hiesigen Familien zu besondern Ehren geschrieben / Nunmehr aber nach des sel. Autoris Tode in diese Ordnung verfasset / mit Fleiß übersehen und zum Druck befodert von OTTO CHRISTIAN Pfeffern / Buchhåndlern in Berlin. druckts Gotth. Schlechtiger / 1702. (S. 550–553)

JOHANNES PLAVIUS

lebte in der 1. Hälfte des 17. Jahrhunderts in Danzig

M. Johannis Plavii Sonnette. Dantzigk / Gedruckt bey Georg Rheten / In verlegunge des Dichters 1630. *Zitiert nach:* Danziger Barockdichtung. Hrsg. von Heinz Kindermann. Leipzig: Reclam, 1939. (Deutsche Literatur in Entwicklungsreihen. Reihe Barock. Erg.-Bd.) (S. 136 f.)

SIMON RETTENPACHER

1634 (Aigen bei Salzburg) – 1706 (Kremsmünster)

[Rettenpacher:] Frauen-Treu / Oder Hertzog Welff Auß Beyern durch Liebe seiner Frauen von grosser Gefahr errettet / In Teutsche Reym verfasset vnd der Ehren-liebenden Welt vorgestellet / Sambt einer Zugab etlicher so wol Geistlichen als Weltlichen Gedichten / Durch Mison Erythreus von Gånßbrunn. Saltzburg / Getruckt vnd verlegt bey Johann Baptist Mayr / Hoff- vnd Academischen Buchtruckern / vnd Handlern. Anno 1682. (Bl. C 2^r – C 3^r)

EUCHARIUS GOTTLIEB RINCK

1670 (Stötteritz bei Leipzig) – 1745 (Altdorf)

Herrn von Hoffmannswaldau und andrer Deutschen auserlesener und bißher ungedruckter Gedichte erster theil / nebenst einer vorrede von der deutschen Poesie. [...] LEIPZIG / Bey Thomas Fritsch 1697. (S. 27 f.)

JOHANN RIST

1607 (Ottensen, Holstein) – 1667 (Wedel bei Hamburg)

JOHANNIS RISTII HOLSATI Poetischer Lust-Garte Das ist: Allerhand anmuthige Gedichte auch warhafftige Geschichte auß Alten vnd Newen beglaubten Geschichtschreiberen / mit fleiß außerlesen vnd benebenst mancherley Elegien, Sonnetten, Epigrammaten, Oden, Graabschrifften / Hochzeit- Lob- Trawr- und Klaag-Gedichten / &c. [...] an den Tag

gegeben. Hamburg / Gedruckt bey Jacob Rebenlein / In verlegung Zachariae Hertels / Buchhåndlers. Im Jahr M DC XXXVIII. (1; Bl. L
7ᵛf.)

[Rist:] Des DAPHNIS aus Cimbrien GALATHEE. HAMBURG. Bey Jacob Rebenlein. [1642.] (2–3; Bl. C 4ᵛf., Bl. C 1ʳ)

Johann: Risten Holst: Predigers Himlische Lieder mit sehr anmuthigen
von den weitberühmten H: Johan Schopen gesetzten Melodeyen. Lûneburg beÿ Johann: und Heinrich Sternn. Anno 1643. *Darin mit eigener Seitenzählung:* Johann: Risten H. P. Himlischer Lieder […] Das
Vierdte Zehn. Lûneburg / Bey Johann vnd Heinrich Sternen. ANNO
M.DC.XLII. (4; S. 51–58)

ROBERT ROBERTHIN

1600 (Saalfeld, Ostpreußen) – 1648 (Königsberg)

L. H. Fischer (Hrsg.): Gedichte des Königsberger Dichterkreises aus
Heinrich Alberts Arien und musicalischer Kürbshütte (1638–1650).
Halle: Niemeyer, 1883. (Neudrucke deutscher Literaturwerke des 16.
und 17. Jahrhunderts. Nr. 44–48.) (S. 16)

JESAIAS ROMPLER VON LÖWENHALT

1605 (Dinkelsbühl, Franken) – nach 1672 (Durlach, Karlsruhe?)

Des Jesaias Romplers von Lôwenhalt erstes gebûsch seiner Reim-ge-
tichte. Getruckt zu Strasburg / bej Joh. Phil. Mûlben / in dem 1647.ᵗᵉⁿ jar
Chrl.ᵉʳ z. (S. 160–162)

DOROTHEA ELEONORA VON ROSENTHAL

Lebensdaten unbekannt

Dorotheen Eleonoren von Rosenthal Poetische Gedancken An Einen Der
Deutschen Poesie sonderbahren Befôrderern / geschrieben in Breßlau. Im
Jahr 1641. (S. 13)

ALBRECHT CHRISTIAN ROTTH

1651 (Ottenhausen, Thüringen) – 1701 (Leipzig)

[Rotth:] Vollständige Deutsche Poesie / in drey Theilen / Deren der I. Eine Vorbereitung / In welcher die gantze Prosodia enthalten / und was sonst in dergleichen Sachen pflegt geschrieben zu werden? II. Eine fernere Anleitung zu den insgemein üblichen Gedichten. [...] III. Eine richtige Einleitung zu den vor andern so beniemten Poetischen Gedichten. [...] LEIPZIG / In Verlegung Friedrich Lanckischen Erben / Anno 1688. (S. 297f.)

JOHANN CASPAR SCHADE

1666 (Kühndorf bei Meiningen) – 1698 (Berlin)

Christliches Ehren-Gedächtnüß Des weyland WohlEhrwürdigen / Großachtbaren und Hochwohlgelahrten / Herrn M. Johann Caspar Schadens / Gewesenen treuverdienten Predigers und Seelsorgers der Gemeinde zu S. Nicolai in Berlin / Nachdem derselbige den 25. Julii 1698. aus diesem leben seelig abgefordert / sein verblichener cörper aber den 28. auf dem Kirchhoff zu S. Nicolai in seine ruhe gebracht worden war / in solcher Kirche den 31. ejusd. (war der VI. Sontag nach Trinit.) Mit einer predigt über etliche wort Psal. LXIII,2. von Philipp Jacob Spenern / D. Churfl. Brandenb. Consist. Raht und Propsten in Berlin / In volckreicher versamlung würdiglich begangen. Daselbst gedruckt mit Salfeldischer Wittwe Schrifften. (S. 52)

JOHANNES SCHEFFLER

1624 (Breslau) – 1677 (Breslau)

[Scheffler:] Johannis Angeli Silesii Geistreiche Sinn- vnd Schlussrime [!]. [*am Ende:*] Gedruckt und Verlegt zu Wienn / bey Einer Löbl: N: Oe: Landtschafft Buchdrucker / Johann Jacob Kürner. Anno M.DC.LVII. (1; S. 21–26)

[Scheffler:] Heilige Seelen-Lust / Oder Geistliche Hirten-Lieder / Der in jhren JESUM verliebten Psyche [...] Allen liebhabenden Seelen zur Ergetzligkeit und Vermehrung jhrer heiligen Liebe / zu Lob und Ehren Gottes an Tag gegeben. Breßlaw / In der Baumannischen Drukkerey drukts Gottfried Gründer. [1657.] (2–4; S. 36–39, S. 262–264, S. 118–120)

JOHANN HERMANN SCHEIN

1586 (Grünhain bei Zwickau) – 1630 (Leipzig)

[Schein:] DILETTI PASTORALI, Hirten Lust / Von 5. Stimmen / zusampt dem Basso Continuo, Auff Madrigal-manier Componirt [...]. CANTO I. Leipzig / In Verlegung des AUTORIS, ANNO M.DC.XXIV. (1–2; Nr. 9, Nr. 14)
[Schein:] SOPRANO I. à 3. Musica boscareccia. Wald-Liederlein / Auff Italian-Villanellische Invention Beydes für sich allein mit lebendiger Stim / oder in ein Clavicimbel, Spinet, Tiorba, Lauten etc. Wie auch auff Musicalischen Instrumenten anmühtig vnnd lieblich zu spielen / FINGIRT vnd COMPONIRT [...]. Straßburg / In verlegung Friedrich Spoors / im Jahr M.DC.XLIV. [zuerst 1621–28] (3; I, Bl. Cc 1ʳ)

WENCEL SCHERFFER VON SCHERFFERSTEIN

1603 (Leobschütz, Schlesien) – 1674 (Brieg)

Wencel Scherffers Geist: und Weltlicher Gedichte Erster Teil / in sich begreiffend Eilf Bücher / deren inhalt nach der Zuschrifft zufinden. [...] Zum Briege gedrukt von Christoff Tschorn. M.DC.LII. (1–2; S. 678, S. 676)

DAVID SCHIRMER

1623 (Pappendorf bei Freiberg, Sachsen) – 1687 (Dresden)

386

David Schirmers Poetische ROsen-GEpüsche. Von Ihm selbsten aufs
fleißigste übersehen / mit einem gantz neuen Buche vermehret und in
allem verbesserter heraus gegeben. DRESDEN / In Verlegung Andreas Löf-
lers Buchführers. Gedruckt bey Melchior Bergen / Chur-F. Sächs. Hof-
Buchdr. M.DC.LVII. (1–5; S. 479, S. 3f., S. 77f., S. 180f., S. 167)

JOHANN MATTHIAS SCHNEUBER

1614 (Müllheim, Baden) – 1665 (Straßburg)

Johann-Matthias Schneübers Gedichte. Gedruckt zu Strasburg beÿ Joh:
Philipp Mülben. M.DC.XL.IV. (S. 336f.)

JOHANN GEORG SCHOCH

1627 (Leipzig) – um 1690

Johann-Georg Schochs Neu-erbaueter Poetischer Lust- u. Blumen-Gar-
ten / Von Hundert Schäffer- Hirten- Liebes- und Tugend-Liedern / Wie
auch Zwey Hundert Lieb- Lob- und Ehren-Sonnetten auf unterschiedliche Damen / Standes-Personen / Sachen / u. d. g. Nebenst Vier Hundert
Denck-Sprüchen / Sprüch-Wörtern / Retzeln / Grab- und Uberschrif-
ten/ Gesprächen und Schertz-Reden [...]. LEIPZIG / In Verlegung Christian Kirchners / Im Jahr 1660. (1–3; S. 163, S. 14f., S. 22 »Sonnette«)

JUSTUS GEORG SCHOTTELIUS

1612 (Einbeck) – 1676 (Wolfenbüttel)

[Schottelius:] Fruchtbringender Lustgarte In sich haltend Die ersten fünf
Abtheilungen / Zu ergetzlichem Nutze Ausgefertiget / Und gedrukt In

der Fürstlichen Haupt-Vestung Wulfenbüttel / Durch Johann Bißmark / In verlegung Michael Cubachs / Buchhändlers in Lüneburg. Im Jahr / 1647. (1–2; S. 261, S. 258f.)

SIBYLLA SCHWARZ

1621 (Greifswald) – 1638 (Greifswald)

Sibyllen Schwarzin Vohn Greiffswald aus Pommern / Ander Teil Deutscher Poëtischer Gedichten / Nuhn zuhm ersten mahl Auß jhren eignen Handschriften heraußgegeben und verleget Vohn M. SAMUEL GERLACH / auß dem Hertzogtuhm Würtemberg. und zu DANTZIG Gedrukt / bey seel. Georg Rheten Witwen / im M.DC.L. Jahr. (1–4; Bl. O 3ʳ, Bl. O 4ʳ, Bl. P 2ᵛ, Bl. H 1ʳ)

JACOB SCHWIEGER

um 1630 (Altona, Holstein) – 1663 (Glückstadt, Holstein)

Die Verführte Schäferin Cynthie / Durch Listiges Nachstellen des Floridans: Entdekket Von Jacob Schwigern. Glükstadt / gedrukt durch Melchior Koch / im Jahr 1660. (Bl. B 8ʳ – B 9ʳ)

CAROL SEYFFART

1630 (Halle) – 1681 (Gröbzig, Sachsen-Anhalt)

M. Carol Seyffarts [...] Poetischer Glücks-Topff / In welchem Allerley / und zwart meist Weltliche / traurig- und lustig-geziemende Gedichte zu ergreiffen und zu finden / und sonderlich dem Liebhaber der reinen Teutschen Poesie zu Nutz / mit der bewehrtesten Poeten Redens-Arten und Zierligkeiten geschmücket / Auff inständiges Anhalten zusammen getragen und eröffnet. In Verlegung des Autoris. [andere Exemplare haben statt dessen: Zu finden bey Peter Brössel / Buchhandl. in Jehna /] Eißleben / druckts Andreas Koch / im Jahr der Erlösung 1671. (S. 202f.)

JUSTUS SIEBER

1628 (Einbeck) – 1695 (Schandau, Sachsen)

Justus Siebers Poëtisierende Jugend / Oder Allerhand Geist- und Weltliche Teutsche Getichte. Dresden / Auff Andreas Löfflers / Buchführers / Verlag druckts Melchior Bergen Im 1658sten. (1–2; S. 818f., S. 719)

JOHANN WILHELM SIMLER

1605 (Zürich) – 1672 (Zürich)

Johann Wilhelm Simlers Teutsche Gedichte: darinnen I. Vierverse / oder summbegriffenliche Inhälte der Psalmen Davids: II. Vnderscheidenliche / auf zeiten und anlässe gerichtete Gesänge: III. Allerhand Vberschrifften. Getrukt zů Zürich / Bey Johann Jakob Bodmer. M DC XXXXVIII. (S. 166)

FRIEDRICH SPEE VON LANGENFELD

1591 (Kaiserswerth bei Düsseldorf) – 1635 (Trier)

[Spee:] TRVTZ NACHTIGAL, Oder Geistlichs-Poetisch LVST-WALDLEIN, Deßgleichen noch nie zuvor in Teutscher sprach gesehen. [...] Jetzo / nach vieler wunsch vnd langem anhalten / zum erstenmahl in Truck verfertiget. [...] Côllen / In verlag Wilhelmi Friessems Buchhändlers / in der Tranckgaß im Ertz-Engel Gabriel. Im Jahr 1649. [...] (1–3; S. 7–9, S. 35–40, S. 211–213)

JOSUA STEGMANN

1588 (Sulzfeld bei Meiningen) – 1632 (Rinteln)

[Stegmann:] Christliches GebetBůchlein / Auff die bevorstehende Betrůbte Krigs / Theurung vnd SterbensZeiten gerichtet / Benebenst Morgen vnd Abendtsegen auff alle Tage in der Wochen / So wol auch BeichtCommunion vnd andern Gebetlein auff allerhand Noth der Christenheit accommodiret. [...] 1627 Itzo vermehrt vnd zum andern mal gedruckt. Rinteln / bey Petro Lucio Typog. Acad. (1–2; S. 716 f., S. 480 f.)

JOHANN STEINMANN

Lebensdaten unbekannt

Letterkehre / Welche / Die Hochwůrdige / Durchleuchtige / Hochgebohrne Fůrstinn vnd Frau / Frau ANNE-SOPHIEN / Gebohrne Pfalzgräfinn bey Rhein / Herzoginn in Beyern / Des Keyserlichen Freyen Weltlichen Stifts Quedlinburg Aptissinn / Gräfinn zu Veldenz vnd Spanheim [...] Seine Gnädige Fůrstinn und Gnädigen Fräulinnen / Nebenst darweisung eines herzlichen Wunsches / in ihrem Lobe zu beehren / Auß denen Nahmen und Titeln erfunden / mit Bilder-Reimen außgezieret / Vnd Seine Wenigkeit damit einzugnädigen / Den 1. des ingehenden Jahrs / unterthänig überreichet Johann Steinmann Kåiserlicher Poet. Gedrukkt zu Quedlinburg bey Johann Ockeln / Im Jahr 1653. (Bl.)(2ʳ)

KASPAR STIELER

1632 (Erfurt) – 1707 (Erfurt)

[Stieler:] Die Geharnschte Venus oder Liebes-Lieder im Kriege gedichtet mit neuen Gesang-Weisen zu singen und zu spielen gesezzet nebenst etlichen Sinnreden der Liebe Verfertiget und Lustigen Gemühtern zu Gefallen heraus gegeben von Filidor dem Dorfferer. HAMBURG / Gedrukkt bey Michael Pfeiffern. In Verlegung Christian Guht / Buchhånlers im Tuhm / Im Jahr 1660. (1–4; S. 1–4, S. 20–22, S. 88–90, S. 200–204)

ERNST STOCKMANN

1634 (Lützen) – 1712 (Allstedt, Thüringen)

M. Ernst Stockmanns / P. L. C. Poetische Schrifft-Lust / Oder hundert Geistliche Madrigalen / Einer zierlichen Italiänischen Art Verse / Mit einem Viertheil hundert Politischen Freuden- und Trauer-Madrigalen erweitert. Leipzig / verlegts Georg Heinrich Frommann / Buchhåndler. Anno 1668. (S. 90 f.)

JOHANN THOMAS

1624 (Leipzig) – 1679 (Altenburg, Sachsen)

[Thomas:] Damon und Lisillen Keuscher Liebes-Wandel In Zweyen unterschiedlichen Teilen von Matthia Jonsohnen beschrieben / Deßen zweiten bis anhero in keinem Buchladen befindlichen Teile Das Nachgedächtnis der nunmehro Seeligen LISILLEN anbeigefüget / und von Einigen Tugendgesinten Liebhab: Zum Drukke befördert worden Im 1672. Heil. Jahre. [*Darin mit eignem Titelblatt:*] Anderer Teil. MATTHIAE Jonsohn Nachgedächtnůs / Der nunmehr selig verstorbenen LISILLE. Gedrukt im Jahr. M.DC.LXXI. (Bl. A 12ᵛ – B 1ᵛ)

ANDREAS TSCHERNING

1611 (Bunzlau) – 1659 (Rostock)

Andreas Tschernings Deutscher Getichte Frůling. Breßlaw, In Verlegung Georg Baumans Buchdruckers. 1642. (1–3; S. 328–331, S. 259, S. 257)

GABRIEL VOIGTLÄNDER

um 1596 (Reideburg bei Halle) – 1643 (Nykøbing, Dänemark)

[Voigtländer:] Erster Theil Allerhand Oden vnnd Lieder / welche auff allerley / als Italianische / Frantzösische / Englische / vnd anderer Teutschen guten Componisten / Melodien vnd Arien gerichtet [...]. Sohra / Gedruckt auff der Königl: Adelichen Academy / Von Henrich Krusen / bestalten Buchdrucker daselbst. Im Jahr M.DC.XLII. (1–2; S. 1, S. 24 f.)

GEORG RODOLF WECKHERLIN

1584 (Stuttgart) – 1653 (London)

Triumf NEwlich bey der F. kindtauf zu Stutgart gehalten. Beschriben Durch G. Rodolfen Weckherlin. Stutgart / Getruckt bey Johan-Weyrich Rößlin / M.DC.XVI. (1; Bl.)(3ᵛ –)(4ᵛ)
Das ander Buch Oden vnd Gesäng. Durch Georg-Rodolf Weckherlin. [*am Ende:*] Stutgart / Gedruckt bey Johann-Weyrich Rößlin. Im Jahr 1619. (2; S. 49 f.)
Georg-Rodolf Weckherlins Gaistliche vnd Weltliche Gedichte. Amsterdam / Bey Jan Jansson. 1648. (3–12; S. 506–508, S. 635, S. 647 f., S. 649 f., S. 693 f., S. 701 f., S. 702 f., S. 707, S. 708 f., S. 801)

CHRISTIAN WEISE

1642 (Zittau) – 1708 (Zittau)

[Weise:] Der grünen Jugend Uberflüssige Gedancken / Aus vielfältiger und mehrentheils fremder Erfahrung in offenhertziger Einfalt Allen Jungen und Lustbegierigen Gemühtern vorgestellet von D. E. Amsterdam im Jahr 1668. (1–2; Bl. C 2ᵛ – C 3ᵛ, Bl. H 2ᵛ – H 3ᵛ)

DIEDERICH VON DEM WERDER

1584 (Werdershausen, Sachsen-Anhalt) – 1657 (Reinsdorf, Sachsen-Anhalt)

[von dem Werder:] Die BuszPsalmen / in Poesie gesetzt. Sampt angehengtem TrawerLied vber die klågliche Zerstörung der Löblichen vnd Vhralten Stadt Magdeburg. Leipzig / In Verlegung Eliae Rehefelds / Gedruckt bey Abraham Lambergs seligen Erben / ANNO M.DC.XXXII. (1; Bl. C 3ʳ – C 4ʳ)
Trauer Sonnet Vber den Krieg vnd Sieg Ihrer Königlichen Majestat in Schweden etc. Da ein jedlicher verse die beyden wörter Krieg vnd Sieg, zweymahl in sich begreifft. o. O. [1632.] [*Einblattdr.*] (2)

CHRISTIAN WERNICKE

1661 (Elbing, Westpreußen) – 1725 (Kopenhagen)

[Wernicke:] Uberschrifte Oder EPIGRAMMATA, In kurtzen Satyren, Kurtzen Lob-Reden und Kurtzen Sitten-Lehren bestehend. [...] AMSTERDAM, Bey Adrian Brackman, Anno 1697. (S. 45f.)

PHILIPP VON ZESEN

1619 (Priorau bei Dessau) – 1689 (Hamburg)

PHILIPPI CAESII Deutsches Helicons Erster und Ander Theil / Oder Unterricht / wie ein Deutscher Vers und Getichte auf mancherley Art ohne fehler recht zierlich zu schreiben. [...] Itzo wieder vermehret und zum andern mahl herraus gegeben. Wittenberg / Gedruckt bey Johann Rôhnern / Im Jahr M DC XLI. (1–2, 5; I, Bl. B 1ᵛf., II, S. 132–135, I, S. 76)

[Zesen:] Ritterholds von Blauen Adriatische Rosemund. [...] Amsteltam, Bei Ludwich Elzevihrn. 1645. (4; S. 241f.)

Filip Zesens Durch-aus vermehrter und zum dritt- und letzten mahl in dreien teilen aus gefartigter Hoch-deutscher Helikon / oder Grund-richtige anleitung zur hoch-deutschen Dicht- und Reim-kunst. Zu Wittenberg getrückt auf kosten Johan Seelfisches, Buchhåndlers. Anno 1649. (9; III, Bl. E 7ʳ)

Meien-lied Der Rômischen Keiserlichen / wie auch zu Hungern und Bôhmen Kôniglichen Majestât / Der Allerdurchleuchtigsten Eleonoren / seiner Allergnådigsten Keiserin und Frauen am ersten Mâi-tage des 1653 jahres / aus alleruntertåhnigster schuldigkeit gewidmet durch F. von Zesen. [*Einblattdr.*] (6)

Filip Zesens Durch-aus vermehrter und zum viert- und letzten mahl in vier teilen ausgefârtigter Hoch-Deutscher Helikon / oder Grund-richtige Anleitung zur Hoch-deutschen Dicht- und Reim-kunst. JENA / In Verlegung Daniel Reihels / Buchhåndl. in Perlin / gedrukkt bey Georg Sengenwalden / 1656. (3, 8; II, S. 32f., II, S. 34)

Filips von Zesen Dichterisches Rosen- und Liljen-tahl / mit mancherlei Lob- lust- schertz- schmerz- leid- und freuden-liedern gezieret. zu Hamburg bei Georg Rebenlein / im 1670 jahre. (7; S. 131–135)

JULIUS WILHELM ZINCGREF

1591 (Heidelberg) – 1635 (St. Goar)

MARTINI OPICII. Teutsche Pöemata vnd ARISTARCHVS Wieder die verachtung Teutscher Sprach, Item Verteutschung Danielis Heinsij Lobgesangs Iesu Christi, vnd Hymni in Bachum Sampt einem anhang Mehr auserleßener geticht anderer Teutscher Pöeten. Der gleichen in dieser Sprach Hiebeuor nicht auß kommen. Straszburg In verlegung Eberhard Zetzners. Anno 1624. (1–2; S. 162, S. 189)

namet Korvuchrelli. Druckts Carl Phil. Pipermj / Trugstatt in diesem Jahre. [*Nicht vor 1676.*] (Bl. L 2ᵛ)

Kurtz Entworffener Lebens-Lauff Deß sel. Autoris. Breßlau / Verlegts Jesaias Fellgiebel / Buchhändler. [*o.J.*] (Bl. E 3ᵛ)

Herrn von Hoffmannswaldau und andrer Deutschen auserlesener und bißher ungedruckter Gedichte erster theil / nebenst einer vorrede von der deutschen Poesie. [...] LEIPZIG / Bey Thomas Fritsch 1697. (S. 352f.)

Herrn von Hoffmannswaldau und andrer Deutschen auserlesener und bißher noch nie zusammen-gedruckter Gedichte Vierdter Theil. Glückstadt / Verlegts Gotthilff Lehmann / Buchhändler / 1704. (S. 133f.)

Herrn von Hoffmannswaldau und anderer Deutschen auserlesener und bißher ungedruckter Gedichte anderer Theil. [...] LEIPZIG / bey Thomas Fritsch. 1697. (S. 318f.)

Verzeichnis der Überschriften und Anfänge

398

403

408

411

Inhalt

Barockliteratur

IN RECLAMS UNIVERSAL-BIBLIOTHEK (AUSWAHL)

Deutsche Dichter

Leben und Werk deutschsprachiger Autoren

Herausgegeben von
Gunter E. Grimm und Frank Rainer Max

Band 1: Mittelalter

Band 2: Reformation, Renaissance und Barock

Band 3: Aufklärung und Empfindsamkeit

Band 4: Sturm und Drang, Klassik

Band 5: Romantik, Biedermeier und Vormärz

Band 6: Realismus, Naturalismus und Jugendstil

Band 7: Vom Beginn bis zur Mitte des 20. Jahrhunderts

Band 8: Gegenwart

Das achtbändige, insgesamt über 4000 Seiten umfassende
Werk *Deutsche Dichter* ist deutschsprachigen Autoren
vom Mittelalter bis zur jüngeren Gegenwart gewidmet.
Auf anschauliche Weise schreiben Fachleute in Beiträgen
von 5 bis zu 50 Seiten Umfang über Leben und Werk von
rund 300 bedeutenden Dichtern. Ein Porträt des Autors
und bibliographische Hinweise ergänzen die einzelnen
Darstellungen.

Philipp Reclam jun. Stuttgart

Johann Christian Günther: *Gedichte*. Auswahl u. Nachwort Manfred Windfuhr. 1295

Johann Christian Hallmann: *Mariamne*. Trauerspiel. Hrsg. v. Gerhard Spellerberg. 9437

Christian Hofmann von Hofmannswaldau: *Gedichte*. Auswahl u. Nachwort v. Manfred Windfuhr. 8889

Quirinus Kuhlmann: *Der Kühlpsalter*. 1.–15. und 73.–93. Psalm. Im Anhang: Photomechanischer Nachdruck des »Quinarius« (1680). Hrsg. v. Heinz Ludwig Arnold. 9422

Friedrich von Logau: *Sinngedichte*. Hrsg. v. Ernst-Peter Wieckenberg. 706

Daniel Casper von Lohenstein: *Cleopatra*. Trauerspiel. Text der Erstfassung von 1661, besorgt v. Ilse-Marie Barth. Nachwort Willi Flemming. 8950 – *Sophonisbe*. Trauerspiel. Hrsg. v. Rolf Tarot. 8394

Martin Opitz: *Buch von der Deutschen Poeterey* (1624). Hrsg. v. Cornelius Sommer. 8397 – *Gedichte*. Auswahl. Hrsg. v. Jan-Dirk Müller. 361 – *Schäfferey von der Nimfen Hercinie*. Hrsg. v. Peter Rusterholz. 8594

Poetik des Barock. Hrsg. v. Marian Szyrocki. 9854

Christian Reuter: *Schelmuffskys warhafftige curiöse und sehr gefährliche Reisebeschreibung zu Wasser und Lande*. Hrsg. v. Ilse-Marie Barth. 4343 – *Schlampampe*. Komödien. Hrsg. v. Rolf Tarot. 8712

Spee, Friedrich: *Trvtz-Nachtigal*. Hrsg. v. Theo G. M. van Oorschot. 2596

Kaspar Stieler: *Die geharnschte Venus*. Hrsg. v. Ferdinand van Ingen. 7932

Georg Rodolf Weckherlin: *Gedichte*. Ausgew. u. hrsg. v. Christian Wagenknecht. 9358

Christian Weise: *Masaniello*. Trauerspiel. Hrsg. v. Fritz Martini. 9327 – *Ein wunderliches Schau-Spiel vom Niederländischen Bauer*. Hrsg. v. Harald Burger. 8317

Philipp Reclam jun. Stuttgart